ダニエル・ゴールマン
リチャード・ボヤツィス
アニー・マッキー
土屋京子［訳］

EQ

PRIMAL LEADERSHIP
Realizing the Power of Emotional Intelligence

Daniel Goleman
Richard Boyatzis
Annie McKee

リーダーシップ

成功する人の「こころの知能指数」の活かし方

日本経済新聞社

PRIMAL LEADERSHIP:
Realizing the Power of Emotional Intelligence
by Daniel Goleman, Richard Boyatzis
and Annie McKee

生涯にわたる愛情のなかで
共鳴とＥＱを学ぶわたしたちに力を貸してくれた
それぞれのパートナー
タラ、サンディ、エディへ

目次

装幀＝川畑博昭
装画＝高橋三千男

序　文

本書を著すことになったのは、ハーバード・ビジネス・レビュー誌に掲載した論文「リーダーの資質とは何か」および「結果を出すリーダーシップ」に対して読者諸氏から空前の好評が寄せられたことが大きい。ただし、本書はこれらの論文の範囲をはるかに超え、「EQリーダーシップ」という新しい概念を提唱している。リーダーの基本的な役割は、良い雰囲気を醸成して集団を導くことである。そのためには、集団に共鳴現象を起こし、最善の資質を引き出してやることが肝要だ。リーダーシップとは、気持ちに訴える仕事なのである。

あまり注目されていないが、気持ちに訴える力があるかどうかは、リーダーとしてあらゆる仕事をうまく処理できるか否かを決めてしまうほどの要素だ。だからこそ、リーダーにとってEQ（感じる知性）が重要になる。優れたリーダーシップを発揮するためにはEQが欠かせないのだ。

本書では、EQの高いリーダーが集団に共鳴現象を起こし業績を伸ばすことができるのはなぜか、という問いを解明する。また、EQを個人やチームや企業の実利につなげるにはどうすればいいか、という点も解明していきたい。

数ある経営理論の中で本書のユニークな点は、リーダーシップ理論と神経学を関連づけて論じている点だろう。脳の研究が進んだ結果、リーダーの雰囲気や行動が部下に多大なインパクトを与えるメカニズムが見えてきた。また、ＥＱの高いリーダーが部下を鼓舞激励し、情熱を喚起し、高いモチベーションやコミットメントを維持させることのできる理由もあきらかになってきた。一方で、本書は、職場の感情風土（気風）を毒する有害なリーダーシップに対しては警鐘を鳴らす。

三人の著者は、それぞれ異なる視点から本書に取り組んでいる。ダニエル・ゴールマンは、これまでの著書およびハーバード・ビジネス・レビュー誌に掲載した論文に寄せられた世界的反響のおかげで、各国のリーダーたちと対話する機会を得ることができた。リチャード・ボヤツィスは、世界各地で講演をおこなう一方で、ウェザーヘッド・スクール・オブ・マネジメント教授として十五年にわたり何千人ものＭＢＡや企業役員にＥＱリーダーシップを指導した経験を通じて、綿密な研究データを蓄積してきた。アニー・マッキーはペンシルベニア大学教育大学院教授として世界各国の企業や組織のリーダーにコンサルティングをおこなっており、多くの組織においてＥＱリーダーシップ育成の土台を築いてきた経験からさまざまな洞察を得た。こうした三人の多彩な専門知識を撚りあわせて、ＥＱリーダーシップの全体像を描いていきたい。

世界各国の企業や組織を訪ねて何百人もの役員、管理職、従業員と対話した経験の中から、ＥＱリーダーシップの多面的な姿が見えてきた。どんな組織のどんなレベルにも、共鳴を起こす力を持ったリーダーは存在するのだ。そのなかには、正式なリーダーの肩書きは持たないけれども、必要なときに進み出て役割をはたし、再び下がって次の機会が訪れるまで待つ、というリーダーもいる。あるいは、チームや企業全体を率いる立場のリーダー、組織を立ち上げるリーダー、組織に変革をもたらすリーダー、会社から独立して事業を始めるリーダーもいる。

そうした多種多様なリーダーたち（実名もあれば匿名もある）のエピソードを本書で紹介しよう。どのケースも、膨大なデータで裏づけられている。

同僚の研究者たちから提供されたデータも多い。ヘイ・グループの調査研究部門からは、世界各国の顧客を対象に二十年にわたり実施してきたリーダーシップ能力分析データの提供を受けた。近年では、「感情コンピテンシー調査表」（われわれが開発した主要なリーダーシップEQの測定様式）にもとづいてデータを収集する大学の研究室も増えた。他にも、さまざまな研究機関から調査結果や理論が寄せられている。

これらのデータをもとに、われわれはEQリーダーシップに関するさまざまな問いに答えを導き出した。変革の激動を生きのびるために、リーダーにはどのようなEQが必要か？　厳しい現実にも率直に対応できるリーダーの精神的強さは、どこから来るものなのか？　部下を鼓舞激励して最高の能力を発揮させ、企業に対する忠誠心を育てるために、リーダーは何をすればよいのか？　創造的な革新を進め、最高のパフォーマンスを引き出し、顧客との温かな関係を維持していける感情風土を醸成するには、リーダーはどのように努力すればよいのだろう？

これまで長いあいだ、感情の問題は組織の理性的運用を乱す雑音とみなされてきた。しかし、ビジネスから感情を切り捨てる時代は終わったのだ。今日、世界中の組織がなすべきは、EQリーダーシップの価値を再認識し、こころの共鳴を起こせるリーダーを育て、従業員の力を引き出すことである。

本書を書き上げる直前の二〇〇一年九月十一日、ニューヨークとワシントンDCとペンシルベニアを恐ろしい出来事が襲った。あの惨禍は、悲劇と危機の瞬間におけるEQリーダーシップの大きな役割をはっきりと見せてくれた。そして、こころの共鳴とは単に積極性だけでなく広範な感情にあてはまるものだということを再認識させてくれた。コネチカット州に本社を置くハイテク企業専門の投資銀行、サウンドビュー・テクノロジーでは、従業員の友人や同僚や親族に何人かの犠牲者が出た。それを知ったローアは、まず最初に、従業員全員に対して翌日会社へ来るよう連絡した。仕事をするためでなく、悲しみを分かちあい、先のことを話しあうためだ。それから数日間、ローアは涙を流す従業員たちを見守り、つらい気持ちを言葉に出すよう勧めた。毎晩九時四十五分には、自分自身の心情を綴った電子メールを全社員に向けて送信した。

ローアはさらに一歩進めて、犠牲者への援助活動を通じて混乱の中から意味を見出す方策について全社員による話しあいを提案し、自ら指揮をとった。社員たちは、ただ寄付金を集めるよりも一日分の収益をそっくり寄付しよう、と考えた。サウンドビュー・テクノロジーの平均的な収益は一日あたり五十万ドル強、それまでの最高記録は百万ドルだった。だが、社員たちがこの構想を顧客に広めた結果、驚くような反応が起こった。その日の収益は、六百万ドルを超えたのである。

癒しのプロセスを続けるために、ローアは社員たちの思い、恐怖、希望などを収録した『メモリー・ブック』を編纂して未来の世代に残すことを提案した。詩や心情や感動的なエピソードをつづった電子メールが多数寄せられた。社員たちは、『メモリー・ブック』に心の底から思いを吐露した。

このような重大危機に直面したとき、集団の目は感情のやり場を求めてリーダーに集まる。リーダーの見解は特別な重みを持つのだ。リーダーは眼前の状況を解釈し、感情面にも配慮した反応を示して、集団のために意味づけをおこなう役割を期待される。マーク・ローアは、リーダーとして重要な役割を勇敢にはたした――混乱と狂気を前にして、自分自身と社員たちの精神的平静を守ったのだ。そのために、ローアはまず社員の感情的現実に波長を合わせ、それを言葉で表明した。その結果、ローアが数日後に打ち出した方針は全員の心情を代表するものとなり、こころの共鳴を呼んだ。

自分の会社にEQの優れたリーダーがいて、社員たちが共鳴しあい力を発揮できたら、日々の職場はどんな場所になるだろう？　途上国の大多数においては、まだビジネス慣行が確立していない。そうした地域で、企業が最初からEQリーダーシップの考え方を取り入れたとしたら、現状の矯正からスタートしなければならない先進諸国とはずいぶん状況がちがってくるだろう。雇用もリーダーシップEQを見て決められるだろうし、昇進も教育もEQがポイントになるだろう。リーダーシップ教育は日常に組みこまれ、企業は人々が協調して働きながら才能を向上させていく場になるだろう。

さらに、こうしたEQを夫婦や家族や親子やコミュニティに応用したら、どうなるだろう？　EQリーダーシップ研修の受講者たちの口から、職場だけでなく個人や家庭生活にも良い効果があった、という声をよく聞く。自己認識、共感的理解、感情のコントロール、人間関係などのEQが高まり、それが家庭生活にも波及したのだ。

もう一歩踏み出して考えてみよう。教育現場でこころの共鳴を育てるEQ教育がおこなわれたら、学校は（そして子供たちは）どう変わるだろう？　企業から見れば、リーダーとなるのに必要なEQを学校で身につけた人材を雇用できるわけだから、歓迎すべきことだろう。若者から見ても、衝動や不安定な感情に対処するスキルの欠如から生じる社会的病弊（暴力から薬物濫用に至るまで）が減少するという利益がある。さらに、寛容や配慮や個人の責任感の向上は、コミュニティにも恩恵をもたらすだろう。

企業側がこうした能力を備えた人材を求めている以上、大学や専門教育機関（とくにビジネススクール）は基本的ＥＱの習得を教育課程に含めるべきだろう。ルネサンスの偉大な思想家エラスムスは、「国家の最大の希望は若者に対する至当の教育にある」と述べている。

進歩的なビジネス教育専門家ならば、大学の卒業生が単なるマネジャーに終わらず優秀なリーダーに育っていくためには高等教育機関におけるＥＱ教育が必要だ、ということを理解できると思う。進歩的な財界人ならば、自社だけでなく経済全体に活力をもたらすために、リーダーを育てるＥＱ教育を奨励し支持してくれるだろう。その恩恵は新世代のリーダーだけでなく、われわれの家族やコミュニティ、さらには社会全体に及ぶ。

最後にひとこと。リーダーはたくさんいる。リーダーは一人だけではない。リーダーシップはあまねく存在する。リーダーはトップに君臨する一人だけでなく、集団を束ねる人間なら、どんなレベルでも、どんな立場でも、リーダーなのだ。組織の中のどこにいようと、組合の職場代表であろうと、チーム・リーダーであろうと、ＣＥＯであろうと。すべてのリーダーに、本書を捧げたい。

本書は、リーダーシップにおけるＥＱの役割を探求する現在進行形のプロジェクトだ。読者諸氏からの反応――意見、エピソード、感想など――を歓迎したい。すべてのメールに返事を差し上げることは無理だが、読者の声を拝聴し、つねにそこから学ぶことは、われわれの歓びである。

著者のメールアドレスを記しておく。

ダニエル・ゴールマン　Goleman@Javanet.com
リチャード・ボヤツィス　richard.boyatzis@weatherhead.cwru.edu
アニー・マッキー　anniemckee1@aol.com

第一部　六つのリーダーシップ・スタイル

第一章　リーダーの一番大切な仕事

優れたリーダーは、人の心を動かす。優れたリーダーは人の情熱に火をつけ、最高の力を引き出す。リーダーシップを論ずるとき、戦略、ビジョン、アイデアなどがしばしば話題になるが、現実はもっと根本的なところにある。優れたリーダーシップは、感情のレベルに働きかけるものなのだ。

戦略を立てるにせよ、人を動員するにせよ、成功するかどうかはリーダーの姿勢にかかっている。他の要素が完璧だとしても、部下の感情を正しく方向づけてやるという根本的な部分で失敗すれば、満足すべき結果は得られない。

イギリスの巨大メディアBBCの報道部門で起こった例を考えてみよう。BBCの報道部門は試験的に設けられたもので、約二百人の記者や編集者はベストを尽くしたつもりだったが、経営陣はこの部門の閉鎖を決定した。

講堂に集まった報道部門のスタッフに経営陣の決定を伝えに来た担当役員は、開口一番、ライバル社の業績がいかに好調かをまくしたてた。かと思うと、自分はカンヌから戻ったばかりだが、なかなかいい旅行で……、といった調子で話を続けた。報道部門閉鎖の決定に加えて、この役員の横柄で挑発的な物言いがスタッフの不満に油を注いだ。怒りの矛先は、経営陣の決定だけでなく、それを伝えに来た担当役員にも向けられた。その場の空気があまりに険悪になったので、役員を無事に退出させるために警備員を呼ぶ必要があるかと思われるほどだった。

翌日、別の役員が同じスタッフを訪ね、前日の役員とはまったくちがう態度で話をした。この役員は、ジャーナリズムが活気あふれる社会を作るために重要な役割をはたしていること、皆が使命感に燃えてこの仕事に飛びこんできたことを、心をこめて語りかけた。そして、ジャーナリズムの世界に飛びこむ者に金目当ての人間はいない、と指摘した。ジャーナリズムは金銭面では報われない職種だ、ジャーナリストの雇用はいつも経済の波に翻弄されてきた、ジャーナリストとして仕事にかけてきた情熱や献身を忘れないでほしい、と語りかけた。そして最後に、今後のみなさんの健闘を祈る、と締めくくった。

この役員のスピーチが終わったとき、スタッフのあいだから拍手と歓声が上がった。

二人の役員のちがいは、メッセージを伝える際の雰囲気と口調だ。同じ難局を前にしながら、一方の役員は聴衆を反目と敵対に導き、もう一方の役員は聴衆の希望と意欲をかきたてた。この二つの例は、リーダーは言動によって部下の感情にインパクトを与えうる、というリーダーシップの非常に重要な一面を示している。

リーダー自身の雰囲気（およびリーダーが周囲の雰囲気に及ぼすインパクト）の重要性は大多数の人が認識しているものの、こころの問題は個人的すぎて数量化が難しいと考えられ、有意義な議論の対象として扱われないことが多かった。が、研究が進むにつれて、リーダーの感情が惹起するインパクトを測ることが可能になっただけでなく、優れたリーダーが自分や他人の感情を適切に認識し方向づけるためにどのような工夫をしているかがあきらかになった。優れたリーダーは、職場における感情の強力な役割を理解している。それは、業績の向上や人材の確保など目に見える結果だけでなく、モラールやモチベーションやコミットメントなど目には見えなくとも非常に重要な結果にもつながるのである。

リーダーシップの根本的要素とは？

感情の問題は、リーダーシップにおける最も本来的かつ重要なテーマだ。

リーダーは、太古の昔から感情のレベルで人々を導く役割を担ってきた。部族の長であれ、巫女であれ、人類初期のリーダーは感情面で強力なリーダーシップを発揮したにちがいない。どの時代にも、どの社会でも、リーダーとは不安や脅威に直面し課題を抱えた大衆が答えを求めて仰ぎ見る存在だった。リーダーは、感情の指針なのだ。

現代の組織においても、目に見えにくいだけで、感情の指針としての役割がリーダーシップの主たる要素であることに変わりはない。集団の感情を前向きに方向づけ、有毒な感情から発生するスモッグを取り除くことは、取締役会から仕事の現場に至るまで、あらゆるレベルにおいてリーダーの重要な役割だ。

どのような集団においても、リーダーはメンバーの感情を左右する最大の力を持っている。集団の感情を熱意の方向へ導くことができれば、業績の急上昇も夢ではない。反対に、集団の感情を憎悪や不安の方向へ向かわせてしまえば、足並みが乱れる。このことから、リーダーシップの重要な側面がもうひとつ見えてくる。本来のリーダーシップとは、単に仕事がきちんと達成されるかどうかに気を配るだけではない。リーダーには、メンバーとの感情レベルのつながり、すなわち共感も求められているのだ。リーダーシップには、好むと好まざるとにかかわらず、こうした根本的な要素が含まれる。

BBCの例で紹介した二番目の役員のように、リーダーが感情を良い方向へ導けば、集団の良い資質を引き出すことができる。これを「共鳴」と呼ぶ。一番目の役員のように集団の感情を悪い方向へ導いてしまうと、不協和感が生じて、人々の能力を引き出す素地が蝕《むしば》まれてしまう。組織の盛衰は、かなりの部分、リーダーが感情のレベルで適切に対処できるかどうかに影響される。

リーダーシップの恩恵が周囲に及ぶかどうかは、リーダーのEQにかかっている。リーダーが自分の身をいかに処し、周囲との関係をいかに管理するか、ということだ。EQを最大限に発揮できるリーダーこそが、部下たちの感情を望ましい方向へ導くことができる。

どうすれば優秀なEQリーダーになれるのだろうか。最近の研究によって、リーダーシップの神経解剖学的メカニズムがあきらかになり、リーダーにとってEQがなぜこれほど重要なのかがわかってきた。

「開回路」の役割

リーダーの姿勢が大きな影響力を持つ原因は、人間の脳のデザインにある。科学者は、これを大脳辺縁系（脳の中で情動をつかさどる部分）の「開回路」性と呼んでいる。たとえば、循環系のような「閉回路」は自律的に働く。他人の循環系が自分の循環系に影響を及ぼすことはない。これに対して、「開回路」は他律的に働く。

言いかえれば、人間の感情は周囲から影響を受ける、ということだ。「開回路」の大脳辺縁系は、進化の過程で有利に働いたにちがいない。「開回路」のおかげで、ヒトは互いに助けあうことができた。たとえば、母親は泣いている乳児をあやし、見張りは危険を即座に仲間に知らせることができた。

現代に生きるわたしたちも、文明という名の薄皮をかぶってはいるものの、「開回路」の大脳辺縁系を持つことに変わりはない。病院のＩＣＵで調査した結果、心を許せる人物の付き添いがある場合、患者は血圧が下がるだけでなく、動脈を詰まらせる脂肪酸の分泌も少なかった。もっと顕著な例もある。中年男性が一年のあいだに強いストレス（深刻な家計の悪化、失業、離婚など）を三つ以上経験した場合、社会的に孤立している人では死亡率が三倍に増えるのに対し、親しい人間関係に恵まれている人では死亡率に何の変化も起きないという。

科学者は、開回路の作用を「人間相互間の大脳辺縁系調整作用」ととらえている。一人の人間の発する信号が、他の人間のホルモンレベルや心臓血管機能や睡眠リズムや免疫機能にまで影響を及ぼしうるのである。この作用によって、恋愛中のカップルは互いの脳内におけるオキシトシンの分泌を促進しあい、その結果、暖かい愛情が生まれる。さらに、恋愛だけでなく社会生活のあらゆる局面において、わたしたちの生理機能は絡みあい、感情が同調しあう。大脳辺縁系が開回路であるということは、他者がわたしたちの生理機能や感情に影響を与えうる、ということにほかならない。

開回路の同調作用は日常生活で多く見られるが、わたしたちはふつう、それに気づかない。科学者は、楽しく会話する二人の人間の生理機能を測定することによって、感情の同調作用をとらえた。会話を始める時点で二人の肉体は別々のリズムで動いていたのに、十五分の会話が終わるころには、二人の生理機能データはきわめて似た数字を示したのである。この現象は「鏡映」と呼ばれる。このような同調作用は怒りや精神的苦痛が反響しあう紛争時などに顕著に見られるが、友好的な関係においてもわずかに認められる。ただし、感情的に中立な議論においては、ほとんど見られない。近くにいる人間どうしのあいだで、言葉による接触が皆無でも、感情が伝播していく例がたびたび観察されている。たとえば、見知らぬ人間を三人、向きあって黙ったまま一分ないし二分間座らせておくと、ひとことも話さなくても、三人のうち感情の表出が最も豊かな人の雰囲気が他の二人に伝播する。事務所でも、役員室でも、仕事の現場でも、同じことが起こる。職場においては、嫉妬も不安も幸福感も、「集団感染」は避けられない。まとまりの強い集団ほど、雰囲気や感情や潜在的欲求まで共有しあう度合いが強い。

さまざまな業界から七十のワーク・チームを抽出して調べたところ、ミーティングで同席したメンバーは二時間以内に良い雰囲気も悪い雰囲気も共有するに至った。被験者には職場における自分の雰囲気を数週間にわたり、あるいは数時間ごとに記録してもらったのだが、看護師や会計士のあいだでさえも感情の同調作用が認められた。集団が共有するようになった雰囲気は、職場が抱えている問題とはほとんど無関係だった。プロスポーツのチームを対象とした研究でも、同様の結果が出た。チームの成績とは無関係に、プレーヤーたちの雰囲気は数日から数週間にわたって同調傾向を示した。

リーダーの感情は伝染する

集団の中で大脳辺縁系の開回路が相互作用を続けていくうちに、全員の味がいりまじった「感情のスープ」が形成される。なかでも、一番強い味をつけるのは、全員から注目されているリーダーだ。部下たちは、上司から感情のヒントを読み取ろうと注目している。高層階にある厚い扉の奥で執務するCEOのように一般社員と触れあう機会の少ないリーダーでも、CEOの態度が直属の部下の雰囲気に影響を及ぼし、それが順に下へ波及して、企業全体の感情風土が形成される。

実際に仕事中の集団を観察した結果、リーダーがいろいろな形で集団の感情形成に決定的役割をはたしていることがわかった。リーダーは発言回数が最も多く、その発言は皆から注目される。リーダーは、ふつう、提示された問題に関して最初に発言する。他のメンバーは、リーダーの発言内容をふまえたうえで発言することになる。リーダーの見解は特別な重みを有し、集団を代表して「意味づけを管理する」ことになる。すなわち、リーダーは、目の前の状況をどう解釈しどう反応するかを提示する役割を担う。

ただし、リーダーの影響力は、発言だけにとどまらない。発言していないときでも、リーダーは注目されている。集団にかかわる問題が提起されたとき、人々はリーダーの反応に注目する。そして、リーダーの反応を最も信頼すべきものとして、それに倣おうとする。とくに、人によって異なる反応を示すような微妙な状況下では、人々はリーダーを見る。ある意味で、リーダーは感情の基準を作るのである。

部下に賞賛の言葉をかけてやるか黙っているか、建設的な批判をするか破壊的な批判をするか、援助を必要とする者に手を差し伸べるか無視するか——それは、リーダーしだいだ。集団のミッションを個々人にとって意味あるものにできるか否かは、リーダーの腕にかかっている。リーダーが仕事に対して明確な方向性を示してやれば、部下たちは柔軟に対処し、最高の知恵を発揮するようになる。このような行動を通して、リーダーは感情面で大きなインパクトを与えうるのだ。

いわゆる「正式な」リーダーが必ずしも感情面のリーダーであるとは限らない。名目上のリーダーが信望に欠ける場合、メンバーは他に信頼し尊敬できる人間に感情の指針を求める。その場合は、後者が集団の感情を方向づける役割を担うことになる。たとえば、ある有名なジャズ・バンドの場合、バンドの創始者であり名前にもなっている正式なリーダーが存在するものの、感情面では別のミュージシャンがリーダーを務めている。看板リーダーは公演のスケジュールやロジスティクスを仕切っているが、演奏曲目の選択や音響システムの調整などの問題になると、メンバーの視線は実質的なリーダーに向けられる。

笑いは能率を向上させる

感情は伝染するが、すべての感情が同じように伝染するとは限らない。イェール大学スクール・オブ・マネジメントの研究によると、職場では快活な感情や心温まる感情が最も伝染しやすく、不機嫌は伝染しにくく、憂鬱はほとんど伝染しないことがわかった。良い雰囲気のほうが伝染しやすいという傾向は、ビジネスにも直接関係してくる。イェール大学の研究によれば、明るい雰囲気は職場における協調体制や公平性や能率を向上させるという。

なかでも、笑い声は感情の伝染性をはっきりと示してくれる。笑い声を聞くと、わたしたちは自然に笑顔になったり笑い声をあげたりする。そして、それが連鎖反応のようにグループ全体に広がっていく。笑いが伝染しやすいのは、人間の脳に笑顔や笑い声を感知する開回路が特別に組みこまれているからだ。その結果、いい意味での感情のハイジャックが起こる。

感情を表現する信号のなかでも、笑顔は最も伝わりやすい。笑顔には、相手まで笑顔にさせる抗しがたい力がある。笑顔の伝染力が強いのは、進化の過程で有益な役割を担ってきたからかもしれない。笑顔や笑い声は、その人間が警戒心や敵意を持たず友好的でくつろいだ状態にあることを示すことによって、同盟関係を固める非言語的手段として発展したのではないか、と科学者は推測する。

笑い声は、友好的関係を確信させる唯一無二の信号だ。他の感情を表す信号とちがって（笑顔は演技で作れる）、声をあげて笑うことは高度に複雑な神経回路の働きを伴い、演技が難しい。したがって、見せかけの笑顔で人をだますことはできても、無理な笑い声は空虚に響く。

神経解剖学的に言えば、笑いは二人の人間の距離を最も縮める。笑いの共有によって二人の大脳辺縁系が即座に連動するからだ。この瞬時的かつ不随意的な反応を、ある研究者は、「人間どうしの最も直接的な脳と脳とのコミュニケーションです。いわば『大脳辺縁系固め』のような状態でがっちり組みあったようなものです」と表現している。とすれば、仲の良い人間どうしがよく笑い声をあげるのも不思議はない。不信感や嫌悪感を抱いている者どうしは、笑いを共有しない。

職場に笑い声があれば、それは従業員たちが頭だけでなく心も仕事に集中している兆候といえる。しかも、職場での笑い声は、陳腐な冗談とは無関係だ。千二百のケースを調べた結果、笑い声は話に「落ち」がついたときでなく、「お会いできてうれしいです」といったような平凡な言葉に対する友好的な反応として聞かれる。笑い声は、自分たちは波長が合っている、自分たちはうまくやっている、ということを再確認するメッセージだ。それは信頼、気安さ、世界観の共有を示す。いまのところ何もかもうまくいっている、という信号なのだ。

誰が感情面のリーダーであろうと、その人物は人々の大脳辺縁系に働きかける力を持った人間であるはずだ。たとえば、才能ある女優がいかにたやすく観客を自分の演じる感情の軌道に引き入れるか見てみるといい。裏切りの苦悩にせよ、勝利の歓喜にせよ、観客も舞台と同じ気持ちを抱くようになる。

そうしてみると、感情がどれだけよく伝わるかは、リーダーの表情や声や身ぶりなどの表現力がどれだけ豊かであるかにかかわってくる。感情を伝えるスキルが高いほど、感情はより強く広まる。演技力は問題ではない。リーダーは注目されているから、わずかな感情の表出でも大きなインパクトがあるのだ。それでも、リーダーがより率直に気持ちを表現すれば、それだけ周囲に伝わりやすいことは確かだ。

そういう才能を持ったリーダーには、人々が自然に引きつけられていく。自分が組織の中でいちばん一緒に働きたいと思うリーダーを思い浮かべてみてほしい。その人には、きっと、快活な空気を発散する能力が備わっているはずだ。EQの高いリーダーの周囲に才能のある人々がこぞって集まるのは、ひとつにはこうした理由があるからだ。反対に、気難しく横柄で冷たいリーダーからは、人が離れていく。不機嫌なボスの下で働きたいと思う人などいないからだ。研究でも、このことは証明されている。一緒にいて不愉快なボスよりも、楽天的で熱意あふれるリーダーのもとに人は集まる。

ここで、EQリーダーシップのインパクトをさらに一歩進めて、感情が仕事の効率をどれだけ左右するかを検証してみよう。

雰囲気は意外と重要

感情は強烈で、一過性で、ときに仕事に支障をきたすこともある。雰囲気は感情ほど強烈ではなく、継続時間が長く、仕事に支障をきたすことは少ない。とはいえ、感情を刺激する出来事のあとは、その影響がグループの中を流れる雰囲気となって残る。

ビジネスの観点からは些細なことに思われるかもしれないが、感情も雰囲気も仕事を達成するうえで看過できない重要性を持っている。リーダーが軽い懸念を表せば、それは、何かもっと注意を払うべき事柄が存在する、という信号を送出することになる。事実、リスクを伴う状況に直面しているとき、真剣な雰囲気は非常に良い結果を招く。反対に、楽観的すぎる雰囲気は危険の見落としにつながる可能性がある。怒りの噴出は、リーダーの注意を緊急課題に釘づけする場合がある。たとえば、重役によるセクハラの事実があきらかになったような場合、リーダーのエネルギーは通常の仕事を後回しにして緊急課題に向けられ、ハラスメントをなくすために会社の組織改革をおこなう、といった解決策を模索することになる。

軽度の懸念（たとえば、「締め切りが近づいている」というような意識）は注意力やエネルギーの集中に役立つが、長期にわたる不安はリーダーシップに悪影響を与え、脳の情報処理能力や対応力を阻害し、業績にも悪影響を及ぼす。反対に、快活な笑いや明るい雰囲気は、仕事に必要な神経の働きを活発にする。

良い雰囲気も悪い雰囲気も、しばらく消えずに残る。それは、雰囲気によって知覚や記憶がゆがめられるからだ。同じ状況を見ても、明るい雰囲気のときは良い面が見えるし、良いことを思い出す。悪い雰囲気のときは、悪いことばかりに目が行く。加えて、ストレス・ホルモンは、いったん分泌されると再吸収されて消えるまでに長い時間がかかる。上司との不愉快なやりとりがいつまでも気になって心身ともに落ち着かず、「会議でひどく腹が立ったので昨夜はなかなか寝つけなかった」というようなことになるのは、そのせいだ。その結果、わたしたちは気持ちが前向きな人間と一緒に仕事をしたいと思うようになる。そういう人たちといると、気分がいいからだ。

負の感情がもたらすもの

慢性的な怒り、不安、無力感といった負の感情は、仕事をおおいに混乱させ、課題に向かう集中力を削いでしまう。雰囲気とその伝播に関するイェール大学の研究によれば、年間ボーナスの配分を決める重役会議は前向きな気分のもとではあきらかに能率が良くなり、後向きな気分のもとではかどらなかった。特筆すべきは、自分たちの雰囲気が仕事の効率に影響している事実に、本人たちが気づいていなかった点である。

ある国際ホテルチェーンの例を見てみよう。このホテルで従業員をひどい雰囲気にさせるのは、何よりも管理職との対話だった。上司と言葉を交わすと、従業員は十回のうち九回まで失望や幻滅や怒りや悲哀や嫌悪や傷心など不快な気分を味わうような状態だった。このホテルでは、顧客よりも、仕事のプレッシャーよりも、会社の方針よりも、個人的な問題よりも、上司との対話が従業員の苦痛の原因だった。とは言っても、リーダーが無理をして「いい人」になる必要はない。EQリーダーシップには、部下に不必要な動揺を与えることなしにプレッシャーをかけて必要なレベルの仕事を達成させる、といった技量も含まれているのだ。ただし、不安や心配が適度なレベルをこえると知的能力を阻害することは、昔から知られている心理学の常識だ。

苦痛は、「考える知性」だけでなく「感じる知性」も阻害する。自分が動揺しているときには他人の感情を読み取るどころではなくなるので、基礎的な共感能力が落ち、結果的に社会的スキルが低下するのだ。

もうひとつ考慮すべきことがある。職場における満足度を調べた最近の研究によると、人々が仕事中に抱く感情には職場生活の質がそのまま反映される、ということだ。職場で前向きの感情を感じる時間の割合が、満足度（あるいは離職率）を決定するうえで最も強い要素のひとつになっている。この意味では、悪い雰囲気をまき散らすリーダーは、率直に言って職場のためにならない。良い雰囲気を広めるリーダーには、仕事を成功へ導く力がある。

明るい雰囲気はいい仕事につながる

気分がいいと、人は最高の能力を発揮する。気分がいいと頭の回転が速くなり、情報の理解力が上がり、複雑な問題にも正しい判断を下すことができ、考え方も柔軟になる。明るい雰囲気のもとでは、人は他人や物事をより前向きに見ることができる。そうなると、自分の目標達成能力についても楽観的に考えられるようになり、創造性や決断力が向上し、他人の役に立とうとする意欲も高まる。たとえば、「コップの水はまだ半分も残っている」という考え方のできる保険代理人は、悲観的な同僚に比べて拒絶されてもへこたれない強さがあるので、契約成立率が高い。さらに、職場におけるユーモアの研究によれば、タイミングの良いジョークや陽気な笑いは創造性を刺激し、コミュニケーションの端緒を開き、一体感や信頼感を強め、仕事をより楽しくしてくれる。交渉の途中に楽しいジョークが出れば、金銭的譲歩を引き出せる可能性も大きくなる。EQの高いリーダーの道具箱の中でユーモアが目立つ位置を占めているのも、不思議ではない。

チームにおいては、良い雰囲気はとくに重要だ。リーダーがチームを熱意と協調の雰囲気に導けるかどうかで成功が左右される。一方で、集団内に感情の葛藤があってメンバーの注意力やエネルギーが共通の目標からそれるようなことになれば、業績に悪影響が及ぶ。

たとえば、六十二人のCEOやトップ経営者に関する研究を見てみよう。CEOのなかにはフォーチュン誌上位五百社にはいる企業、アメリカの有力なサービス企業（コンサルティングや会計業務など）、非営利組織、行政機関などのトップが含まれている。評価基準は、彼らがどれだけ精力的で、熱意があり、決然としているか――要するにどれだけ明るいか――である。また、トップ経営陣の中で衝突や騒動――人格的対立、会議中の怒りや摩擦、感情面の葛藤――がどのくらいあったか、という質問もあった。

研究によると、全体的な雰囲気が前向きな経営陣ほど、よく協調しあい、業績も良いことがわかった。別の言い方をすれば、仲の悪いトップによる経営が長くなればなるほど、会社の採算は悪くなる。

こうしてみると、「集団のＩＱ」は「集団のＥＱ」しだいということになる。優れたリーダーは集団の協調意識を高く保つことができ、メンバーを目標達成にかりたてることができる。そういうリーダーは、当面の課題に取り組む努力と集団内の人間関係への気遣いをバランスよく管理することができる。当然、友好的かつ効率的な職場環境ができるので、職場のモラールも上がる。

笑顔が売上げを伸ばす

ビジネスのあらゆる局面のうち、顧客サービスは、雰囲気の伝染ひいては脳の開回路的な側面に最も影響されやすい部分といえるだろう。顧客サービスの仕事は、非常にストレスが多い。顧客から現場の最前線に対して激しい感情が浴びせられるだけでなく、労働者から顧客に対しても強い感情が流れる。ビジネスの観点から見れば、当然ながら、顧客対応を担当する人々が悪い雰囲気にあるのは望ましくない。第一に、無礼な態度は相手に伝染しやすく、サービスそのものの内容にかかわらず相手に不満や怒りを抱かせることになる。第二に、不機嫌な労働者は顧客に十分なサービスを提供することができず、ときには破壊的な結果を招くこともある。ＣＣＵ（心臓病の集中治療室）を例にとると、看護師の雰囲気が暗いＣＣＵでは、そうでないＣＣＵに比べて患者の死亡率が四倍にもなる。

対照的に、現場が明るい雰囲気なら、ビジネスにも良い結果が出る。店員の対応が良ければ、客はその店を「買い物するのに楽しい場所」と考えるようになる。そうなれば、その客がくりかえし来店するだけでなく、口コミによる評判も広がる。しかも、店員が明るい気分ならば、顧客に対するサービスもさらに良くなる。アメリカの小売業チェーンで三十二店舗を調べた結果によると、積極的な店員のいる店の売上げ成績がいちばん良かった。

が、それがリーダーシップとどう結びつくのだろう？　調査した小売店舗のすべてにおいて、店員の雰囲気ひいては店の売上げを左右する感情風土を決めるのは、店のマネジャーだったのだ。マネジャーが元気いっぱいで自信に満ちて楽観的だと、その雰囲気が店員にも伝わる。

職場の雰囲気が結果の差を生む

快活な店員は顧客を満足させるために人一倍努力するので営業成績も上がる——これは誰でも知っていることだが、実際に数字でも裏づけられている。企業風土としてのサービス志向が一パーセント改善するごとに、収益が二パーセント増えるのだ。

メリーランド州立大学のベンジャミン・シュナイダー教授は、銀行の支店、保険会社の地方営業所、クレジットカードのコールセンター、病院など、さまざまな業務にわたって調査をおこなった結果、従業員による自社のサービス志向の評価を見れば、顧客の満足度ひいては会社の業績まで予測できることがわかった。同様に、最前線の顧客サービス部門でモラールが低下していると、それが三年以内に高い労働移動率や顧客の満足度低下となって現れてくる。顧客の満足度が低下すると、それが三カ月後に収益の低下につながる。

では、どのような対策をとればいいのだろう? 企業風土が労働条件や給与の影響を受けることはもとよりあきらかだが、それ以外にも、リーダーのＥＱが大切な役割を担っている。一般的に、仕事が感情面で厳しいほど、リーダーは共感と支援を示す必要がある。顧客が満足するようにサービス志向の企業風土を作り従業員の気分を引き立てるのは、リーダーの仕事だ。シュナイダー教授の調査によれば、ある保険会社では、優秀なリーダーのおかげで保険代理人たちのサービス志向が向上し、保険の更新に三ないし四パーセントの差が生じたという。この業界では大きな数字だ。

組織コンサルタントのあいだでは、以前から、企業風土と業績には相関関係があると考えられてきた。だが、それを裏づけるデータが少なかったために、リーダーたちはもっと「ハードな」ビジネス目標に注意を向けることが多かった。しかし、いま、こうして多様な業種におけるリーダーシップと企業風土の関係、さらに業績への影響があきらかになってみると、職場の「雰囲気」といったソフトな要素がビジネスの面でハードな格差をもたらすことが数字のうえでも証明されたといえよう。

たとえば、世界的規模の食品飲料メーカーにおいては、前向きの風土が主要部門で軒並み収益の向上をもたらしていることがわかった。また、保険会社十九社を対象とした調査では、ＣＥＯが直属の役員とのあいだでどのような風土を形成しているかを見れば、その企業全体の業績を推測することができた。調査対象の七十五パーセントにあたるケースにおいて、企業風土を観察するだけで収益や成長率の高い企業と低い企業が正確に分別できたのである。

企業風土自体は、業績を決定するものではない。企業の経営状態を決定する要素は非常に複雑だ。が、われわれの分析によれば、総体的に見て、企業風土（その企業で働くことについて社員がどう感じているか）は業績を二十ないし三十パーセント左右する力を持っている。社員の能力を最大限に引き出せるかどうかは、実際の数字にはねかえってくるのだ。

業績を左右するものが企業風土だとしたら、企業風土を左右するものは何か？　従業員が何から企業風土を感じ取るかを追跡してみると、五十ないし七十パーセントが「リーダー」という一人の人物の行動に起因していることがわかる。リーダーは、他の誰にもまして、従業員の働きぶりに直接的な影響を与える存在なのだ。

リーダーの感情および行動が部下の感じ方や仕事ぶりに影響を与えることは、疑いない。そうしてみると、リーダーがいかに自分自身の雰囲気をコントロールし、いかに周囲の雰囲気を方向づけるかは、単に個人的な問題ではなく、企業の業績を左右する要素であるといえる。

それでは、つぎに、ＥＱリーダーシップが脳のどのような働きによって発揮されるのかを見てみよう。

第二章　共鳴型リーダーと不協和型リーダー

ＢＢＣの話に戻ろう。最初に報道部門の閉鎖を知らせに来た役員は、スタッフの激しい怒りを招き、退出するのに警備員を呼ぼうかという騒ぎになった。これは「不協和な」リーダーシップの例だ。その場に集まった人々の気持ちを汲むことができなかったために、この役員はスタッフの気持ちを挫折から憤慨へ、恨みから激怒へと悪化させる結果になった。

リーダーが集団の感情を正しく読み取ることができないと、不必要な混乱を招くメッセージを送って不協和感を醸成することになる。その結果、集団は精神的苦痛で頭がいっぱいになって、リーダーが発するメッセージや自分たちのミッションに注意が向かなくなる。どのような職場においても、不協和なリーダーが感情やビジネスに与えるインパクトはすぐ目につく。従業員のあいだに動揺が見られ、仕事にもミスが多いからだ。

解雇された報道部門のスタッフから拍手を送られた二人目の役員は、共鳴を起こすリーダーシップの見本だ。この役員はスタッフの気持ちをきちんと汲みとり、彼らの感情を前向きな方向へ導いた。

自分の価値観にもとづいて率直に話をし、共鳴を起こすことができた。その結果、この役員のメッセージはスタッフの心を打ち、困難な状況にありながらモラールを高揚させたのだ。共鳴は、目を見ればわかる。共鳴している聴衆の目は、きらきらと輝いてリーダーに注がれているものだ。

「共鳴」という言葉の語源はラテン語のresonareで、辞書を引くと、「音が反響して増幅または延長すること。共鳴」という説明がある。人間の場合、共鳴は感情の波長が一致したときに起こる。そして、語源のとおり、共鳴は前向きの感情をより長引かせる効果がある。

共鳴が起きていることを示す徴候のひとつは、リーダーの明るく熱意に満ちたエネルギーに共振する集団の姿だ。共鳴は、リーダーシップの感情面へのインパクトを増幅し延長する。共鳴が大きいほど、人と人との相互作用が活発になる。共鳴は、システム内の雑音を最小化する。シグナルが増え、雑音が少なくなったとき、チームはひとつにまとまる。組織のために人々が結束するとき、そこに働いている接着剤は、全員が共有する感情だ。

そうした感情をいかにうまく方向づけてグループを目標達成に導くかは、リーダーのEQレベルにかかっている。EQの高いリーダーは、ごく自然に共鳴を起こすことができる。熱意と行動力を示して、グループ全体を共鳴させるのだ。ただし、EQの高いリーダーは、必要なときにはメンバーの感情を読み取ったうえで、やや深刻な雰囲気を表明してみせる場合もある。たとえば、皆が憤慨するような出来事（部門の閉鎖など）が起こった場合、あるいは皆が悲しむような事態（愛する同僚の重病など）が起こった場合には、EQの高いリーダーは皆の感情に寄り添うだけでなく、皆を代表してその気持ちを表明する。こうして起こる共鳴は、熱意と同じようにグループの結束を強める。リーダーが理解し配慮してくれていることを皆が感じ取るからだ。

ＥＱの高いリーダーのもとでは、メンバーは互いに心を許しあってアイデアを共有し、学びあい、協調して決断を下し、仕事をなしとげる。感情のレベルで絆が形成されているので、大きな変化や不安定要素に直面しても浮き足立つことがない。何よりも重要なのは、メンバーどうしが感情レベルで結ばれていると仕事がより意味のある目標になる、ということだろう。仕事がうまくいったときの高揚した瞬間を共有しあう歓びは、誰もが知っている。こういう気持ちに後押しされて、集団はひとりでは到底不可能な目標を達成することができる。そうした絆を作り上げることができるのが、ＥＱの高いリーダーなのだ。

反対に、リーダーが共鳴を欠くと、部下は一応からだを動かしてはいるものの、ベストを尽くす意欲は起こらず、必要最低限の仕事をこなしているだけになってしまう。「感じる知性」が足りないリーダーは、部下を管理することはできても、導くことはできない。

「不快な上司」が職場を壊す

「不協和」とは、もともと音楽でいう不協和音のことだ。音楽に関しても、人間に関しても、不協和はハーモニーを欠いた状態を言う。不協和感を抱くリーダーシップのもとでは、人々はいつも感情がかみあわない印象を抱くことになる。

職場における笑い声が共鳴のバロメーターであるように、怒りや不安や無感動や不機嫌な沈黙は不協和感の証拠だ。職場における不協和状態は、けっして珍しいことではない。たとえば、アメリカで千人以上の労働者を対象にした調査によると、職場でどなり声やそれに類する口論を目撃したことのある者は四十二パーセント、自分自身が同僚をどなりつけた経験のある者は三十パーセント近くにのぼった。

このような不協和状態が生物学的にどれほどマイナスをもたらすか考えてみるといい。たしかに、不満を表明する行為自体は問題の所在をあきらかにして共鳴を形成するのに有益かもしれないが、怒りにまかせて不満を口にすれば、有毒な感情が渦巻く事態になりかねない。たとえば、冷静な口調で「きみがミーティングに遅れてくると、ぼくらの時間が無駄になる。時間どおりに集まってくれれば、もっと効率よく運ぶと思うんだけど」と言うかわりに、「おや、おそれおおくも閣下のお出ましだ。ご多忙の中、スケジュールをお空けいただきまして、まことに恐縮です。できるだけ閣下の大切なお時間を無駄にしないよう努力いたしましょう」といった調子の人格攻撃になったら？

感情の大混乱が起こること必定だ。言い争いをしている人間の生理的反応を測定した研究によれば、嫌悪や侮辱を含む不快な感情のメッセージを投げつけられた人間は、強い感情にハイジャックされた状態に陥る。とくに、配偶者や上司など当人にとって無視できない人物から攻撃された場合にはそうだ。

ワシントン州立大学の心理学者ジョン・ゴットマンは、このような痛烈な侮蔑をこめたメッセージによって引きおこされる「攻撃・逃避」反応の強さを表すのに「情動の氾濫」という言葉を使っている。心拍数は瞬時に一分間あたり二十ないし三十も上がり、圧倒的な苦痛の感覚に襲われる。情動の氾濫が起こっているときは、相手の言うことを歪曲せずに聞くことはできないし、明晰に対応することもできない。思考は混濁し、手っ取り早く争いを終わらせる行動に出ようとする。その結果、感情的あるいは物理的距離を置いて相手を無視（あるいは拒絶）しようとする。

右の研究は夫婦を対象としたものだが、上司と部下のあいだに起こる対立も、感情面の代価は同じようなものだ。管理職が怒りだして人格攻撃に及んだときの様子を従業員に回想してもらった研究がある。多くの従業員は自己弁護をし、責任を回避し、頑なに拒絶し、管理職との接触を避けた、と答えた。また、管理職やホワイトカラー労働者百八人に職場での衝突の原因を尋ねたところ、第一位は上司による的はずれな非難だった。

要するに、不協和状態は労働者の意欲をくじき、消耗させ、離職に追いやる。さらに、有毒な環境で働く人は、その毒を家庭にまで持ち帰る。職場にいるあいだに分泌されたストレス・ホルモンは、何時間もたったあとでも体内を巡りつづけるのだ。

不協和型のリーダーたち

不協和を招くリーダーには、さまざまな種類がある。共感能力に欠けるリーダー、負の感情を増幅させる信号ばかり発するリーダー。彼らの大多数は、わざとそうしているわけではない。共鳴をもって部下を導くために不可欠なEQを欠いているだけなのだ。

極端な例では、部下をどなりつけ侮辱する暴君タイプや、部下を病的にまで操縦しようとするタイプもある。そういうリーダーは、「ハリー・ポッター」シリーズに登場する「まわりの空気から平和も希望も幸福も吸い取ってしまう」という「デメンター」にも似たインパクトを部下に与える。不協和型のリーダーは、職場を不快な場所にするのだ。しかも、彼らは自分たちがどれほど破壊的なことをしているかを知らない。あるいは、気にしない。

だが、なかには一見しただけではわかりにくいタイプもある。彼らはうわべだけの魅力や洗練を見せ、ときにはカリスマ性を備え、人を欺き操縦する。彼らは口先だけの価値観を語り、他者に対する共感を欠き、自分の立身出世にしか興味がない。部下たちがそうした偽善に気づいたとき、不協和型リーダーとのあいだには皮肉と不信しか残らない。

不協和型のリーダーでも、短期的には順調に見える場合もある。たとえば、上司の機嫌を取ることに腐心して昇進を手に入れる、というように。だが、その後に残る有害な遺産が、偽りの成功の正体をあばくだろう。そういうリーダーが去ったあとには、隠しようのないモチベーションの喪失、無関心、怒り、恨みが残る。要するに、不協和型リーダーとは、上司に持ちたくないと思うようなリーダーなのだ。

負の共鳴を行使して組織を率いるリーダーは、かならずトラブルを招く。たとえ短期的に業績が上がったとしても、リーダーがもっぱら負の感情の範囲で共鳴を煽りつづければ、結果的には集団を疲弊させることになる。そのようなリーダーは有毒な感情をばらまくばかりで、他人の感情を受けとめることができない。他人の声に耳を傾けず、他人のことを配慮しない。対照的に、EQの高いリーダーは、もっと長続きするモチベーションを求めて前向きな共鳴を起こし、人々を価値ある目標へと導く。

不協和型リーダーのなかには、「的はずれ」と呼ぶべきタイプもある。本人としては前向きの共鳴を求めているのだが、部下たちが負の感情にとらわれていることにまったく気づかないのだ。言いかえれば、従業員が組織の現実に怒りや不安を抱いているのに、リーダーはそれに気づかず明るいメッセージを送りつづけ、結果として誰ひとり共鳴しない、というケースだ。

ある役員は、つぎのように会社のビジョンを説明した。「わが社は業界の先頭に立ち、新しい高みを求めて複雑な未来へと快進撃を続けている。わが社のリーダーたちはあらゆるビジネス・チャンスに目を配り、マネジャーたちはライバル社を置き去りにしている。顧客のみなさんにご満足いただけて、何よりだと思っている」

一見すると、かなりいい感じだ。が、よく見ると、空虚なお題目を並べているだけだ。この重役がほんとうのところ何を言いたいのか、さっぱり伝わってこない。しかも、この社の企業文化やリーダーシップの実態を見てみると、柔軟性があまり認められず、顧客のニーズもきちんと把握していないことがわかってきた。従業員のなかにはお決まりの業務を処理することしか考えず、社のリーダーたちが発表するビジョンに冷笑するグループも見受けられた。きまり文句が煙幕となってリーダーが現場の状況を把握しきれず、変革の機会を失ってしまうのだ。

自分の考えに溺れてしまうリーダーも、しばしば「的はずれ」なリーダーとなる。ある消費財メーカーの例を紹介しよう。あるとき、管理職たちが自社の現状に問題があると考えてCEOにミーティングを申し入れた。その企業は業界で上位十社にはいる地位を保ってはいたが、トレンド・ラインは下向きになっていた。現場をよく知る管理職たちは、会社を正しい方向へ動かすためにCEOに意見を聞いてもらいたかったのだ。

しかし、ミーティングに現れたCEOには現場の話に耳を傾けようという姿勢がなく、管理職からの問題提起に対して、次のように答えたのだった。「人々は、ヒーローを求めている。そして、従業員にとってのヒーローはわたしだ。いわば、映画スターのような存在だね。みんな、わたしの姿を見たがる。尊敬できるヒーローとして。だから、きみたちとのミーティングに応じることにしたんだ。きみたちに直接わたしの声を聞いてもらって、他のみんなにも生身のわたしがどんな人間だか知らせてもらえれば、と思ってね」

管理職たちは、あっけにとられて沈黙してしまった。CEOのほうは、もちろん、沈黙を賛同と受け取った。CEOにとって、問題は「自分たち」ではなく「自分ひとり」だったのだ。野心には、自分のことしか見えなくなるという落とし穴がある。そうなったリーダーは、自分に成功をもたらしてくれる人々の懸念に耳を傾けなくなり、不協和感を増幅させていく。

一方、EQの高いリーダーは人々の気持ちを感じ取り、集団を正しい方向へ導く。EQの高いリーダーがどのようにして共鳴を起こすのかを理解するために、脳の研究で新たにわかってきた事実に目を向けてみよう。

デマゴーグの正体

優秀なリーダーは人々を自分の感情リズムに引きこむ力があるが、歴史をふりかえってみると、デマゴーグ（煽動政治家）や独裁者も同じ才能を使って悲惨な結果をもたらしている。世界中のヒトラーやポルポトたちは、人の心を動かす（ただし破壊的な方向へ）メッセージを語りかけて、怒れる群集を動かした。ここに、共鳴と煽動の決定的なちがいがある。

共鳴を生むリーダーとちがって、デマゴーグは負の感情、とくに恐怖と怒りのいりまじった感情を引き出す。「やつら」が「われわれ」を脅かそうとしている、「やつら」が「われわれ」のものを奪おうとしている、というメッセージだ。それは人々を共通の目標のもとに団結させるメッセージではなく、分裂・偏向させるメッセージだ。そのようなリーダーの政治信条の根底にあるのは、負の共鳴、すなわち人が脅威や怒りに直面したとき本能的に抱く攻撃・逃避感情なのだ。たとえば、セルビアの指導者ミロシェビッチは民族対立の憎悪を煽る天才で、憎しみや恐れや怒りを旗じるしに群集を煽動し、自分自身と国家の崩壊を招いた。

デマゴーグは、革新的・創造的な構想を掲げる一方で、希望や楽観を押しつぶす破壊的な感情を行使して群集を操る。対照的に、共鳴を生むリーダーは、全員が共有できる建設的な価値観に立脚し、前向きな感情の共鳴を大切にしながら人々を導く。優れたリーダーは、皆が目標にできる夢を生き生きと描いて人々の心をつかむのだ。

さいわい、デマゴーグはビジネスの世界ではほとんど見られない。彼らの生息域は政治の世界だ。とはいえ、よこしまな策略を弄するビジネス・リーダーもいないわけではない。「敵」に対する恐れや憎しみを煽るなど、負の共鳴に立脚するリーダーは、目標に向かって集団を手っ取り早く動員するために安っぽく汚い策略を使おうとする。何かを憎んだり恐れたりするよう集団を仕向けるのは、適当な脅威さえ見つければ比較的容易だ。が、生物学的観点からいうと、その種の感情は攻撃・逃避行動に備えて短期的かつ強烈に発揮される性質のもので、あまり長期にわたったり多用されたりすると、人間を疲弊させてしまう。つまり、怒りや恐れは、当面の危機的状況を乗りこえるには有効かもしれないが、モチベーションとしては長続きしないのである。

リーダーシップと脳のしくみ

どんな生き物も、翼が片方しかなければ飛ぶことはできない。優秀なリーダーシップは、知と情が両方そろったときはじめて可能になる。知性と感情は、リーダーが飛翔するために必要な二つの翼なのだ。

リーダーは、まず、取り組もうとする課題を理解できる程度の知性を備えていなければならない。もちろん、分析的・概念的思考ができる明晰なリーダーは優秀だ。が、知性や明晰な思考力は、リーダーの前提として要求される素質だ。こうした基礎的能力がなければ、そもそもリーダーにはなれない。そのうえで優れたリーダーになるには、知性以外にも必要なものがあるのだ。リーダーは人々にモチベーションを与え、方向を示し、意欲をかりたて、話を聞き、説得し、そして何より共鳴を引き起こすことによってビジョンを実現していく。アルバート・アインシュタインがいみじくも警告したように、「わたしたちは知性を神とあがめることのないよう気をつけなくてはならない。知性は強い腕力を持つが、人格を持たない。したがって、仕えることはできても、導くことはできない」のである。

知と情は別々の神経回路でコントロールされているが、両者は緊密に絡みあっている。この知性と情動（激しく強い感情を心理学では情動と呼ぶ）を統合する脳の回路こそ、EQリーダーシップの基礎だ。ビジネスの世界は感情抜きの知性を重視したがるが、人間の感情は知性よりも強い。非常事態が起こったとき、脳をコントロールするのは、情動をつかさどる脳（大脳辺縁系）なのだ。

情動をつかさどる脳が強いのには、理由がある。生物としてのサバイバルに不可欠だからだ。緊急事態が発生したとき、情動の脳が警告を発し、即座に取るべき行動（闘う／逃げる／動かずじっとしている）を指示する。思考をつかさどる脳は大脳辺縁系の上に進化した脳であり、いまだに、人が脅威やストレスにさらされたときには大脳辺縁系の命令どおりに動いてしまう。強制的な情動反応の引き金を引くのは、扁桃体だ。扁桃体は大脳辺縁系の一部で、つねに身辺に気を配りながら非常事態に備えている（図1参照）。そして、脅威を認識すると、ただちに理性をつかさどる大脳新皮質を含めた脳全体に行動の指令を出す。

進化の過程で過去一億年ほどのあいだは、このシステムが役に立った。恐怖の情動が働いたおかげ

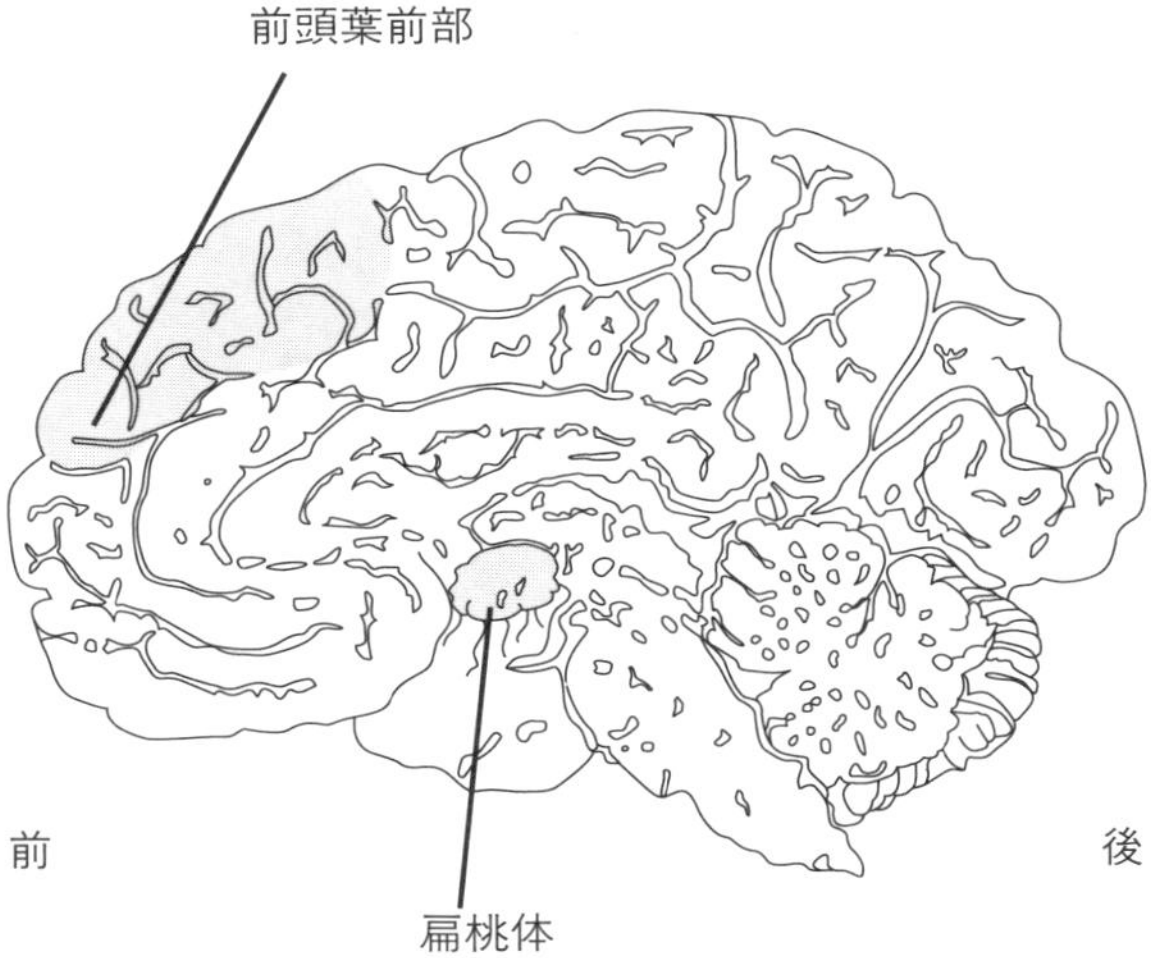

図1　情動を統御する重要な回路は、前頭葉前部から扁桃体へつながっている。
扁桃体は大脳辺縁系の一部で、脳のまんなかあたりに左右一対ある。

で、初期の哺乳類は猛獣に食われずに生きのびることができた。怒りの情動が働いたおかげで、母親は子を守って闘うことができた。嫉妬、自尊心、恥辱、愛情などの社会的情動も、霊長類の群れの中で政治的かけひきにそれぞれの役割をはたしてきた。今日の組織でも、水面下では同じような情動がうごめいている。

情動は進化の過程を通じてヒトを導いてきたが、一万年ほど前から、リーダーシップをめぐってジレンマが生まれた。人間は、太古の緊急事態を生きのびるために発達した脳を使って、現代の複雑な社会的現実（たとえば、自分たちが公平に扱われていない、というような感覚）に対処しなくてはならなくなったのだ。その結果、職場において不安や怒りのような原始的情動に脳がハイジャックされてしまう、といった事態が起こるようになった

(あの野郎、いったい何様のつもりなんだ! アタマに来た! ぶん殴ってやろうか!)。

さいわい、こうした衝動は扁桃体から額のすぐ奥あたりの前頭葉前部に送られる。前頭葉前部は脳の管理センターのようなもので、脳のあらゆる部分から送られてくる情報を分析し、それにもとづいて行動を決める。前頭葉前部は情動の脳が送り出した衝動にストップをかけ、より効果的な反応を模索する(待てよ、あいつは必要経費の監査係だ。何か言う前に一応あいつの言い分も聞いておいたほうが、あとで後悔せずにすむかも……)。前頭葉前部のチェックがなければ、脳は情動にハイジャックされて、扁桃体が命ずるままに行動していたかもしれない。

情動をつかさどる脳と前頭葉前部との対話は、思考と感情を統御する役割を持つ脳内のスーパーハイウェイとも呼ぶべき神経回路を通しておこなわれる。リーダーシップに不可欠なEQが発揮できるかどうかは、前頭葉前部と大脳辺縁系を結ぶ神経回路がスムースに機能するかどうかにかかっている。この回路に損傷を受けた患者を調べてみると、認知能力には何の問題もないのに情動の知性に障害が起きていることがわかる。すなわち、知的能力や専門知識やビジネス・ノウハウのように大脳新皮質だけに存在する純粋な認知能力と情動の知性とは、あきらかに別のものなのである。

生物学的に言えば、共鳴を生むリーダーシップは、考える脳と感じる脳の共同作業ということになる。もちろん、リーダーにはビジネスにおける洞察力と思考力が備わっていることが前提だ。しかし、考える脳だけでリーダーシップを取ろうとするならば、大切なポイントを欠くことになるだろう。

あるグローバル企業の新CEOに就任した人物の例がある。彼は企業戦略の方向を変えようとしたが、失敗し、たった一年で解任された。「理屈だけで会社を変えられると思ってたみたいですね、人の心を動かすことなしに」と、その企業の上級副社長は話してくれた。「彼は、きわめて大胆な戦略転換を打ち出したんですが、それを実行する現場を巻きこむ努力をしなかったんです。従業員からは、現場感覚からずれたリーダーシップに対する苦情の電子メールが嵐のように送られてきて、とうとうＣＥＯは追放された、というわけです」

ＥＱの四つの領域

リーダーのいちばん大きな役割は、すでに多く指摘されているように、仕事に対する興奮や楽観や熱意を喚起し、同時に協調と信頼の空気を醸成することだ。われわれはそれを一歩進めて、リーダーがこうした役割をはたすうえでＥＱがどのような働きをするのかを実証したいと思う。ＥＱには「自分の感情を認識する」「自分の感情をコントロールする」「他者の気持ちを認識する」「人間関係を適切に管理する」という四つの領域があり、それぞれが共鳴的リーダーシップに不可欠なスキルを提供する。

言うまでもなく、この四つの領域は緊密に撚りあわされ連繋して動くものだ。たとえば、自分の感情が認識できなければ、それをコントロールすることはできない。そして、感情をコントロールできなければ、人間関係をうまく管理することはできない。われわれの研究によって、四つの領域の基礎的な関係があきらかになった。簡潔に言うと、「自分の感情を認識する」ことができて、「自分の感情をコントロールする」ことと「他者の気持ちを認識する」ことが可能になる。そして、この二つが合わさって、「人間関係を適切に管理する」ことが可能になる。そうしてみると、ＥＱリーダーシップの第一の基礎は、「自分の感情を認識する」ことである。

ビジネスの世界ではあまり重視されていないが、「自分の感情を認識する」ことはすべてのＥＱの基礎だ。自分の気持ちを認識できなければ、それをコントロールすることもできないし、まして他者の気持ちを理解することもできない。ＥＱの高いリーダーは、自分の内なる信号に敏感だ。自分の抱いている感情が自分自身にどのような影響を与え、自分の仕事ぶりをどのように左右するかを知っている。だから、怒りを爆発させるかわりに、まず自分の中で怒りの感情が大きくなっているのに気づき、その原因を考え、どうしたらその感情を建設的に処理できるかを考える。こうした感情の自己認識ができないリーダーは、怒りを爆発させるだけで、どうして自分が感情に押し流されるのか理解できない。感情の自己認識は、共感能力においても大きな役割をはたす。自分自身がどう感じているか認識できない人間に、他人がどう感じているか理解できる道理はないからだ。

ＥＱリーダーシップの第二の基礎は、他者の感情を理解する能力、とくに他者に共感する能力だ。他者の気持ちに自分の気持ちを重ねることができれば、不安を鎮めるにしても、怒りを和らげるにしても、結束を強めるにしても、それにふさわしい言動が可能になる。また、価値観や優先順位を皆と共有しながら集団を率いていくことができる。

共感能力に欠けるリーダーは、知らず知らずのうちに集団と気持ちが離れ、負の反応を招く言動を繰り返すことになる。共感能力のあるリーダーは相手の話に耳を傾け相手の視点に立ってものを見ることができるので、集団の気持ちに同調して共鳴を形成し、相手の心に響くメッセージを送ることができる。

自分の内なるビジョンや価値観を理解し、集団の気持ちを感じ取る能力を持ったリーダーは、共鳴しあう人間関係を作ることができる。ただし、集団の感情を方向づけていくためには、まずリーダー自身がはっきりとした方向性や優先順位を自覚しなければならない。そこで再び、自己認識の重要性に注目する必要が出てくる。

ＥＱの四つの領域の連繋は、共鳴を生み出すリーダーシップの基本的要素として、理論上のみならず実用面でも重要だ。次の章では、優れたリーダーシップの基礎となるＥＱを神経解剖学的側面から考察してみよう。

第三章　EQとリーダーシップ

共鳴は、脳の機能から見ると、人々の「感じる脳」が良い方向で同調している状態をいう。そうした状態を作り上げる最も強力で最も直接的な方法は、笑いの共有である。

ある大手小売業の最高経営会議における一場面を考えてみよう。出席者全員に配られたマーケット・リサーチのデータから判断すると、大規模な広告出費に関してマーケティング担当副社長が判断を誤ったことがあきらかだった。黙ってデータに目を落とす役員たちのあいだに、マーケティング担当役員を責める空気が充満していた。

張りつめた空気がしばらく続いたあと、ある重役がマーケティング担当役員に向かって冗談まじりに言った。「メガネかけるの、忘れてたんだよね?」皆が笑った。

役員の軽口は、二つの効果をもたらした。ひとつは、その場の皆を代表してマーケティング役員の失策を指摘したこと。もうひとつは、批判のメッセージをやんわりとジョークに包んで、口論を回避したこと。おかげで、重役会議は滞りなく善後策の検討に移ることができた。

神経生理学的に見ても、第一章で触れた脳の「開回路」性から見ても、ジョークのおかげで重役会議の空気が前向きな方向へ転換されたと言える。気のきいた役員のひとことで、会議はマーケティング担当役員の失策にとらわれて感情のハイジャック状態に陥ることなく、迅速に解決策の検討にとりかかることができたのだ。

前にも書いたように、絶妙のユーモアは優秀なリーダーの特徴のひとつだ。もちろん、どんな場合でも意見の対立や衝突を避けなければならない、という意味ではない。優れたリーダーは、苦情を申し立てるべきときとそうでないときを知っているのだ。

ユーモアを効果的に使うのに、コメディアンのようなセンスやネタが必要なわけではない。後で考えればつまらないジョークでも、張りつめた空気の中で笑いやほほえみを誘うことができれば、それで十分なのだ。優れたリーダーシップと笑いを結びつける実例は、右に紹介したマーケティング会議でのジョークをはじめとして、いくらでもある。たとえば、役員の中からリーダーの地位に昇進する者を選ぶための面接で、どの役員が面接中に何度笑いを取ったかを記録し、だれが二年後に優秀なリーダーになったかを追跡した調査がある。その結果、優秀なリーダーになった役員は、平凡な役員の二倍も面接官を笑わせていたことがわかった（リーダーとして成功したかどうかは、二つの要素にもとづいて判定した。ひとつは、業績に連動したボーナス支給額が上位三分の一にはいっていること。もうひとつは、同僚や上司の九割以上から「優秀」と評定されていること）。

この研究では、また、地位の高いリーダーたち（約半数が米国内外のＣＥＯまたはゼネラル・マネジャー）を対象に、各々のキャリアにおける絶頂期と低迷期について尋ねている。面接のあいだ、優れたリーダーたちの口からはユーモラスなコメントが四分に一回の割合で聞かれた。それは、平均的なリーダーの三倍だった。

そうしてみると、優秀なリーダーは緊迫した状況に置かれたときでもユーモアを忘れず、その場の空気を変える前向きなメッセージを送っていることがわかる。話の内容が契約書の文言や事業計画の数字など無味乾燥なものであっても、笑いがもたらす明るい雰囲気が聞き手を引きつけるのだ。

コンピテンシー・モデルの誕生

とりわけ注目すべきは、優秀なリーダーがユーモアを多用する事実と、リーダーが優秀な成績をあげるうえで不可欠なEQコンピテンシーとのあいだに、強い相関関係が存在することだ。これらのEQコンピテンシーは、優れたリーダーシップの要件だ。

リーダーのコンピテンシーに関するわれわれの初期の研究をふりかえってみると、基礎となったのは、ハーバード大学の故デイヴィッド・マクレランド教授が一九七三年に提案した考え方だった。マクレランド教授は、有力な学会誌に、当時としてはきわめて急進的な考え方を提案した。すなわち、リーダーに最適な人材を雇用あるいは昇格させたいならば標準的な選考基準は反古《ほご》にすべきである、と説いたのだ。必要なのは候補者のIQや専門技術や人格をテストしたり履歴書を比較したりすることではない、当該部門で現に優秀な成績をあげている従業員を研究し、平均的な成績しかあげられない従業員とどこが異なるのか比較してみることこそ必要だ、とマクレランドは提唱したのである。

そのような分析をおこなえば、その部門の仕事に必要な基本的スキルがあきらかになるだけでなく、その部門で秀でるためのコンピテンシーもはっきりする。そのうえで、同じような能力を備えた候補者を選ぶか、またはそのような能力を社員に教育すればよい、というわけだ。マクレランド教授の提案がもとになって、今日では世界のあらゆる一流企業でリーダーシップの「コンピテンシー・モデル」を想定したうえでスターの資質を持った人物を選定し、訓練し、昇格させるという標準的慣行が確立した。

一例として、マクレランドの長年の同僚ライル・スペンサーがある企業（ジーメンスのグローバル部門で五十六カ国に四百の支店を持つ二十億ドル規模の組織）のために開発したリーダーシップ・コンピテンシー・モデルを見てみよう。まず最初に、スペンサーは、収益の伸び率と売上高利益率でトップ十ないし十五パーセントにはいるスター・リーダーたちを集めた。

次に、スター・リーダーのグループと平均的なリーダーのグループを比較するために、双方のグループに詳しい面接をして各々のコンピテンシーを評価した。その結果、スターのグループだけに見られる長所として四つのＥＱコンピテンシー——達成意欲、イニシアチブ、協調やチームワークのスキル、チームを導く能力——が浮かび上がってきた。しかも、専門技術や純粋な認知能力に関わるコンピテンシーは、ひとつも注目されなかった。

どのＥＱコンピテンシーを目標とすべきかが明確になったところで、スペンサーは別の支店長グループを集めて、これらのコンピテンシーを強化すべく研修を実施した。支店長たちはそれぞれのコンピテンシーについて学び、現在の自分のレベルを自覚し、改善の目標を立て、その過程で業績を向上させていった。
その結果、支店長たちは仕事の実力をつけ、収益も大きく向上した。その年の収益は研修を受けた支店長たちの支店で合計百五十万ドルも伸びた。この数字は、研修を受けなかったグループの二倍だった。

リーダーを育てる組織が長続きする

EQリーダーシップはたしかに時代の要請ではあるが、組織（あるいは国家）の盛衰が一人のカリスマ的リーダーの力にかかっている、などと言うつもりはない。社会学者マックス・ウェーバーが一世紀前に主張したように、長続きする組織は一人のカリスマ・リーダーを戴く組織ではなく、組織全体にリーダーシップを醸成している組織なのだ。

企業の場合には、とくにこの点が重要になる。何十年も繁栄する企業は、次々と新しい世代の優れたリーダーを生み出す術《すべ》を心得ている。たとえば、世界的な製薬会社ジョンソン・エンド・ジョンソンの次世代リーダーシップに関する研究を見てみよう。

ジョンソン・エンド・ジョンソンの成長予測を見て、CEOラルフ・ラーセンは、自社が今後も成功を続けるためにはさらに多くのリーダーが必要になる、と考えた。実際、ラーセンは、リーダーシップの育成こそがジョンソン・エンド・ジョンソンの最も重要な課題であると考えた。そこで、ラーセンのリサーチ・チームはまず中堅の管理職三百五十八人に注目し、そのうちすでに優れた業績をあげている約半数を「有望」グループとし、残りの半数を比較対照グループとした（三百五十八人の管理職は四十五パーセントが女性、五十五パーセントが男性で、多国籍企業らしく南北アメリカ、ヨーロッパ、中東、アフリカ、アジア、オーストラリアから平均的に選ばれた。各人に対する評価は職場での仕事ぶりをよく知っている三人の管理職が社のリーダーシップ・モデルとＥＱコンピテンシー・モデルにもとづいて内密におこなった）。研究者たちは、リーダーに必要なＥＱを全方位的に評価する「感情コンピテンシー調査表」を使って三百五十八人を評価した。

「有望」グループの管理職たちは、調査項目のコンピテンシーをほぼすべて備えていた。一方、比較対照グループの管理職たちには、これらのコンピテンシーがほとんど認められなかった。言いかえれば、「有望」グループを際立たせる特徴は、リーダーとして共鳴を起こすのに必要なＥＱコンピテンシーだったのである。しかも、異文化間で差異はほとんど見られなかった。ＥＱコンピテンシーは、世界中どの地域でも同じように認められたのだ。これは、ＥＱがまちがいなく重要なコンピテンシーであり世界のどこでも評価基準になりうる、ということを示している。

ＥＱコンピテンシー

新しいデータの分析を進めるにしたがって、ＥＱのさまざまな側面とそれに付随するコンピテンシーが次第に整理されてきた。以前のＥＱモデルを記憶している読者は、多少の変化に気づくかもしれない。以前はＥＱを大きく五つの領域に分けて考えていたが、現在ではモデルを簡素化して四つの領域を考えている。すなわち、自己認識、自己管理、社会認識、人間関係の管理、の四領域だ。コンピテンシーも、当初の二十五項目から十八項目に整理された（五十八～五十九頁の表参照）。たとえば、社会認識の領域には、共感と奉仕のコンピテンシーが対応する。結果として、EQコンピテンシーとその基礎となる脳の働きの関係が一層明確になった。

情動や脳に関する最近の研究成果から、各コンピテンシーの神経解剖学的な基礎が一段とあきらかになった。おかげで、コンピテンシーどうしの関係をきちんと描くと同時に、リーダーシップ・スキルを形成するための実用的ガイドラインを示すことができるようになった。

本書でも後に詳述するが、ひとつ重要なポイントがある。EQは持って生まれた能力ではなく、学習によって習得しうる能力である、ということだ。EQコンピテンシーは、どれも集団に共鳴を起こす力を高め、リーダーの指導力を高める資質だ。

このことは、利益に直結する優秀なリーダーを育てたい、というビジネス界の要請にも応えうるものだ。EQの枠組みを支える神経学の研究が進んだおかげで、リーダーシップの学習において何が有効で何が無効かを区別できるようになった。このことは、本書の第二部で扱う。

EQリーダーシップは、共鳴を起こせる優れたリーダーを得たときに最高の形で実現される。この主張の基礎にあるのは、EQの四領域とそれにもとづくEQコンピテンシーの関係をあきらかにするパフォーマンス理論だ。そして、EQコンピテンシーは共鳴を起こせるリーダーシップ・モデルの基本要素なのだ。

興味深いのは、われわれが知るかぎり、どんなに優れたリーダーでもすべてのEQコンピテンシーを兼ね備えた人物はいない、という事実だ。きわめて優秀なリーダーでも、ＥＱコンピテンシーのうち五、六項目が並はずれている程度だ。しかも、優秀なリーダーシップには定型がない。一口に優秀と言ってもタイプはさまざまで、人によってスタイルが大きく異なる。とはいえ、優秀なリーダーはＥＱの四領域のどれを見ても、少なくとも一項目以上のコンピテンシーを備えている。

自己認識

簡単に言うならば、「自己認識」とは、自分の感情、自分の長所や限界、自分の価値観や動機について深い理解を有している、ということだ。自己認識のしっかりしている人は、現実的だ。自分を過小評価することもないし、根拠のない楽観に酔うこともない。さらに、自分について正直だ。あるがままの自分を隠さない。自分の短所を笑ってみせる余裕がある。

自己認識の優れたリーダーは、自分の価値観、目標、夢なども理解している。自分が何のために何を目ざすのかを自覚している。自分にとって「適切かどうか」を判断する感覚も持ちあわせている。たとえば、経済的には魅力があるが自分の主義主張や長期的な目標に合わない仕事を断る強さを持っている。反対に、自己認識に欠ける人間は、大切な価値観を忘れて話に飛びついたあとで失敗に気づく。たとえば、二年間働いたあとで「給料が良かったからサインしたんだけど、仕事がまるでつまらなくてね」などとグチるはめになる。自己認識の優れた人間は自分の価値観に合った決断ができるので、仕事に対していつも前向きでいられる。

EQの四領域と関連コンピテンシー（詳細は付録Bを参照）

個人的コンピテンシー……自分自身に対処する能力

自己認識

●感情の自己認識──自分自身の感情を読み取り、そのインパクトを認識する。直観を信じて決断する。

●正確な自己評価──自分の長所と限界を知る。

●自信──自分の価値と能力に対する健全な信頼。

自己管理

●感情のコントロール──不穏な感情や衝動をコントロールする。

●透明性──正直と誠実。信頼できること。

●順応性──状況の変化に順応し、障害を克服できる柔軟性。

●達成意欲──自分の内なる目標基準の達成をめざしパフォーマンスを向上させる意欲。

●イニシアチブ──進んで行動を起こし、チャンスをつかむ。

●楽観──ものごとの良い面を見る。

社会的コンピテンシー……人間関係に対処する能力

社会認識

●共感――他者の感情を感知し、他者の視点を理解し、他者の事情に積極的関心を示す。

●組織感覚力――組織内の潮流、意思決定ネットワーク、政治力学を読み取る。

●奉仕――部下や顧客のニーズを認識し対応する。

人間関係の管理

●鼓舞激励――求心力のあるビジョンを掲げてモチベーションを与える。

●影響力――さまざまな説得術を行使する。

●育成力――フィードバックと指導を通じて他者の才能を育てる。

●変革促進――新機軸を発議し、管理し、統率する。

●紛争処理――意見の相違を解決する。

●チームワークと協調――協調とチーム作り。

目にはつきにくいが、自己認識の有無を最も雄弁に語るのは、自己省察や沈思黙考の習慣があるかどうかだろう。自己認識に優れた人は、たいてい自分一人で思索する時間を持ち、よく考えてから行動に移る。衝動的な対応をしない。実際、傑出したリーダーの多くが、仕事の合い間に自己省察の時間を設けている。ある人は祈り、あるいは瞑想し、またある人は理性をもって自己の内面を探求しようとする。

このような自己認識の試みによって、優れたリーダーたちは共鳴に必要な信念や真意にもとづいた行動を取ることができる。

感情と優先順位

個人の価値観は、脳の中では感情で色づけされた思考として順位がついている。いちばん上に位置するのは、自分が好きなこと、やらずにいられないこと。いちばん下に位置するのは、嫌なこと、やりたくないこと。ある目標が自分にとって望ましいかおぞましいかは、それに対する感情の強さと方向で決まる。たとえば、恵まれない子供に援助の手を差し伸べる、あるいは業界トップの実力者と一緒に仕事をする、といったことで胸がわくわくするならば、それは自分にとって望ましく感じられる目標なのだ。

こうした色づけはすべて、脳の前頭葉前部でおこなわれる。前頭葉前部は注意や自己認識をつかさどる部分で、好悪の感情をモニターしている。目標に対する前向きの気持ちはこの部分の神経回路に宿り、目標に向かって努力中の本人にその気持ちを何度となく思い出させる。つまり、快の思考は、目標に至る長い旅路の応援団のようなものだ。神経学的観点から言えば、人間を目標に向かって駆りたてるのは、「目標を達成した瞬間どんなにいい気持ちになれるか」を思いつづけることのできる精神力、ということになる。それは、扁桃体と前頭葉前部の左側部分を結ぶ神経回路の働きだ。

ベストを尽くそうとする熱意のもとになっているのが純粋な精神的高揚であろうと、向上心のあらわれであろうと、優秀な仲間と共に働く喜びであろうと、単に金儲けの欲望であろうと、すべての動機は同じ神経回路の働きから生じている。仕事への熱意は、脳のレベルで言うと、仕事をしているあいだじゅう前頭葉前部の左側から快の感覚が流れつづけている、ということなのだ。同時に、前頭葉前部の左側から発する神経回路は、もうひとつの動機づけをおこなっている。仕事への意欲を削ぐ不満や不安などの感情を黙らせる、という働きだ。目標に向けて努力を続ける過程で後退や挫折は避けられないものだが、脳のこの部分の働きによって、困難な状況に陥っても隠れたチャンスや有益な教訓を読み取って前進を続けることができる。

この前頭葉前部の神経回路がどれほどモチベーションを駆りたて落胆をコントロールできるかによって、悲観的な人間と楽観的な人間の差がつく。悲観的な人間は悪い側面ばかりを考えて希望を失うが、楽観的な人間は困難に突き当たっても目標を達成できたときの満足感を思い描きながら前進を続けることができる。

これをリーダーや組織にあてはめてみると、どうだろう？　仕事に対するモチベーションは当然視されることが多い。仕事に真剣に取り組むのは当たり前だ、と多くの人が考えている。が、現実はもっと微妙だ。仕事の中でも、本人がとくに魅力を感じる仕事が快感の存在する部分であり、その快感自体がモチベーションなのである。ボーナスや顕彰など伝統的なインセンティブによっても業績の向上を引き出すことはできるが、外からのモチベーションでは最高最大の力を発揮させることはできない。

直観もまたデータ

自己認識に優れたリーダーの場合、ビジネスの決断において自然に直観が働く。あふれるほどのデータがあるのに、なぜビジネスに直観が必要なのだろうか? 神経学的研究によれば、自分の気持ちに耳を傾けることはデータの意味づけに役立つので、よりよい結論に到達できるのだという。脳の中にある情動記憶の蓄積が判断の助けになるのだ。科学の発達のおかげで、情動は理性と対立するものではなく理性の一部であることが、最近わかってきた。

データが膨大になりすぎ、将来を読み取りにくくなってきたからこそ、リーダーにとって直観の冴えが一層大切になっている。キャピタル・ワンのCEOリチャード・フェアバンクが、こう言っている。「リーダーとして確信を持てる戦略ビジョンを描くには、直観が必要だ。データだけでは予測できないことが多い。三年後に何が必要になるかなんて、どうやってわかる? だが、その対策をいまから始めなければ、必要なときに間に合わない。うちの会社はデータ分析に頭の切れる人材を雇っているし、オラクルの世界最大級データベースも使っている。だが、一日が終わってみると、膨大なデータに押し流されて、結局、また先の見えないフロンティアに立たされているのに気づくだけなのだ」

企業トップの役割として過去に投資するよりも未来を創造することが強調されるようになった今日、以前にも増してビジョンが重要になってきている。ビジョンには、データを超越した部分で直観的に判断する能力も必要だ。

反面、直観だけでは判断を誤ることもある。データを検討したうえで直観に耳を傾ける、というのがいちばん良いようだ。カリフォルニア州で成功した起業家六十人を調査した結果では、ほぼ全員が、ビジネスの決断をする際には情報を直観に従って比較考量する、と答えている。たとえば、ある事業計画がデータの面からは良く見えるがどうしても「しっくり来ない」場合、彼らは、よほど注意して進めるか、あるいは計画を取りやめる、と答えている。彼らにとって、直観もまたデータなのである。

業界トップの企業でも、リーダーがまちがった賭けに出れば、凋落への道をたどることになる。ある意味で、これは天気予報に似ているとも言える。複雑な要素が絡む意思決定に関する調査研究の中で、被験者に気象データを与えて天気予報をさせた実験例がある。気象データと実際の天候の相関関係はあまりに複雑で、データを分析してもほとんど役に立たない。被験者たちは気象データにもとづいて予報をしたあと、それが当たったかどうか結果を知らされた。つまり、どんな方法が有効でどんな方法が無効かを学習するチャンスを与えられたわけだ。企業のリーダーも、キャリアを積むあいだに同じような学習経験をする。

驚いたことに、気象データと実際の天候のあいだに確実な相関関係が見出せないにもかかわらず、練習を五十回繰り返したあと、被験者たちの正解率は約七十パーセントに達した。試行錯誤するうちに蓄積された教訓を脳が拾い上げ、「勘」が働くようになったわけだ。理論的には依然としてよくわからないものの、被験者たちは答えを導き出す方法を直観的に把握したのだ。要するに「しっくり来る」感覚を身につけたわけだ。

この実験は、どんなリーダーでも日々の試行錯誤を積み重ねて知識の小宇宙を構築していくことを物語っている。決断のたびに、それが成功だったか失敗だったかを脳は記憶していく。どのアプローチに部下たちがどう反応したか、どんな方策がどんな状況で有効だったか——脳は日々の教訓を吸収して、次に備えているのだ。

この種の学習は、おもに脳の深いところ、言語の届かない部分（脊髄の上端に位置する脳の原始的な部分である大脳基底核）でおこなわれるため、経験に培われた知恵にアクセスするには自分の直観を信じる以外にない。すぱっと割りきれない決断を下す際に使われる神経回路には、大脳基底核だけでなく、記憶に付帯する情動を記憶する扁桃体もかかわっている。意思決定に必要な情報を引き出してくれるのは、言語をつかさどる脳ではなく、情動をつかさどる脳なのである。

リーダーが日々の経験を重ねるごとに、脳は決断の公式を導き出し、因果関係を学んでいく。脳は黙々と学習を続け、リーダーは経験から知恵を蓄積していく。年を取るにつれて専門的スキルを新たに習得する能力は低下しても、経験から得た知恵は生涯にわたって増えつづける。

決断に迷うたびに、脳は蓄積してきた公式をあてはめ、最も賢明な結論を導き出す。脳はこうした決断を言葉で知らせてくることはないが、情動の脳が大脳辺縁系から腸《はらわた》につながる神経回路を刺激するため、わたしたちは「しっくり来る」感覚を得る。扁桃体が消化器系につながる神経回路を通して伝えてきた結論が「腹の底から納得できる」直観として感じられるわけだ。データでは処理しきれない複雑な意思決定を迫られたとき、直観が正しい方向を示してくれる。実際、無意識の学習に関する研究が進んだ結果、最近になって直観は新しく脚光を浴びるようになっている。

要するに、ＥＱの高いリーダーのように経験を蓄積した知恵袋に直観でアクセスするためには、自己認識にもとづいて自分の内なるメッセージに耳を傾ける能力が必要なのだ。

自己管理

自己認識ができてはじめて、自己管理が可能になる。自分が何を感じているかがわからなければ、自分の感情を管理できるはずがない。逆に感情に支配されてしまう。熱意や目標達成の喜びなど前向きの感情ならば、支配されるのも結構だ。が、リーダーが不満や怒りや不安やパニックなど負の感情に支配されていては困る。

やっかいなのは、そうした負の感情が圧倒的な支配力を持っていることだ。脅威を察知したときに注意を促すため、脳はそのように働くようできている。その結果、負の感情が「考える知性」を圧倒してしまい、経営戦略の計画であれ、株価下落への対応であれ、目の前の課題に集中できなくなってしまう。

怒りや不安に駆られた状態の脳をＣＴスキャンで観察すると、扁桃体と前頭葉前部の右半分が特に活発に活動している様子が見られる。これは、扁桃体が脳をハイジャックしている状態だ。情動をつかさどる脳が前頭葉前部に働きかけているために、すべての意識が苦痛のほうを向いてしまっている。一方、ハッピーな気分でいる人間の脳をＣＴスキャンで観察してみると、前頭葉前部の左半分から扁桃体へつながる神経回路が活発に働いていることがわかる。快の気分を生み出す脳の回路は前頭葉前部の左側に集中しており、これが苦痛を増幅させる扁桃体やそれにつながる部分の活動を禁じるのだ。

人を苦痛の虜《とりこ》にする扁桃体の働きを抑制するうえで重要な働きをしているのは前頭葉前部の左半分

である、と科学者たちは考えている。この神経回路のおかげでリーダーは感情を鎮め、自信と熱意に満ちた雰囲気を保つことができるのだ。

そう考えてくると、自己管理は人間を感情の軛《くびき》から解放するEQである、と言うことができる。リーダーシップに必要な明晰な思考力や集中力を可能にするのは、自己管理のEQだ。破壊的な感情に襲われて脱線する危険を防いでくれるのも、自己管理のEQだ。自己管理のEQを身につけたリーダーは、明るく楽観的なエネルギーを発散し人々を前向きに共鳴させる力がある。

これらはすべて、EQにとって不可欠な要素だ。感情は非常に伝染しやすく、とくにリーダーの感情はメンバーに伝わりやすいので、リーダーの第一の課題は感情面の「衛生管理」に努めること、すなわち自分の感情をしっかり管理することだ。自分の感情も管理できないようなリーダーに、他人の感情を導くことはできない。感情の伝染性を考えると、リーダーの感情は単に個人の問題ではないのだ。

もちろん、リーダーだからといって人生の困難に動じてはならぬ、と言うわけではない。離婚、子供の問題、愛する家族の病気などに見舞われれば、誰でも心を痛める。問題は、それが職場の人間関係にまで影響を及ぼすかどうかである。

怒りをすぐにぶちまけるリーダー、小さなことで大騒ぎするリーダー、有害な感情にとらわれてセルフ・コントロールを失うリーダーでは、集団の感情を良い方向へ導くことはできない。ここでも、脳のはたす役割は重要だ。二人の人間が出会った場面では、扁桃体が呼応しあって共鳴（あるいは不協和状態）が生じる。この綱引きは、感情の自己管理能力の高い人が勝つ。たとえば、前頭葉前部の左半分の働きがとくに活発な人（いつも明るい人）と、意見が異なる相手にけんか腰でつっかかる性癖のある人を対談させると、明るい人がけんか腰の人をなだめてしまうケースが多い。

なぜだろうか。怒りっぽい人は、相手をいらいらさせて、そのうちに相手まで怒らせてしまう。言いかえれば、開回路のせいで、いらいらしている扁桃体は相手の扁桃体にも動揺を与えるのだ。ところが、相手が同じような攻撃性を示さず、あいかわらず明るい空気を保っていると、興奮した扁桃体は鎮まるチャンスを与えられるか、少なくともそれ以上興奮することはなくなる。実際、右で紹介したけんか腰の被験者は、相手がいつまでも明るいのでけんかにならなかった、と述べている。

同じように、プレッシャーのもとでも楽観的で明るい気分を維持できるリーダーは、前向きの気分を発散し共鳴を起こす。自分の感情や衝動をコントロールできるリーダーは、信頼や安心や公平感に満ちた環境を醸成することができる。しかも、自己管理をするリーダーの姿勢は、下の者たちに伝わっていく。いつも沈着冷静な上司のもとで、短気のレッテルを貼られたいと思う部下はいないだろう。

自己管理は、企業競争力の点からも重要だ。現在のように企業が合併分裂を繰り返し、テクノロジーの進歩が仕事を日々変えていくような先の見えにくい時代には、自分の感情をコントロールできるリーダーのほうが変化に強く、組織を調整していく能力にも優れている。

自己管理は「透明性」にもつながる。これはリーダーシップにおいては美徳、組織においては強さとなる。自分の気持ち、信念、行動を正直に見せる「透明」なリーダーは、誠実なリーダーだ。誠実さとは、衝動をコントロールし、後悔するような行動に走らないことだ。誠実さとは、また、自分の価値観を守って生きるということだ。そういうリーダーは本物だ。誠実なリーダーは、自分を自分以外のものに見せようと考えない。誠実さは、つまるところ、「自分の行動が自分の価値観と矛盾していないかどうか」に尽きる。EQの高いリーダーは誠実さを備えており、透明性を問われても動じることがない。

結局、リーダーとして最も責任ある行動とは、自分の精神状態をコントロールすることだ。最近よく聞く「クール」という言葉は、もともとアフリカ系アメリカ人のジャズ・ミュージシャンが当時の人種差別に対する激しい怒りを音楽にぶつけながらも社会的には激情をコントロールしている姿勢をさして使われたものだ。リーダーにも、前向きの感情を存分に表現する一方で、荒れ狂う負の感情をコントロールする能力が求められる。

社会認識

自己認識と自己管理の次にリーダーに求められるのは、社会認識（言い方を変えれば、共感）だ。共感の原形は、扁桃体および扁桃体につながる神経回路から発している。扁桃体は他人の表情や声から感情を読み取り、つねに自分の感情を相手に同調させようとする働きを担っている。扁桃体から、「あ、この人、いまの言葉にむっとしている」「こんどは少し飽きてきたみたい」「あ、いまのコメントでご機嫌が良くなった」などといった速報が神経回路を通って流れ、それを受けた前頭葉前部が次の言動を調整するのだ。

扁桃体とそれにつながる神経回路は、相手の反応につねに気を配りながら感情の開回路における中調している。また、この神経回路は一緒にいる相手の気分に自分の生体リズムを合わせ、双方の気分が同じになるよう調節する働きもある。こうした神経の同調作用を、科学者は「辺縁系の共鳴」と呼んでいる。二人の人間が相互に作用しあい適応しあって感情を調和させる作用のことだ。だれかと「波長が一致した」状態になったとき（楽しいときでも、一緒に泣いたときでも）、二人の脳は連動しあっているわけだ。このような調和は、母と子だけでなく、親友どうしでコーヒーを楽しむとき、職場で笑い声があがるときなど、良い人間関係があれば、どこにでも生じる。辺縁系の共鳴は、葬儀のあとの悲しみであれ、新規株式公開が成功したあとの興奮であれ、集団や群集に同じ感情を共有させる力を持っている。

共感は大切な要素だが、もうひとつリーダーに必要なのは、他者の心を打つメッセージを表明する能力だ。共鳴は、確信をもって自分の気持ちを表明できるリーダーから周囲へと広がっていく。表明された感情が本心から発したものであり、価値観に深く根ざしているからだ。

ＥＱの高いリーダーは、前向きの感情を広める。ＥＱの高いリーダーは楽観や同情や連帯を感じさせる夢を言葉にし、明るい未来を語って人々の心を動かす。脳のレベルでは、そうしたメッセージは前頭葉前部の左側に集中して明るい感情を喚起する。また、脳のこの部分はモチベーションの鍵も握っているので、前向きのビジョンが広まると同時に集団は共通の目標を得て燃えあがる。マーティン・ルーサー・キング・ジュニアが「わたしには夢がある」を繰り返す力強いスピーチでアメリカの公民権運動を動かした例を思い出してみるといい。あの演説で、キング牧師はすべての人々が平等に機会を与えられる世界を描いてみせたのだ。

社会認識、とくに共感は、リーダーが共鳴を喚起するという基本的役割をはたすために不可欠な能力だ。人々の気持ちに自分の感覚を同調させることによって、リーダーは集団に安心感を与えたり、怒りを鎮めたり、高揚した気分に参加したり、と、場面にふさわしい対応ができる。また、集団を導くうえで大切な価値観や優先順位を感じ取ることができる。一方、共感能力を欠くリーダーは知らず識らずのうちに集団と調子がずれ、負の反応を引き出すような言動をしてしまう。他者の話に耳を傾け他者の視点でものを見る共感能力のあるリーダーは、集団の感情に同調し、人々の心に響くメッセージを送ることができる。

ビジネス現場の共感能力

EQの中でも、社会認識はいちばん目に見えやすいかもしれない。思いやりのある教師や友人に接した記憶、思いやりのない監督や上司の冷たい態度にショックを受けた記憶は、誰にでもあるはずだ。が、ビジネスとなると、共感能力の高さで人が褒められたり賞を与えられたりする例はめったに見ない。第一、共感という言葉自体、市場の厳しい現実を生き抜かねばならないビジネスの世界には不似合いな印象を受ける。

しかし、共感は「ぼくもOK、きみもOK」などという甘ったるい関係を意味するものではない。集団の感情に追従したり全員に気に入られようとするのがリーダーの役割ではない。それでは悪夢だ。身動きひとつできなくなってしまう。そうではなくて、共感とは従業員の気持ちをよく考慮したうえで聡明な決断を下すことなのだ。そして、何よりも重要な点は、共感が共鳴を可能にするということだ。共感を欠くリーダーの行動は、不協和感を招く。

共感は自己管理の上に成り立つものだが、それは感情を封じこめることではなく、適切に表明することだ。ＥＱの高いリーダーは、共感ゆえに従業員の涙につられて自らも涙することがある。個人的な悲劇に同情する涙もあり、従業員を譴責《けんせき》したり解雇するときの涙もある。反対に感情を飲みこんでしまうリーダーは、よそよそしい印象を与えやすい。

他者の気持ちや見方を把握できるリーダーは、的はずれな言動を防ぐ強力な感情誘導システムを持っていることになる。共感は、ビジネスマンの社会的能力の中でも必須条項だ。共感能力の高い人は、顧客や部下のニーズをよく理解し対応することができる。人の話に耳を傾ける姿勢があるので、親しみやすい印象を与える。彼らは話を注意深く聞き、相手がほんとうに言いたいことを理解し、的を射た対応ができる。結果として、共感は人材確保の決め手にもなる。優秀な人材を育て確保しておくのにリーダーの共感能力が必要であることは昔から変わりないが、優れた才能が引っ張りだこの今日においては、その重要性はますます高まっている。共感能力に欠けるリーダーは、才能ある人材が大切な情報とともに会社を離れていく主要な原因のひとつとなっている。

経済がますますグローバル化する今日、多種多様な仕事仲間と協調するためにも、異なる文化を持つ人々と取引するうえでも、共感能力は決定的な重要性を持っている。異文化間の対話は、誤解を生じやすい。共感能力があれば、微妙なボディランゲージを読み取り、言葉の奥にあるメッセージを聞くことができる。

人間関係の管理

自己認識、自己管理、社会認識の三要素がそろって、最後のEQである人間関係の管理が可能になる。説得、紛争処理、協調などは、最も目につきやすいリーダーシップの発現だ。人間関係の管理は、結局のところ、他者の感情をどう扱えるかにかかっている。それはとりもなおさず、リーダーが自分自身の感情を知り、部下たちの感情を汲む、ということだ。

リーダーの言動に作為が見え隠れしたら、部下たちは嘘を敏感に感じ取り、直観的にリーダーに不信を抱くだろう。そうしてみると、人間関係をうまく管理するには、まず自分の本心から行動する誠実さが必要だとわかる。リーダーがまず自分自身のビジョンや価値観をしっかり見つめ、安定した前向きの感情を抱き、そのうえで集団の感情に耳を傾けるようにすれば、人間関係の管理能力を発揮して共鳴を起こすことができる。

とはいえ、人間関係はそれほど単純ではない。社会的スキルの優れた人間に狭量な人は少ないが、それでも、人間関係の管理は単に人あたりを良くするだけではないのだ。そこには、マーケティング戦略の合意にせよ、新しいプロジェクトに対する熱意にせよ、人々を正しい方向へ導くという目的がなくてはならない。

社会的スキルの優れたリーダーには、広範な人々と共鳴を共有したり共通の動機を見つけてラポールを形成することに長けた人物が多い。だからといって、彼らは社交ばかりしているわけではない。ただ、重要なことは独力では達成しえないという前提をわかったうえで仕事をしている、ということだ。そういうリーダーは、行動を起こすべき局面が到来する時までに、すでに必要な人間関係を作っている。電子メールや電話を使って遠くの相手と仕事をする機会がますます多くなる時代においては、人間関係の構築がこれまでになく重要になる。

リーダーシップの基本的課題を考えてみると、説得力のあるビジョンを提示して人々を鼓舞し動かしていく能力は非常に重要だ。優れたリーダーは、共通のミッションに向かって人々を駆りたてることができる。とかくビジョンを見えにくくする日々の課題や四半期の目標などをこえて、人々に目的意識を持たせることができる。優れたリーダーは、人々の心の中で最も大きな価値を持つものこそ人々を最も強く動かすものだと知っている。自分自身の根本的な価値観を認識しているリーダーが表明するビジョンには、本物の響きがある。優れたリーダーは集団のミッションのもとに人々を結束させることができるので、自信を持って方向を示し部下を導いていける。あるプロダクト・マネジャーの言葉を紹介しよう。「わたしは個人商店のようなものですよ。チームも持たないし、力もない。人材は、他のプロジェクトと共有です。どうしろこうしろと命令することは、できません。でも、みんなの問題意識に訴えて説得することはできます」

リーダーシップの課題がより複雑化し、一層の協調体制が必要になるにつれて、人間関係のスキルはますます枢要なものになる。たとえば、大きな組織では各部門のトップにリーダーシップを分割せざるをえず、そこに事実上のチームが生まれる。さらに、組織がマーケティングや戦略や経理などの区分を取り払って再編を進めるようになれば、各部門のリーダーどうしが部門の枠をこえてチームとして働く場面も増えてくる。こうした経営トップのチームにこそ、高い機能性が求められる。そのためには、密で円滑な人間関係を構築し、全員が情報を共有して効率的に協調しあう体制を作らなければならない。

リーダーは人間関係のスキルを活かしてＥＱを発揮する。ただし、それだけではない。とくに優秀なリーダーは、ＥＱのコンピテンシーをたくみに組みあわせて特徴的なリーダーシップ・スタイルを作りあげている。次の章では、それについて考えてみよう。

第四章　前向きなリーダーシップ・スタイル

——ビジョン型、コーチ型、関係重視型、民主型——

共鳴は、単にリーダーの前向きな気分や的を射たコメントから生じるものではない。いろいろな活動が調和して独自のリーダーシップ・スタイルとなり、それが共鳴につながるのだ。リーダーは、しばしば自分でも意識しないまま、六種類の代表的なリーダーシップ・スタイルから一種類ないし数種類を採用し、状況によって使い分けている。

そのうちの四種類——ビジョン型、コーチ型、関係重視型、民主型——は、業績を向上させる共鳴を起こす。一方、あとの二種類——ペースセッター型と強制型——は、特殊な状況下では有用であるが、注意して使う必要がある。

特定のリーダーシップ・スタイルが組織とその感情風土にどう作用するかをあきらかにするため、管理職三千八百七十一人のグローバル・データベースをもとに職場環境に影響を及ぼす要素を評価した研究を紹介しよう。

われわれはさらに一歩進めて、さまざまなリーダーシップ・スタイルから生まれた企業風土が売上高利益率や収益増や効率や収益性などの数字に及ぼす影響についても調べてみた。その結果、他の条件が同じならば、感情面で前向きなインパクトを及ぼすスタイルのリーダーがそうでないリーダーに比べてあきらかに良い結果を出していることがわかった。さらに重要なのは、最高の結果を出したリーダーたちは特定のスタイルにこだわらず、日により週によって六種のスタイルを使い分けていた、という点だ。つまり、リーダーシップ・スタイルは、プロゴルファーが使うゴルフクラブのようなものだと考えればよい。プロは、一打ごとに状況に合ったクラブをキャディバッグの中から選び出す。選択に迷うこともあるが、ふつうはほぼ無意識にクラブを選ぶ。プロは何が必要かを感じ取り、必要なクラブをすばやくバッグから引き抜いて、エレガントに仕事をする。リーダーも同じだ。

これらのリーダーシップ・スタイル（七十八～七十九頁の表を参照）は、どれも以前からいろいろな名前で呼ばれていたものだが、われわれのモデルはそれぞれのリーダーシップ・スタイルの基礎となるEQを解明し、各スタイルがどのような結果に結びつくかを示した点が新しい。別の言い方をすれば、それぞれのリーダーシップ・スタイルが実際に企業風土にどのような影響を与え業績をどのように左右するかを解明した、ということだ。日々結果を求められる管理職にとっては、リーダーシップを科学的に考えられる点で貴重だろう。

本書では、まず最初に共鳴を育てる四種類のリーダーシップ・スタイルを検討し、それに続いて、使い方を誤ると不協和を招く危険性をはらむ二種類について考えることにしよう。

ビジョン型リーダーシップ

ショーワナ・リーロイが大都市の貧困家庭を援助する社会事業所の所長に就任したとき、問題がたくさんあるのはあきらかだった。ほとんどは、前任者（規則や規制が大好きなベテラン公務員）の遺産だ。社会事業所にはミッションに共鳴して集まった熱心で優秀な所員が揃っていた。が、その熱意は、複雑多岐にわたる規則に埋もれて消えかけていた。ミッションも、規制に縛られて見えにくくなっていた。社会事業所の活動にかかる期待はますます大きくなっていたし、出資者からの苦情も聞こえていたが、仕事は遅々として進まず、効率も最低だった。

最初のステップとして、ショーワナ・リーロイは所員たちから一対一で話を聞き、どういう仕事がうまくいっているか、皆が社会事業所のどんなところに誇りを感じているかを尋ねた。所員たちは、仕事の意義について話す機会を与えられ、また、仕事をやりにくくしている障害について訴える場を与えられたことで、気持ちが軽くなったようだった。リーロイは、困窮家庭を助けるというミッションを自分と共有する所員たちがいることを知った。そして、このビジョンが事業所を変革していく努力を支えてくれるだろうと感じ、その感触に賭けてみることにした。

リーロイは、この前向きな話題をとらえて所員たちとの対話を始め、自分たちはどんな夢を求めているのか、それはなぜか、について考えるきっかけを与えた。所員たちに将来の希望を語らせ、同情や献身の気持ちを引き出した。その後、リーロイは折に触れてこのビジョンを言葉にし、事業所で働く自分たちを支える共通の価値観に言及した。

リーロイは次のステップとして、所員たちに「自分はほんとうに貧しい人々を助けるというミッシ

リーダーシップ・スタイル

ビジョン型リーダーシップ

《共鳴の起こし方》共通の夢に向かって人々を動かす

《風土へのインパクト》最も前向き

《適用すべき状況》変革のための新ビジョンが必要なとき、または明確な方向性が必要なとき

コーチ型リーダーシップ

《共鳴の起こし方》個々人の希望を組織の目標に結びつける

《風土へのインパクト》非常に前向き

《適用すべき状況》従業員の長期的才能を伸ばし、パフォーマンス向上を援助するとき

関係重視型リーダーシップ

《共鳴の起こし方》人々を互いに結びつけてハーモニーを作る

《風土へのインパクト》前向き

《適用すべき状況》亀裂を修復するとき、ストレスのかかる状況下でモチベーションを高めるとき、結束を強めるとき

民主型リーダーシップ

《共鳴の起こし方》提案を歓迎し、参加を通じてコミットメントを得る
《風土へのインパクト》前向き
《適用すべき状況》賛同やコンセンサスを形成するとき、または従業員から貴重な提案を得たいとき

ペースセッター型リーダーシップ

《共鳴の起こし方》難度が高くやりがいのある目標の達成をめざす
《風土へのインパクト》使い方が稚拙なケースが多いため、非常にマイナスの場合が多い
《適用すべき状況》モチベーションも能力も高いチームから高レベルの結果を引き出したいとき

強制型リーダーシップ

《共鳴の起こし方》緊急時に明確な方向性を示すことによって恐怖を鎮める
《風土へのインパクト》使い方を誤るケースが多いため、非常にマイナス
《適用すべき状況》危機的状況下、または再建始動時、または問題のある従業員に対して

ョンを実行しているだろうか？」と自問させ、毎日の仕事が事業所の目標達成にどのように貢献しているかを考えさせた。このプロセスは所員のイニシアチブを育て、自分の努力しだいで結果は出せるのだと確信させる効果もあった。

事業所の問題を検討していくうちに、どの慣行が運用効率を悪くしているか、どの規則が無意味か、どの制度が時代遅れで廃止すべきか、など具体的な問題点があきらかになってきた。その一方で、リーロイは、自分自身が新しい組織の基本姿勢を体現する存在であろうと努力した——透明性を保ち正直であること、厳格さと結果を重視すること。やがて改革のプロセスは話しあいから実行へと移り、リーロイと部下たちは所員のほぼ全員の後押しを受けて硬直した官僚主義と闘い、組織を変革していった。リーロイという舵取り役を得た社会事業所の感情風土は、所長の熱意とコミットメントを反映して変わりはじめた。ショーワナ・リーロイは、組織の空気を変えたのである。

ビジョンの共有が共鳴を生む

言うまでもなく、ショーワナ・リーロイはビジョン型リーダーシップの典型だ。ビジョン型のリーダーは感情風土を強力に上向かせ、組織の精神をさまざまなレベルにわたって変容させる。たとえば、ビジョン型リーダーは目ざすところを言葉で描いてみせるが、そこへ到達する方法は押しつけない。部下たちが自由に考え、試し、計算されたリスクを冒して道を見つけるのだ。全体像を提示されたうえで各自の仕事がどこにあてはまるかを理解した部下たちは、自分の役割を明確に把握できるようになる。すると、全員がひとつの目標に向かって努力しているという自覚から、チームのコミットメントが生まれる。人々は、組織に属していることを誇りに思うようになる。

ビジョン型リーダーには、有能な従業員を確保しておけるという利点もある。会社の価値観や目標やミッションに共鳴できれば、その会社は従業員にとって望ましい職場になる。賢明な企業ならば、自社のビジョンやミッションが社員にとって独自の「ブランド」になること、同業他社から自分たちを差別化するメリットになりうることを知っている。

さらに、集団の課題をひとまわり大きなビジョンの中に位置づけて見せることで、そのビジョンを中心にしたパフォーマンス・フィードバックの基準もはっきりする。ビジョン型リーダーは、各人の仕事が全体像のどこにあてはまるかを見せてくれるので、部下は自分の仕事の意味や理由を明確に理解できる。こういうリーダーのもとでは、組織の長期目標や戦略に対する支持も絶大になる。リーダーシップの古典的タイプであり、ビジネススクールでいちばん多く教えられているリーダー像だ。

シックスフラッグス・エンターテインメントのCEOだったボブ・ピットマンの例を見てみよう。遊園地の清掃係が客に対して無愛想な対応をするという情報を耳にしたピットマンは、問題を実地に確かめてみようと思い、身分を隠して清掃係になった。遊園地内を掃除しているうちに、問題の所在がわかってきた。マネジャーからは遊園地内を塵ひとつなく掃除するよう言われるのに、客が次から次へとゴミを捨てるので、マネジャーからの命令が達成できず、清掃係は困りはてていた。

ピットマンは、清掃係の仕事の主目的を定義しなおすようマネジャーに指示した。いちばんの目的は、遊園地に来た客に楽しんでもらうことだ。園内が汚れていたのでは客の楽しみを削ぐことになるから、清掃係の仕事は園内をきれいに保つこと——ただし、友好的な気持ちを忘れずに。この修正によって、ピットマンは清掃係がはたす小さな役割をより大きなビジョンにつなげたのである。

われわれの研究結果によれば、リーダーシップの六つのスタイルのうち、ビジョン型のアプローチが総合的に見て最も効果的だった。部下たちにつねにより大きな目標を意識させることによって、ビジョン型のリーダーは、ともすれば単調で平凡になりがちな課題に大きな意味を付与する。部下たちは、組織全体の目標と自分たちの利益が同じ方向性を共有していることを理解する。その結果、労働意欲が高まる。

ビジョン型リーダーのコンピテンシー

部下を奮いたたせるEQコンピテンシーは、言うまでもなく、ビジョン型リーダーシップを支える最強の基礎力だ（EQコンピテンシーの詳細については付録Bを参照）。ビジョン型リーダーは、EQの三大要素である「自信」「自己認識」「共感」とともに「鼓舞激励」のコンピテンシーを発揮することによって、自分が心から信じる目的を表明し、それを部下たちの価値観と調和させることができる。このようなリーダーは自分のビジョンに確信を持っているので、部下たちを力強く導くことができる。また、「自信」と「変革促進」のコンピテンシーに支えられて、組織の変革を円滑に進めることができる。

もうひとつのEQコンピテンシーである「透明性」も、決定的に重要だ。信頼のおけるリーダーになるためには、自分が表明するビジョンを心から確信していなくてはならない。リーダーのビジョンが不誠実だったら、人々はそれを見逃さない。さらに、透明性は社内の障壁や煙幕の除去にもつながる。透明性は、誠実さに一歩近づくことだ。知識や情報を共有し、あらゆるレベルの社員が当事者意識を持ち、最良の決断を下せるようになるための道だ。管理職のなかには情報を手の内に握っていることがパワーにつながるというまちがった考えを持つ者もいるが、ビジョン型リーダーは知識の分配こそが成功の鍵だと知っており、情報を惜しみなく公開する。

ビジョン型リーダーにとっては、EQコンピテンシーの中でも「共感」が最も重要になる。他者の気持ちを汲み他者の視点を理解する能力があってこそ、部下たちを心から奮いたたせるビジョンを表明することができるのだ。人の気持ちが読めないリーダーは、部下を奮いたたせることはできない。

ビジョン型のリーダーシップには前向きのインパクトがあるので、いろいろな状況に適用することができるが、とくに組織が目標を失って再建策や新ビジョンを必要とする状態にあるときに有効だ。当然、組織を大胆に変革させるタイプのリーダーには、このスタイルが合う。

ビジョン型リーダーシップは効果的ではあるが、万能ではない。たとえば、チームのメンバーのほうがリーダーよりも経験や専門知識に優れている場合。リーダーが壮大なビジョンを説明しても、大げさで時代遅れに聞こえるだけだ。そういう失敗は冷笑を招き、業績が下がる。もうひとつは、リーダーがビジョンを示すつもりで強圧的になってしまう場合。チームの平等精神が蝕《むしば》まれる。

こうしたケースを除けば、リーダーとしてビジョン型の「クラブ選択」は悪くないだろう。ホール・イン・ワンは約束できないが、ドライバーの飛距離は伸びるはずだ。

コーチ型リーダーシップ

彼女はその会社に移ってきたばかりで、しかも妊娠八カ月だった。ある晩、遅くまで残業していて、ふと顔を上げると、ドアのところに上司が立っていたので驚いた。上司は彼女に「新しい職場はどうかね？」と尋ね、腰をおろして話を始めた。上司は、いろいろなことを尋ねた。仕事は気に入っている？　将来どんなキャリアを目ざしたいと思っているの？　出産のあと、職場復帰する予定？

それから一カ月のあいだ、彼女が出産するまで、上司は毎日やってきて一対一の対話を続けた。上司の名はデイヴィッド・オグルヴィ。広告業界では伝説の人だ。出産間近の新入社員はシェリー・ラザラス。オグルヴィが創設した巨大広告会社オグルヴィ・アンド・メイザーの現CEOだ。あれから数十年を経た現在、自分を同じ会社につなぎとめている理由のひとつは、かつて残業時間の対話を通じて師と仰ぐオグルヴィとのあいだに築いた絆だ、とラザラスは語る。

オグルヴィのリーダーシップは、コーチ型だ。従業員との深い対話は、短期的な関心事をこえて、その人の夢、人生の目標、職業人としての希望など、人生全般に及ぶ。リーダーは優秀なコーチたるべし、と広く言われているが、このスタイルを実行できるリーダーは非常に少ない。現在のようにプレッシャーと時間に追われる時代には、コーチをする時間など作れないと言うリーダーが多い。が、このスタイルを無視することで、彼らはリーダーとしての強力な武器を放棄していることになる。

コーチ型リーダーシップでは課題の達成よりも個人の育成に重点が置かれ、感情面できわめて良好な反応や結果につながることが多い。個々の従業員との対話に心を砕くことによって、リーダーはラポールと信頼を築いていく。このタイプのリーダーは従業員を単なる仕事の道具と見ることはなく、一人ひとりを心から大切に思っている。そうしたリーダーの姿勢は、従業員に伝わっていく。その結果、従業員たちはパフォーマンス・フィードバックを心を開いて受けとめるようになる。リーダーの言葉を自分自身の向上に役立つアドバイスとして聞けるようになるのだ。

アウトドア・レクリエーション会社ジョンソン・アウトドアーズの社長パトリック・オブライエンの言葉を紹介しよう。「一人ひとりの人間を知ることは、ますます重要になってきている。最初に一対一で一時間の対話をした社員は、六カ月後、金曜日の午後四時でも、きっと一所懸命に働いてくれているはずだ」

コーチ型リーダーシップの長所／短所

優秀なコーチ型リーダーは、どんなふうに部下を導くのだろうか。コーチ型リーダーは、部下が自分の長所と短所を自覚するプロセスを援助し、さらに、そうした自覚にもとづいて人生や仕事上の目標をめざすプロセスを手助けする。長期的目標を立てる部下を励まし、目標達成計画の概念化を助け、一方でリーダーの責任の所在と部下の役割を明確にする。前にも検証したように、人は仕事の中でも自分が最も好む部分――自分の夢やアイデンティティや抱負につながる部分――に心を引かれる。日々の仕事をこうした長期的目標に関連づけてやることで、コーチ型リーダーは部下のモラールを保つ。このような指導は、部下を個人的に深く理解していないと無理だ。

コーチ型リーダーは、職務権限の委任もうまい。部下に単純な仕事でなく、能力を伸ばす機会になるような少し難しい課題を与える（この種の挑戦は、当人の気持ちに非常に前向きのインパクトを与える。能力の限界に挑戦して成功したときの喜びは格別なのだ）。さらに、コーチ型リーダーは目先の失敗にこだわらない。失敗を糧にして夢が育つことを知っているからだ。

当然ながら、コーチ型リーダーシップはイニシアチブを示す部下、プロとして能力向上をめざす部下に対して最大の効果を発揮する。モチベーションに欠ける部下、手取り足取り教えなければならない部下には、コーチ型の指導はうまくいかない。あるいは、リーダーの側に部下を指導するだけの専門知識や思いやりが備わっていない場合も、うまくいかない。拙劣なコーチ型リーダーシップは、マイクロマネジメントかコントロール過剰の印象を与える結果となる。こういう失敗は従業員の自信をくじき、パフォーマンスの低下を招く。残念ながら、管理職のなかにはコーチ型リーダーシップに不慣れあるいは不向きな人が多い。とくに、部下に不安や無力感を抱かせずモチベーションを高めるようなフィードバックのしかたを心得ている管理職は少ない。

たとえば、ペースセッター型（高いパフォーマンスのみに集中するタイプ）の側面を併せ持つリーダーは、自分ではコーチ役をはたしているつもりでも、実際にはマイクロマネジメントに陥っていたり、単に仕事のやり方を指示しているだけ、というケースが多い。そういうリーダーは、往々にして売上高など短期的な目標しか念頭にない。結果にこだわるあまり、部下たちの長期的な抱負を見出してやることができず、部下のほうでも、リーダーは自分たちを単に課題達成の道具としてしか見ていない、と思うようになる。当然、モラールは下がる。

けれども、コーチ型リーダーシップがうまく機能したときには、部下は能力が向上するうえに自信もつき、より自主的かつ高レベルのパフォーマンスを示すようになる。

コーチ型リーダーのコンピテンシー

コーチ型リーダーシップは、部下を育てるEQのお手本だ。リーダーは部下の目標や価値観を探り、部下の能力向上を手助けするカウンセラーの役割をはたす。部下を育てるコンピテンシーは、感情の自己認識および共感のコンピテンシーと相まって効果を発揮する。

感情の自己認識に優れたリーダーは、本心から部下のためを考えてアドバイスを与える。アドバイスを受けた部下は、上司に操られたり攻撃されているような不快感を抱くことがない。さらに、共感に優れたリーダーは、反応したりフィードバックを与えたりする前に、まず相手の話を聞くことができる。その結果、部下とのやりとりが実のある内容になる。これはわたし自身の目標なのだろうか、それとも彼らの目標なのだろうか？——優秀なコーチ型リーダーは、つねにそうした自問を忘れない。

コーチ型リーダーのきわめて前向きな感情インパクトは、リーダーが部下とのあいだに形成した共感やラポールから生じるものだ。優秀なコーチ型リーダーは、言葉にしなくても、部下に「きみの潜在能力を信じている、きみが最善の努力をすると期待している」というメッセージを伝える。その結果、部下はリーダーが自分のことを気にかけてくれていると感じるようになり、いい仕事をしよう、仕事に責任を持とう、と、モチベーションが高まる。

コーチ型リーダーシップは、若手社員に対する指導育成プログラムの形で実行される場合もある。長年にわたって繁栄を続けている企業においては、積極的な幹部社員育成策が企業の文化的強さであり長年の繁栄の鍵なのだ。有能な人材を企業に引きとどめておくことが次第に難しくなりつつある現代においては、社員に成長の糧となる経験を与えてくれる企業に人材が定着するようになる。要するに、コーチ型リーダーシップは声高に「収益の向上」を叫ぶわけではないが、驚くほど間接的な方法で同じ結果を実現するのである。

関係重視型リーダーシップ

ジョー・トーレこそニューヨーク・ヤンキースの神髄だ、と人は言う。一九九九年にワールドシリーズを連覇した偉大なる球団の監督として、トーレ監督はチャンピオンシップを期待される重圧の中でチームを精神的に統率して良く戦った、と評価された。激しい気性の持ち主や自分勝手な連中が多いプロ野球の世界で、トーレ監督だけは例外的に協調とチームワークのコンピテンシーを体現する存在だ。

一九九九年の最終ゲーム終了直後に球場でおこなわれた祝賀会を振りかえってみよう。トーレ監督は、まず、ポール・オニール選手を抱擁した。オニール選手は試合直前に父親を七十九歳で亡くしたばかりだった。父親の訃報を聞いた直後、オニール選手は大切な試合に出場する決心をした。そして試合が終わった瞬間、涙にむせんだ。その後、クラブハウスでおこなわれた祝勝会の席上、トーレ監督は特にオニール選手の名を挙げて「勇士」と褒めたたえた。

トーレ監督がいち早く抱擁した選手が、他に二人いる。二人とも、シーズン中に家族を亡くした選手たちだ。その一人は、スコット・ブローシャス選手だった。不治の病に冒された父親を気遣いながらもチームとともにいるあいだは明るくふるまうブローシャス選手を、トーレ監督はシーズン中から何度も賞賛していた。さらに、トーレ監督は祝勝会の場を利用して、契約問題で来シーズンもヤンキースでプレーできるかどうかが危ぶまれる別の二人の選手にスポットライトを当てた。トーレ監督は選手を一人ずつ名指しして賞賛し、球団オーナーに対して「この二人を失う痛手は大きすぎる」というメッセージを送ったのだった。

トーレ監督は弱腰の男ではない。必要なときには激しく叱責もする。ただ、トーレ監督は選手たちに自分の気持ちを隠さず見せる。自分の兄が心臓移植を待ちながら死に瀕していた年、トーレ監督は選手たちの前で心痛を隠そうとしなかった。ペナントを取ったシーズン直前の春に自身が前立腺がんを患ったときも、同じだった。

トーレ監督のように自分の感情を周囲と共有する姿勢は、関係重視型リーダーシップのひとつの特徴だ。このスタイルのリーダーは、人の気持ちを大切にする。課題や目標の達成よりも部下の感情面のニーズを重視する。皆を満足させ、仲良くさせ、チームの共鳴を引き出す。

直接にパフォーマンスの向上を目ざすスタイルではないにもかかわらず、関係重視型のリーダーは集団に思いのほか前向きのインパクトを与える。成績を向上させる効果は、ビジョン型リーダーとコーチ型リーダーの次に大きい。部下を人間として大切にする関係重視型リーダーのもとには忠実な部下が育ち、組織の結束が強まる。

関係重視型リーダーシップは、どんな状況で最も効果的だろうか？　前向きのインパクトを与えるという点ではどんな状況にも適しているが、とくにチームの融和を求めたいとき、モラールを高めたいとき、意志の疎通を改善したいとき、壊れた信頼関係を修復したいときなどに有効だろう。

人と人の結びつきを重視し人間関係の構築をビジネスの必須条件と考える文化圏は、少なくない。アジアの大半およびラテン・アメリカやヨーロッパの一部でも、親しい人間関係を築くことがビジネスの前提条件になっている国は多い。関係重視型リーダーにとって、人間関係の構築はごく自然なことだ。

関係重視型リーダーのコンピテンシー

関係重視型リーダーシップは、協調体制を作るEQのお手本だ。このスタイルのリーダーは、何よりも融和や友好関係の促進に心を砕く。したがって、組織の休み時間なども大切にする。こういう機会を利用して感情の貯金を増やしておけば、困難なときにそれを活かすことができるからだ。

関係重視型リーダーにとって、部下の感情面のニーズは仕事の目標以上に重要だ。したがって、ここでも共感が基本的コンピテンシーになる。共感に優れたリーダーは部下を仕事面だけでなく「全人間的」に思いやるので、部下の満足度が高い。共感によって関係重視型アプローチのモラール高揚効果は一段と高まり、部下は日々の平凡な仕事に対しても熱心に取り組むようになる。ときによって、関係重視型リーダーシップに「紛争解決」のEQコンピテンシーが必要になる場合もある。利害関係の異なる多種多様なメンバーをチームとしてまとめていかなければならないようなケースである。

関係重視型リーダーシップには利点もたくさんあるが、このスタイルだけを単独で用いるべきではない。褒めることを重視するあまり低レベルの仕事を修正させる機会がなくなり、部下は平凡な成果でも許されると思ってしまう。しかも、関係重視型リーダーは建設的アドバイスをめったに口にしないので、部下はどうすれば向上できるか自分ひとりで考えなくてはならない。

ジョー・トーレを含めて関係重視型リーダーの多くがビジョン型アプローチを併用するのは、そのためだろう。ビジョン型リーダーはミッションを掲げ、基準を設定し、部下の仕事内容が全体の目標達成に役立っているかどうかをフィードバックする。このスタイルを関係重視型リーダーの心遣いと合わせて用いれば、強力なリーダーシップが発揮できる。

「いい人」だけではダメな理由

「仲良くする一方で歯に衣着せずものを言うなんて、どうやればいいかわかりません」六十億ドル規模の世界的消費財メーカーの上級副社長が言う。「うちは同族会社で、人間関係を大切にしています。わが社のリーダーたちは、人間を尊重する姿勢を何より重視しています。まちがうとしたら、社内の調和に気を使いすぎることが原因でしょうね。わたしたちは思いやりが過剰かもしれません。対立を避けようとするあまり、社員が成長する糧になるフィードバックを与えることまで遠慮してしまうのです」

関係重視型アプローチのみに頼るリーダーシップには、あきらかに欠点がある。社員の気持ちばかりが重視されて、仕事が後回しになってしまう。このスタイルを多用しすぎると、パフォーマンスを修正し社員の能力を向上させるためのフィードバックが消極的になってしまう。人間関係を傷つけないよう気を使うあまり、仕事を犠牲にしてしまう。こういう「臆病な」アプローチは、企業風土をむしろ落ちこませてしまう。自分が好かれているかどうかを過度に気にするリーダーは、対立を避けようとする。その結果、集団は脱線して悪い方向へ進みはじめる。

このようなリーダーは、「的はずれ」と紙一重だ。関係を重視する姿勢が災いして、悪いニュースが耳に届かなくなる。組織が危機に見舞われたとき、あるいは部下たちが難題を克服する過程で明確な指示を必要としている場合、的はずれなリーダーは（いかに「いい人」であっても）部下に指針を示してやることができない。

民主型リーダーシップ

ある大都市の貧困地区にあるカトリック系の私立学校は、何年も赤字続きだった。これ以上学校経営を続けるのは不可能と考えた司教区は、この地域のカトリック系私学を統括する修道女シスター・メアリに閉校を指示した。

シスター・メアリは学校をすぐには閉鎖せず、教職員を集めて学校が直面する経営危機の実情を詳細に説明した。そして、学校を続けていくためのアイデアを募り、どうしても閉校しなければならない場合にはどのような措置が必要と思うか、と皆の意見を尋ねた。シスター自身は、聞き役に徹した。その後、シスター・メアリは保護者やコミュニティの住民に呼びかけて集会を開き、教職員ともミーティングを重ね、そのいずれにおいても聞き役に徹した。

数カ月間におよぶさまざまな集会を通して得られたコンセンサスは、明快だった。閉校は避けられないことを皆が納得した。カトリック系の学校を希望する生徒たちについては、転校手続を取ることになった。

結論だけを見れば、シスター・メアリが即断で閉校を実施しても同じだったかもしれない。が、重要なのは、そのプロセスだ。学校に関わるすべての人間を意思決定に参加させた結果、シスター・メアリのもとにはひとつの反発も寄せられなかった。人々は閉校を悲しんだが、それが避けがたい結論であることを理解した。反対意見は、ほとんどなかった。

対照的に、他のカトリック系私学の責任者だったある司祭は、上から閉校の命令を受けて学校を一方的に閉鎖した。その結果、保護者からは訴訟を起こされ、教師や父母らがピケを張り、地元紙は司祭の独断を非難する論説を載せた。結局、学校を閉鎖できるまでに丸一年も混乱が続いた。

関係者全員を巻きこむシスター・メアリの民主的なスタイルは信頼と尊敬の気持ち、すなわちコミットメントを醸成した。一対一の話しあいや集会に時間をかけて社員たち（シスター・メアリの場合は保護者をはじめとする利害関係者）の懸念に耳を傾けることで、民主型リーダーは集団のモラールを保つ。その結果、関係者全体に前向きのインパクトを及ぼすことができる。

民主型リーダーシップが有効なとき

民主型アプローチは、シスター・メアリのケースのように、リーダーが進むべき方向を決めかねていてメンバーの意見を聞きたい場合に最も力を発揮する。

一九九三年に瀕死のＩＢＭの会長に就任したルイス・ガースナー・ジュニアの場合が、これにあてはまる。コンピュータ産業について門外漢だったガースナー会長は、自分より経験豊富な同僚たちのアドバイスを仰ぎつつ年間九十億ドルの経費削減と数千人の解雇を断行してＩＢＭ再建にめざましい成功をおさめ、会社の経営を新しい軌道に乗せた。ガースナー会長は当時をふりかえり、日々の意思決定について、「ＩＢＭとコンピュータ業界に関して、わたしが逆立ちしたってかなわない豊富な知識を持った同僚たちから助言をもらうことがまず第一歩だった」と述べている。

リーダーが明確なビジョンを持っている場合でも、民主型アプローチはビジョンを実行するためのアイデアを発掘するうえで役に立つ。たとえば、オーストラリアのウエストパック銀行のＣＥＯデイヴィッド・モーガンは、毎年二十日近くを自行のトップ管理職八百人とのミーティング（一回に四十人ずつ）に費やす。「管理職の諸君からフィードバックを得るためのミーティングです」と、モーガンは言う。「実態を把握するためです。仮に、奥の社長室にひとり腰をおろしたままで銀行を経営できる時代がかつてあったとしても、いまはそんな時代ではありません。現状を把握できなくなるのは、何よりも危険なことです」

こうしたフィードバックの場がうまく機能するためには、リーダーが良いニュースに対しても、悪いニュースに対しても、オープンでなければならない。「たしかに、聞きたくないこともありますよ」

モーガンは言う。「ですが、ほんとうのことを言った人間を首にしたら最後、だれもわたしにほんとうのことを言ってくれなくなります。だから、安心してものを言える環境を作っておかなくてはならない。率直に話しあえば、解決できない問題はありません」

もちろん、民主型リーダーシップにも欠点はある。リーダーがこのアプローチに頼りすぎると、会議が延々と続くばかりでいつまでも結論が出ず、目に見える成果は会議の予定が詰まったスケジュールばかり、ということになりかねない。リーダーが重要な決断を先延ばしにしていつまでもコンセンサスを探っていると、組織は混乱し、方向を見失い、仕事が遅れ、衝突が激化する。

言うまでもないが、知識や能力の不十分な人間からアドバイスを求めても、成果は得られない。また、即断即決が求められる緊急時においては、コンセンサスを求めている余裕はない。あるコンピュータ企業のCEOの例を紹介しよう。市場の変化を受けて会社が危機に直面しているのに、そのCEOはコンセンサスにこだわりつづけた。ニーズの変化した顧客がライバル企業に流れているのに、このCEOは次々に対策委員会を新設しつづけた。そして、新しいテクノロジーが登場して市場が急展開したとき、CEOは呆然と立ち尽くすばかりだった。さらに新たな対策委員会を招集する前に、このCEOは解任された。

民主型リーダーのコンピテンシー

民主型リーダーシップは、「チームワークと協調」「紛争処理」「影響力」の三つのEQの上に成り立つ。コミュニケーションの達人は最良の聞き手であり、相手の話を聞くことは民主型リーダーの最大の長所だ。民主型リーダーは、部下たちの考えや懸念を聞きたいという真摯な姿勢を見せる。そして、そういう機会を作る。民主型リーダーは、チームワークを大切にする。上から一方的に命令しない。民主型リーダーは争いをおさめ、融和を生み出す方法を知っている。

共感のEQも、とくに集団の構成メンバーが多様な場合には、民主型リーダーシップに必要なコンピテンシーとなる。さまざまなタイプの人間に共感できなければ、誤解が多くなるからだ。

ここまでに紹介した四タイプのリーダーシップ——ビジョン型、コーチ型、関係重視型、民主型——は、共鳴を築くうえで確実に有効なスタイルだ。どのリーダーシップも、組織の感情風土に強い前向きのインパクトを与える力を持っている。一方、これから紹介する二つのスタイル——ペースセッター型と強制型——は、有効な手段ではあるが、十分なスキルを持ったうえで慎重に使う必要がある。ペースセッター型や強制型のリーダーシップを無謀に使ったり多用しすぎたりすると、共鳴どころか不協和状態を生み出すことになる。それについては、次の章で詳述しよう。

第五章　危険なリーダーシップ・スタイル

――ペースセッター型と強制型――

無名の会社から世界のトップに躍り出たデータ・ストレージ機器メーカーＥＭＣコーポレーションのめざましい成長は、起業の情熱をそのまま反映している。何年も前から、ＥＭＣの経営トップは意図的にライバル社との販売競争を煽ってセールスを伸ばしてきた。実際、ＣＥＯのマイケル・ラトガーズは、競争意識の強い人材をセールス・マネジャーに選んできたと語り、ＥＭＣ成功の鍵はアグレッシブなマーケティングだと認めている。ＥＭＣのセールス担当重役の一人は、こう語った。「われわれはアメリカン・ピットブルと同じです。ちがうのは、闘犬は食いついたものを放す、という点ですかね」

たしかに、この粘り強さが高収益につながっている。オープン・ストレージ・システムを初めて出荷した一九九五年、ＥＭＣの売上げは二億ドルに達した。無名だった会社が、一九九九年には株主利益、売上高の伸び、利益の伸び、売上高当期利益率、株主資本利益率のすべてにおいて最高格付けを得た全米四社にはいったのだ。

ラトガーズの経営陣は最高のパフォーマンスを求め、それを実際に達成してみせた。ペースセッター型の生きた見本だ。このタイプのリーダーシップは、とくにテクノロジーの分野で優秀なスキルを持ったプロの集団に対して有効に機能する。あるいは、ＥＭＣのような猛烈なセールス・チームに対しても有効だ。ペースセッター型リーダーシップは、企業のライフサイクルの中でも成長がとくに重視される起業期に向いている。集団のメンバー全員が非常に有能で、モチベーションが高く、指導監督をほとんど必要としない場合、ペースセッター型はきわだった成果を上げることができる。有能なチームを与えられれば、ペースセッター型リーダーは仕事をスケジュール通りに、ときにはスケジュールより前に仕上げることができる。

ペースセッター型リーダーシップ

ペースセッター型アプローチもリーダーシップの一手段ではあるが、使用は確実に有効なケースに限ったほうがよい。というと、常識に逆行するように聞こえるかもしれない。なんといっても、ペースセッター型リーダーシップの成果は華々しく見えるからだ。リーダーが高レベルのパフォーマンスを目ざし、手本を見せる。リーダーはつねに仕事の向上と迅速化を念頭に置いており、他のメンバーにも同じことを求める。水準以下のパフォーマンスを即座に指摘し、さらなる努力を求め、相手が期待に応えられない場合は自ら状況を改善する。

が、ペースセッター型アプローチを下手に用いたり、過度に用いたり、あるいは適切でない状況で用いたりすれば、従業員はリーダーの容赦ない要求にこづき回されている印象を持つだろう。しかも、ペースセッター型リーダーは往々にしてガイドラインを明確に示さないから（そんなことは「言わなくてもわかっているはずだ」と思っている）、部下はリーダーが何を望んでいるのかよくわからない。その結果、部下はリーダーが強引すぎると感じたり、リーダーが自分たちの能力を信頼していないと感じたりするようになり、モラールが著しく低下する。しかも、ペースセッター型のリーダーは目標達成しか頭にないので、部下への思いやりが欠如しているように見えてしまう場合がある。その結果、不協和感が生じる。

われわれのデータによると、リーダーがペースセッター型アプローチに頼りすぎた場合、感情的な齟齬《そご》が生じて社内風土が険悪化するケースが多い。ペースセッター型リーダーシップのジレンマは、要するに、「結果を求めてプレッシャーをかければかけるほど部下の不安が大きくなる」という点にある。適度のプレッシャー（たとえば、締め切りを守ろうとする意欲）は部下に意欲を与えるが、強いプレッシャーが続くと部下の意欲は衰える。意欲が衰えると、部下は自分が生き残ることしか考えなくなる。プレッシャーは革新的な思考力を締めつけてしまう。人々はペースセッター型リーダーに黙って従うかもしれないし、その結果短期的に業績が上がるかもしれないが、チーム全員の力を結集して実現する本物のパフォーマンスは望むべくもない。

サムという名の重役の例を紹介しよう。学業面では、サムのキャリアは輝かしいスタートを切った。サムは学校を首席で卒業し、生化学者として大手製薬会社の研究開発部門に就職した。専門能力で傑出していたサムは、早くからスター研究員だった。専門的なアドバイスが必要なとき、仲間たちはサムを頼りにした。レベルの高い仕事をしようという意欲にあふれたサムは、つねにもっとうまく仕事をする方法を求めて粉骨砕身していた。

新製品開発チームのリーダーに任命されたあとも、サムの才能は輝きつづけた。開発チームのメンバーも、ほぼ全員がサムと同じように優秀で意欲的だった。チーム・リーダーとしてのサムの得意技はペースセッター型アプローチだった。サムは残業を厭わず、開発に許される時間が限られているプレッシャーのもとでいかに最高の仕事をするかを身をもって示した。サムのチームは記録的な速さで課題を達成した。

ところが、研究開発部門全体を統括するリーダーに任命されたころから、サムの調子が狂ってきた。いまや、サムの役割は、ビジョンを提示し、部下に仕事の裁量権を与え、人材を育てる、という広い視野に立つリーダーシップを発揮することだった。しかし、サムは部下たちを全面的に信頼することができなかった。サムは部下に裁量権を与えず、細部にまで口を出し、部下のパフォーマンスが落ちると改善策を指導するよりも自分が取って代わった。結局、サムの上司が問題に気づき、本人も納得して、サムは以前のように商品開発チームのリーダーに戻ることになった。

サムの例は、ペースセッター型リーダーの典型的特徴を示している。本人は非常に優秀で、低レベルのパフォーマンスを許せず、立ち往生している部下を見ると自分が取って代わって仕事を片づけようとする。だからといって、ペースセッター型アプローチはうまく機能しない、というわけではない。状況によるのだ。部下が自発的な意欲を持ち、非常に有能で、指導監督を必要としない場合に、ペースセッター型アプローチは効果を発揮する。

ペースセッター型リーダーのコンピテンシー

ペースセッター型のリーダーとして成功するには、何が必要だろうか。基礎となるEQは、つねにパフォーマンスの向上を目ざす達成意欲と、チャンスをつかもうとする強いイニシアチブだ。このタイプのリーダーは達成意欲が強いので、自分や部下のパフォーマンスを向上させる新しいアプローチを身につけようと熱心に努力する。また、このタイプのリーダーは外から与えられる金や地位など普通の報酬にはモチベーションを感じず、高いレベルの仕事を達成したいという強い内的欲求にモチベーションを感じる。その他にも、ペースセッター型リーダーには、向上のチャンスをつかむ（あるいは創出する）機会を貪欲に求めるイニシアチブも必要だ。ただし、他の重要なEQが欠けていてイニシアチブだけが突出すると、達成意欲が歪んだ形で表れてしまう。たとえば、共感能力が欠けている場合、このタイプのリーダーは部下の苦痛には一向に気づかないまま目標達成に集中してしまうことになる。同様に、自己認識能力が欠けていると、自分の短所に気づかないリーダーになってしまう。

他にも、このタイプのリーダーは協調やコミュニケーションのコンピテンシー（とくに、有益なフィードバックをタイミング良く与える才能）を欠く場合が多い。最も目立つのは、感情面における自己管理の欠如だ。これはマイクロマネジメントや短気となって表れる。

概して、ペースセッター型は、情熱あふれるビジョン型やチーム作りの得意な関係重視型などと併用した場合にうまく機能する。ペースセッター型の問題点は、前掲のサムのように、専門職のスターが管理職に抜擢された場合によく起こる。サムのケースは、「ピーターの原理」の「能力以上の地位まで昇進してしまった例」そのものだ。サムは、それまでの地位で要求される専門技術はすべて持ちあわせていたのに、新しい地位で必要とされるリーダーシップ能力はほとんど持っていなかったのだ。そのため、サムは部下がつまずくと自分が代わりに仕事を片づけてしまい、部下の能力を信用できないので裁量権を与えることができず、失敗を即座にとがめる一方で成功をあまり褒めないリーダーになってしまった。ペースセッター型リーダーシップで「ピーターの原理」にあてはまるもうひとつの特徴は、専門分野の仕事に関してはきわめて優秀だがリーダーシップに必要な協調の精神を軽視する、という点だ。

リーダーがもっぱらペースセッター型スタイルに頼ったり、あるいは下手にペースセッター型リーダーシップを使ったりすると、ビジョンだけでなく共鳴も失う結果になる。こういうリーダーは往々にして数字ばかりを追求するが、それだけでは部下にインスピレーションやモチベーションを与えることはできない。

強制型リーダーシップ

そのコンピュータ企業は、膨大な赤字を計上していた。売上げも利益も下降の一途をたどり、株価は下がりつづけ、株主からは不満が噴出していた。取締役会は再建屋として有名な人物を新しくCEOに迎えることにした。新CEOはただちに改革に着手し、人員削減や部門売却など、とうの昔に断行すべきだった改革に大鉈をふるった。

そして、会社は救われた。少なくとも短期的には。高い犠牲を払って。新しいCEOは、着任当初から恐怖の統治を敷いた。直属の部下たちは震えあがった。現代によみがえったチンギス・ハーンのごとく、新CEOは重役たちを形無しに踏みつけ、ささいな失敗も大声で叱責した。悪いニュースを持ってきた部下を「惨殺」するCEOに恐れをなして、直属の部下たちは一切何も報告しなくなった。有能な人材は次々にやめていき、残った人材はCEOに首を切られた。社内はどこを見てもモラールのかけらさえなく、いったん上向いた業績も再び悪化しはじめた。結局、このCEOは取締役会で解雇された。

たしかに、ビジネスの世界は強圧的なリーダーの実例に事欠かない。ある大病院の例を紹介しよう。この病院では赤字が続いていたので新院長を迎えて再建を図ったのだが、大失敗に終わった。その顚末を、ある医師が語ってくれた。「新しい院長は、情け容赦なしにスタッフを削減したんです。とくに看護スタッフを。たしかに収益は良くなったように見えたかもしれませんが、病院はひどい人手不足になってしまいました。患者の要望に応えるどころではなくなり、みんなやる気をなくしてしまったのです」

当然、患者の満足度も急落した。他の病院に患者が流れていることに気づいた院長は、しぶしぶ解雇したスタッフを再雇用した。「でも、いまだに、院長は自分のやり方がひどすぎたとは認めないいんですよ」。くだんの医師は言う。「あいかわらず、人を脅して働かせようとするし。看護師は戻ってきたけど、モラールは戻りません。そのくせ、院長は、患者の満足度が上がらない、と文句を言う。自分が原因を作ってることに気づかないんですね」

強制型リーダーの長所／短所

実際の強制型アプローチ（強圧的スタイルと呼ばれることもある）は、どんなものだろうか。このタイプの決まり文句は、「やれと言ったらやれ」だ。こういうリーダーは、命令に即座に従うことを要求する一方で、理由を説明しない。部下が疑問の声を上げると、この手のリーダーは脅しに出る。しかも、部下に裁量権を認めず、あらゆる状況を厳格に支配し監視しようとする。したがって、パフォーマンスに対するフィードバックは、たとえあったとしても、もっぱら部下の落ち度を指摘するコメントばかりで、褒め言葉はない。要するに、不協和感を招く典型的なタイプだ。

いかなる状況においても、強制型アプローチは、最も非効果的なリーダーシップ・スタイルだ。強制型のリーダーが組織の気風にどのような影響を及ぼすか考えてみるといい。とくに感情が上司から部下へ伝染しやすいことを考えると、威圧的で冷たいリーダーが部下全員の気分を汚染し、組織全体の気風が急激に悪化することは、想像に難くない。先に紹介した病院長のような強圧的リーダーは、自分では気づかないかもしれないが、リーダー自身が患者の満足度低下の原因なのだ。看護師や医師に対する院長の態度が病院全体の雰囲気を険悪にしているため、職員たちも患者に対して陽気な冗談を言う気分でなくなってしまう。そういうことがすべて、患者の満足度にはねかえってくるのだ。

強制型リーダーはめったに部下を褒めず非難ばかりするので、部下たちはモラールや自尊心や満足など良い仕事をするためのモチベーションを徐々に失っていく。結果的に、彼らは自分の仕事がより大きな共通のミッションに貢献しているとは感じられなくなってしまう。そして、仕事に対するコミットメントや愛着を失い、「そんなこと、どうだっていいさ」と感じるようになってしまうのだ。

これほど組織に悪影響を及ぼすにもかかわらず、強圧的なリーダーは、いまだに世界中に驚くほど多くのさばっている。二十世紀のビジネスを象徴した命令・管理型ヒエラルキーの名残りだろう。こうした企業ではトップダウンの軍隊式リーダーシップを採用しているが、このようなリーダーシップは本来戦場にこそふさわしいものだ。いや、今日では、軍隊においてさえ強制型リーダーシップは他のリーダーシップ・スタイルと併せて用いられることが多い。そのほうがコミットメントや団結心やチームワークを育てやすいからだ。

医療の世界から、もうひとつの例を紹介しよう。今日のアメリカにおいては、多くの医療組織がリーダーシップの危機に直面している。医療文化がペースセッター型や強制型のリーダーシップを好んできたことが一因である。もちろん、手術室や救急救命センターにおいては、こういうリーダーシップ・スタイルが効果的だろう。が、このようなスタイルが医療組織全体を支配しているとしたら、多くの医療スタッフが他のリーダーシップ・スタイルをほとんど経験しないままリーダーの地位に昇進することになる。

今日では、ほとんどの組織において、「やれと言ったらやれ」タイプのボスはすでに化石のような存在になっている。あるテクノロジー企業のCEOがこう言っている。「部下を罵倒しまくって売上げを増やすのもいいけど、それで会社が続くと思うかい？」

強制型リーダーシップが有効なとき

危険はあるものの、思慮分別のあるEQリーダーが使うならば、強制型のリーダーシップは貴重な手段となりうる。たとえば、危機的状況を乗り切るため緊急に業績を回復させなければならない場面では、強制型リーダーシップは効果的だ。とくに、再建初期に無用な慣行を廃止したり、一種のショック療法で従業員を方向転換させる場合など。同様に、火事や台風など実際に緊急事態が起こっている場面や、敵対的買収をかけられているような場合は、リーダーが全権掌握するスタイルがふさわしい。さらに、問題の多い従業員に対して他のすべての方法を試してもうまくいかない場合、このスタイルが効くこともある。

強制型リーダーシップをみごとに使いこなしたある会社役員の例を紹介しよう。彼は赤字続きの食品メーカーを再建するため部門副社長に迎えられ、最初の週から強い姿勢を打ち出して変化のメッセージを社員たちに伝えた。

たとえば、会議室。トップ経営陣が定例会議に使っていた会議室は仰々しく形式ばった部屋で、出席者たちは大理石貼りの「宇宙大作戦に出てくる宇宙船エンタープライズ号のデッキみたいな」(副社長自身の言葉) テーブルを囲み、巨大な椅子にからだを沈めて会議に臨んでいた。人と人との距離が遠すぎて会話もままならず、会議そのものも実に堅苦しい雰囲気だった。誰ひとり波風を立てる発言をする者はいなかった。要するに、トップ経営陣における会話と協調の欠如が会議室に象徴されていた。組織に新しい風を入れるため、副社長は会議室のリフォームを命じた。強制型リーダーシップの一手だが、効果は前向きだった。それ以来、経営陣は「皆が実際に意見を交換しあえる」(副社長の言葉) 普通の会議室で会議を開くようになった。

副社長は、経営陣が意思決定を下す際に同意を得るべき関係者のリストまで細々と規定したマニュアルに対しても、同じ手を打った。今後マニュアルや稟議は禁止する、と宣言したのだ。「おたがいに話しあうことが大切だと考えたのです」と、副社長は説明する。「誰でも必要があれば役員会議に出席してわたしたちの前で意見を述べればいい。わたしは現在こういう仕事をしています、みなさんの支援とアイデアを拝借したいです、と言えばいいのです。わたしたち役員は、ハンコを押すだけじゃなくて、もっと社員の力にならなくては」

副社長は、こういったメッセージを強力に発信した。が、強引な作戦が奏功したのは、副社長が古い文化を攻撃して人を攻撃しなかったからだ。社員に対しては、彼らの才能や能力を評価しているという明確なメッセージを伝えていた。副社長が大改革の対象にしたのは、仕事のやり方だったのだ。

強制型リーダーのコンピテンシー

強制型リーダーシップを効果的に使いこなすには、影響力、達成意欲、およびイニシアチブのEQコンピテンシーが必要だ。また、ペースセッター型と同じく、自己認識、感情のコントロール、および共感も、強制型リーダーシップが脱線しないためにぜひ必要だ。達成意欲とは、よりよい結果を得るためにリーダーが強力な指揮を取ることを意味する。イニシアチブは、強制型リーダーシップにおいては、チャンスをつかもうとする意欲だけでなく、その場その場で即座に確信を持って命令を出す姿勢も含まれる場合が多い。あるいは、状況の変化を待つのでなく自分から積極的に仕掛けていく姿勢も、強制型リーダーシップにおけるイニシアチブの形だ。

このリーダーシップ・スタイルを実行するうえで最も重要なのは、おそらく、感情のコントロールだろう。感情をコントロールできるリーダーは、怒りや短気を抑えることができるし、部下たちの注意を集めたり意欲を駆りたてたりしたいときに怒りを効果的な形で噴出させることもできる。自己認識に欠けるリーダーは感情のコントロールもできないので、強制型リーダーシップを悪い方向に発揮してしまう危険性が最も大きい。強圧的なリーダーが従業員に向かって怒りや嫌悪や軽蔑の感情を表した場合、感情面への悪影響ははかりしれない。

さらに悪いことに、リーダーが感情をコントロールできず共感能力にも欠ける場合、強制型リーダーシップは最悪の形を呈する。独裁的リーダーが従業員の反応など一切おかまいなしに命令をどなりちらす図式だ。強制型リーダーシップを効果的に使うには、アリストテレスが述べたように、「然るべき理由で、然るべきときに、然るべきやり方で、然るべき相手に対して怒る」EQが必要なのである。

それでもやはり、強制型リーダーシップは、きわめて慎重に、どうしても必要な状況に限定して使うべきだ。リーダーが強権をふるうべき場合とそうでない場合をわきまえていれば、強制型リーダーシップは組織に喝を入れる妙手となりうる。が、チェーンソーしか持たないリーダーならば、組織はずたずたになるだろう。

暴君リーダーは最悪

劣悪な強制型(あるいはペースセッター型)リーダーが甚大な不協和感をもたらすことはわかった。にもかかわらず、横柄で乱暴でどう見ても共鳴とはほど遠いCEOがめざましい業績を上げている例は、誰でも思いあたるだろう。EQがそれほど重要であるならば、この最低な暴君どもの業績をどう説明すればいいのだろう？

まず最初に、こういう連中をもっとよく観察してみよう。ある特定の取締役が目立つからといって、その人物が実際に会社を経営しているとは限らない。コングロマリットの頂点に立つCEOなどは、部下をほとんど持たないケースもある。むしろ、実際にリーダーとして売上げに貢献しているのは各部門の責任者、という例も少なくない。ビル・ゲイツとマイクロソフトの関係がそうだと言われている。部下に自発的で意欲的で専門知識にも明るいスタッフを揃えているので、ビル・ゲイツ自身は優れたペースセッターに徹していられるのだ。一方、ビル・ゲイツ直属の部下たちは担当部門に対して共鳴的リーダーシップを発揮しており、会社に必要なチームワークを育てている。

成功しているように見えるのは単なる幻影、というケースもある。会社の時価総額が高かったり組織のリストラを過激に実施した結果たまたま良い数字が出ているが、重要な人材がすでに流出していて、遠からず大打撃が表面化すると思われる、というようなケースだ。こういう場合、リーダーは自尊心に溺れたとんでもないナルシストであることも少なくない。

たとえば、自伝『ミーン・ビジネス』の中で、スコット・ペーパーのCEOとして自分が発揮したリーダーシップは「アメリカのビジネス史上で最も成功した企業再建例として長く記録されるだろう」と大見栄を切っているアル・ダンラップを見るといい。ダンラップは情け容赦のない（ときには卑劣なまでの）冷酷さをリーダーシップの手法として称揚しながら何千人という従業員の首を切ったが、後の分析の結果、現在ではダンラップの大鉈は過剰で企業の操業能力に打撃を与えた、と評価されている。短期的に（少なくとも、スコット・ペーパーのあと再建屋としてサンビームに君臨した時期）成功したかに見えたダンラップの業績は、経営手腕とは別の経理操作によって作り出された数字だった。サンビームのCEOを解任されて二年もたたないうちに、ダンラップと当時の重役たちは証券取引委員会の摘発を受けた。「サンビーム社の再建に関して成功の幻想を抱かせるような決算操作をおこない、同社を不当に高い価格で売却しようとした」という理由だった。

このような途方もないエゴを持ったリーダーは、人材や組織が被る長期的打撃には目もくれず、とにかくいますぐ数字を改善させることだけに集中するタイプが多い。そして、アル・ダンラップのようなリーダーが去ったあとには、ステロイド剤濫用の副作用にも似た症状――短期的に収益を上げるために無理をさせられ、その後遺症として、収益維持に不可欠な人的・経済的資源が犠牲になっている――に苦しむ企業が残されるのだ。

最低の暴君が業績を上げている場合、もうひとつ考えられるのは、特定のEQに関して重大な欠陥があるものの、それを十分に補う長所も持ちあわせている、というケースだ。別の言い方をするならば、どんなリーダーも完璧ではない、ということだ。また、完璧である必要もない。すべての美徳を追求すれば、現実には不可能な理想像を追い求めることになってしまう。

悪質なリーダーについて考えるときには、そのリーダーが問題点を埋めあわせるような長所を持っているかどうかも考えてみるべきだろう。ただし、こちらの面は報道されることが少ない。ゼネラル・エレクトリック（GE）の経営者になったばかりのころ、ジャック・ウェルチは強権を発動して大胆な再建策を進めた。その時のその状況においては、ウェルチの断固たるトップダウンのスタイルが適切だったのだ。マスコミはあまり書かないが、その後、ウェルチはもっとEQを活用したリーダーシップ・スタイルに転換した。GEの新しいビジョンを掲げ、その実現に向かって社員を導いた業績は、特筆すべきだろう。

自画自賛の裏を見破れ

情け容赦のない経営スタイルにもかかわらず立派な数字を残している暴君的リーダーを引きあいに出して、EQなど何の役に立つのか、と、もっともらしい議論を展開することは簡単だ。偉大なリーダーとは冷酷かつ無慈悲であるがゆえに（または、冷酷かつ無慈悲であるにもかかわらず）成功するのだ、といった類いの能天気な主張は、どのようなリーダーシップが真の結果を出せるのかを示したデータを見れば、不可能なはずだ。

リーダーに関する科学的研究は、まず煙幕を吹きはらって、正しい比較ができる素地を整えなければならない。客観的方法を用いれば、悪質なリーダーが自画自賛する偽りの（あるいは一過性の）成功は見破ることができる。よく見れば、彼らの「成功」は、たまたま業界全体が急成長した時期だった、とか、人員削減や経理操作によるものだった、とわかるはずだ。

アメリカの保険業協会の委託によって、CEOの質の高さと会社の業績の関係を調べた研究がある。研究チームは、大手保険会社十九社の業績を調べ、収益や成長率などを基準に「優」と「良」に分類した。そして、「優」のCEOと「良」のCEOの能力的差異を徹底的に調査した。研究チームは、CEO自身を評価する一方で、直属の部下たちからも率直な評価を（内密に）聴取した。

その結果わかったことは、優れたCEOは重要なEQコンピテンシーを備えている、ということだった。「優」のCEOは部下の指導により多くの時間をかけ、チームワークを教え、個人的な関係を築いていた。前項で触れた最低の暴君リーダーに欠けている能力のうち、「優」のCEOが備えているEQとしてとくに目立ったのは共感、チームワーク、および育成力であった。さらに、EQの高いCEOが率いる会社は利益や持続的成長率が高く、EQの低いCEOの会社とはかなりの差が生じることがわかった。

「誰があんなヤツの下で働くか！」

EQの低いリーダーのもとからは、優秀な人材が離れていく。どんな業界においても、優秀な人材ならば出来の悪い上司のもとで我慢する必要などないからだ。会社を辞める理由の中で最も多いのは、上司に対する不満だ。労働力需給が逼迫《ひっぱく》している状況下では、才能がある人材の場合、上司に不満を抱いている労働者の転職率は上司に満足している労働者の転職率の四倍にものぼる。

事実、全米七百社の従業員二百万人にインタビューしたところ、ひとつの会社にとどまる期間およびそのあいだの生産性を決定するのは、直属の上司との関係であることがわかった。「就職の決め手は会社、辞職の決め手は上司である」と、データを分析したギャラップ社のマーカス・バッキンガムは結論づけている。

データの示す結論はあきらかだ。EQの低いリーダーは、自分を改善するか、さもなければ消え去るべきなのだ。

レパートリーが多いほど優秀なリーダー

ＥＱの低いリーダーにも、改善の余地はある。リーダーシップ能力を向上させることだ。リーダーとして重要なＥＱのうち六項目以上を備えているリーダーはそうでないリーダーに比べてはるかに優秀な結果を出している、と指摘したハーバード大学デイヴィッド・マクレランド教授の研究を、いま一度思い出してみよう。マクレランド教授は、さらに、優秀なリーダーにもさまざまなタイプがあって、それぞれ独自のＥＱの組みあわせによって共鳴を生み出している、と指摘する。たとえば、自信、柔軟性、イニシアチブ、達成意欲、共感、育成力に優れたリーダーがいる一方で、自己認識、誠実さ、プレッシャーの中で冷静さを保つ能力、組織感覚力、影響力、チームワークに優れているリーダーもいるのだ。

ＥＱのレパートリーが多ければ、組織を経営するうえで広範な対応が可能になるので、リーダーとして優秀な成果を上げることができる。スタイルによって必要なＥＱは異なるが、一流のリーダーは状況に最適なアプローチを用い、必要に応じてアプローチを変えていくことができる。ＥＱが低ければリーダーシップのレパートリーも狭くなり、状況に合わないリーダーシップ・スタイルに頼らざるを得ない場合が出てくる。ここでもう一度、アメリカ保険業界のＣＥＯ十九人に関する研究を見てみよう。前述のように、経営が好調な会社の頂点には、改善意欲、変革促進、共感、育成力など重要なＥＱを備えたＣＥＯがいた。この研究ではさらに一歩進んで、主要ポストにある社員らに対して、自社で働くことに関してどう考えているか、単なる「満足度」ではなく社員の能力に直接影響を及ぼす分野についてどう考えているか、と質問している。

優秀なCEOが率いる会社とそうでない会社では、組織の「雰囲気」に明白な差異が認められた。優秀なリーダーが率いる組織は、規範の明瞭さから社員の自由裁量度に至るまで、企業風土のあらゆる項目において優れていた。優秀なCEOは従業員各自が仕事に関して当事者意識と責任感を持つよう指導し、より高いパフォーマンス基準を設定し、部下たちが難しい目標をめざして能力を伸ばせるよう激励していた。要するに、優秀なCEOは社員が目的を持って意欲的に仕事に取り組み、仕事に誇りと愛情を感じ、長く働きつづけられるような企業風土を作る配慮をしていた。

優れたリーダーシップは、企業だけでなく、あらゆる組織のパフォーマンスを向上させる。イギリスでは、政府の委託で四十二の学校におけるリーダーシップ・スタイルを分析して、生徒の学業成績を向上させるリーダーシップ・スタイルを探る研究がおこなわれた。その結果、成績が優秀な学校の六十九パーセントで、校長が共鳴を生むリーダーシップ・スタイルを四種類以上備えており、必要に応じて使い分けていることがわかった。一方、成績の低い学校の三分の二において、校長は一種類か二種類のリーダーシップ・スタイルしか使えず、それも大半が不協和感を招くリーダーシップ・スタイルであることがわかった。相関関係はあきらかだ。教師を一対一で指導する、学校全体の意欲を高める目標を掲げる、必要なときに十分に話を聞いてやるなど、校長がリーダーシップのレパートリーを柔軟に使いこなしている学校では、教師たちの気風もきわめて前向きだった。校長が強制型のような柔軟性のないリーダーシップ・スタイルを示す学校では、教師たちのモラールは低かった。

六つのリーダーシップ・スタイルの中で使えるレパートリーが多いほど、優秀なリーダーであると言える。われわれのデータによると、四種類以上のリーダーシップ・スタイル（とくに共鳴を起こすスタイル）を使いこなせるリーダーは、最高レベルの組織風土とパフォーマンスを生み出すことができる。しかも、方針や理由を論理立てて説明できるベテランのリーダーも、「勘」だけでやっていると自称するリーダーも、リーダーシップ・スタイルを状況に応じて切り替えている点は共通していた。

こうした柔軟なリーダーシップが実際にどんなふうに使われるのか、見てみよう。

状況に合わせよう

ジョーンが世界的食品飲料メーカーの主要部門でゼネラル・マネジャーに抜擢されたとき、その部門は重大な危機に瀕していた。六年連続で収益目標を下回り、最後の期には目標を五千万ドルも下回っていたのだ。トップ経営陣のモラールは地に落ち、いたるところに不信や敵意が渦巻いていた。ジョーンに課せられた仕事は、はっきりしていた。部門の再建である。

ジョーンはさまざまなリーダーシップ・スタイルを使い分けながら、迅速に手を打っていった。リーダーとして部下とのラポールや信頼関係を確立するための時間的猶予が少ないことは、最初からわかっていた。問題点を早急に把握する必要もあった。そこで、着任して最初の一週間、ジョーンは昼食や夕食の時間を利用して一人ひとりのマネジャーとミーティングをおこなった。おもな話題は、ビジネスおよび組織の観点から各人が現状をどう見ているか、ということだった。が、ジョーンのほんとうの狙いは、問題そのものよりも一人ひとりの部下を知ることだった。ジョーンは関係重視型リーダーシップを発揮して、各マネジャーの人生観、夢、希望などに耳を傾けた。

ジョーンはコーチ型リーダーシップも併用して、一人ひとりのマネジャーが成長するための支援を始めた。たとえば、あるマネジャーはチーム・プレーが下手だというフィードバックをたびたび受けていて、自分ではそうは思わないのだが、このままでは出世にも響くのではないかと悩んでいる、とジョーンに打ち明けた。このマネジャーが会社にとって大切な人材だと考えたジョーンは、チーム・プレーを阻害する言動を見かけたら本人に知らせる、と約束した。ジョーンが観察してみると、このマネジャーには他人の気に障ることを不注意に口に出す癖があった。そこで、ミーティングでそういう場面を見かけるたびに、ジョーンは彼を脇へ呼んで指摘し、マネジャーが自分自身の言動をよりよく認識できるよう手助けしてやった。

一対一のミーティングを一通り終えたところで、ジョーンはマネジャー全員を集めて三日間の合宿をおこなった。合宿の目的は、会社が直面する問題に対して全員が当事者意識を持てるようチームを結束させることだった。ジョーンはまず民主型リーダーシップを使って、マネジャー全員に不満や苦情を心ゆくまで吐き出させた。ジョーンの言葉を借りるならば、「悪い点をぜんぶ洗い清めた」わけだ。

二日目、そろそろ解決策に目を向ける準備ができたと考えたジョーンは、各マネジャーに今後の具体策を一人三点ずつ提案してもらった。皆の提案を寄せ集めてみると、経費削減など優先すべき事項が自然に見えてきた。それぞれの優先事項について具体的な行動計画が提案されるたびに、チームのコミットメントが高まっていった。

将来の方向が見えてきたところで、ジョーンはビジョン型リーダーシップに切り替えた。対策ごとに担当マネジャーを決め、フォローアップと目標達成の責任を持たせたのである。たとえば、この部門の製品は価格の値下げを繰り返してきたのに売上げが伸びず、ジョーンたちは少し値上げをする必要があるという結論に達していた。前任のセールス担当副社長は、右往左往するばかりで問題を一層悪化させてきた。そこでジョーンは、今回新しく販売を担当することになった副社長に適正価格の決定権を持たせることにした。

その後数カ月間、ジョーンはビジョン型リーダーシップを続け、各人が目標達成のためにいかに重要な役割を担っているかを自覚できるよう、グループの新しいミッションをくりかえし表明した。計画を実行に移した最初の数週間、経営の危機を早急に回避する必要があったので、ジョーンは責任を十分はたしていないマネジャーに対しては強制型リーダーシップで対応することを躊躇しなかった。「計画のフォローアップについて、甘いことを言っている余裕はありませんでした。気を引き締め集中して仕事に当たる必要があったのです」

七カ月後、われわれの研究チームがインタビューに訪れたとき、ジョーンの部門は前年の五千万ドルの赤字から一転して、年間の収益目標を五百万ドル上回る好成績を上げていた。経営目標が達成されたのは五年ぶりのことだった。

リーダーシップの正しい使い分け

どんな状況でどんなリーダーシップ・スタイルを使えばいいのだろう？

EQの高いリーダーは、状況に合わせて機械的にリーダーシップ・スタイルを選択するだけでなく、もっと柔軟に対応している。優秀なリーダーは個人や集団のようすからさまざまなサインを読み取り、即座に必要なリーダーシップ・スタイルに切り替えるのだ。彼らは共鳴を醸成する四つのスタイルを自在に操るだけでなく、必要に応じてペースセッター型リーダーにもなれるし、強制型リーダーシップの良い面を発揮して強力かつ緊急の指示を与えることもできる。ただし、諸刃の剣であるペースセッター型と強制型のリーダーシップを使うときは、怒りや短気にまかせて行動したり個人攻撃の衝動にかられて不協和感を招くことのないようセルフ・コントロールに留意する。こうして、優れたリーダーは結果を出すだけでなく、部下たちの心にコミットメントや意欲を植えつける。

組織にとって多彩なリーダーシップを備えたリーダーの存在がいかに重要であるかを考えると、採用や昇進や後継者選びに際して留意すべき点はおのずとあきらかになる。リーダーを選ぶには、四つ以上のリーダーシップ・スタイルを兼ね備えた人物が望ましい。それが不可能ならば、候補者が組織の現状に不可欠なリーダーシップ・スタイルを備えているかどうかを検討すべきだ。

たとえば、組織を再建するためのリーダーならば、変革を促す新しいビジョンを示すことのできるビジョン型リーダーシップが必要だ。能力を十分に発揮していない社員たちに荒療治を施すなどの緊急対策が必要なときは、当面強制型リーダーシップで事態に対処したあと他のスタイルに軌道修正できるリーダーが必要だ。社員のあいだにコンセンサスを構築したり、コミットメントを育てたり、新しいアイデアを生み出したりする必要があるときは、民主型のリーダーが必要だ。非常に有能で自律的なチーム（弁護団や新薬開発チームなど）を率いるリーダーならば、必要に応じてペースセッター型リーダーシップが使える人物が望ましい。

リーダーシップのレパートリーは、拡大・向上させていくことが可能だ。秘訣は、それぞれのスタイルの基礎となるEQを強化すること。リーダーシップは学習可能だということを忘れてはいけない。そのためのプロセスは本書の続きで説明するが、簡単ではない。時間がかかるし、何よりもコミットメントが必要だ。けれども、高いEQに裏づけられたリーダーシップが個人にとっても組織にとってもいかに幸福な結果をもたらすかを考えれば、努力する価値はあるはずだ。

第二部　ＥＱリーダーへの道

第六章　EQリーダーを作る五つの発見

某小売チェーンのトップ経営陣は、大改革の波にもまれて完全に浮き足立っていた。昇進する者あり、降格になる者あり、退職する者あり。当然、陰謀や政治が渦巻き、責任逃れが横行していた。人事担当役員のビルはその中心にいてありとあらゆる会話や論争に鼻をつっこみ、「事情通」を自認していた。

トップ経営陣のなかには、ビルをおだててうまく利用する者もいた。もちろん、ビルを頭から相手にしない者もいた。そのうちに、強圧的な大物役員に取締役会が辞任を要求する事件が起こり、経営陣は大混乱に陥った。ビルは片っ端から人をつかまえて喋りまくり、誹謗中傷や流言飛語をたれ流した。それを聞いたビルの上司は、「手のつけられない馬鹿者だ」と苦々しげに吐き捨てたという。

にもかかわらず、その上司も、経営陣の他のメンバーも、ビルを諌めようとはしなかった。ビルは得々として経営陣のご意見番を気取っていたが、実際には自分の置かれた複雑な状況を読み解くこともできず、ましてその中で自分を律することも知らず、自己認識も政治的状況に対する認識も他人に対する共感も欠如していた。

ビルほどの地位にある重役がここまで自己認識に欠けているのは信じがたいが、こういうケースは案外多い。実際、組織の上へ行けば行くほど、リーダーの自己評価は現実から乖離する傾向がある。問題点は、ビルの例でもわかるように、フィードバックが決定的に欠如していることだ。とりわけ、リーダーとしての働きぶりを率直に評価したフィードバックは、なかなか本人には伝わらないものだ。リーダーにとって大切なのは、自分のEQの中で不足している分野を自覚することだろう。

逆説的だが、組織の中で地位が上がれば上がるほど、この種のフィードバックは重要になる。

CEO病

「ほんとうのことを聞かされていない、と思うことがよくあるんだ」。あるヨーロッパ企業のCEOが語ってくれた。「べつに嘘を言っているわけではないので、具体的に指摘しようがないのだが、感覚的にわかるんだ。みんな、わたしの目に情報が触れないようにしている。あるいは、重要な事実をカムフラージュしている。たしかに嘘はついていないが、必要なことをすべて伝えてくれているわけでもない。いつも、わたしは報告の裏を読まなくてはならない」

これは、典型的なCEO病だ。周囲が重要な（通常は芳しくない）情報をトップの目に触れないよう配慮する結果、リーダーは情報の真空状態に陥ってしまう。なぜ、リーダーの目から重要な情報を隠そうとするのか？　リーダーの怒りがおそろしいから、という場合もあるだろう。強制型またはペースセッター型のリーダーに対しては、とくにこういうことが起こりやすい。悪い知らせを持っていった者が見せしめに罰を受ける可能性があるからだ。あるいは、「良い部下、良いチーム・プレーヤー」でありたいために好ましい情報しか報告しない、という場合もある。あるいは、「路線」に反するようなことを口にして異端者扱いされるのを避けたい、と考える者もいるだろう。さらには、ただ快活な部下と見られたいために良くない事実を隠す、という場合もある。

動機は何であれ、リーダーは部分的な情報しか得られない。この病気は組織に蔓延しており、ＣＥＯだけでなく上層部のリーダーの大半が感染している。その背景には、上司に気に入られたいと思う部下の本能がある。その結果、悪い情報が間引きされ、良いフィードバックばかりが送られることになる。

なかでも、リーダー自身のパフォーマンスに関するフィードバックとなると、状況は深刻だ。会社に関する悪いニュースを上司に伝えることさえ勇気が要るのに、上司が部下の気持ちを把握できていないとか、上司の「激励演説」はまるで効き目がない、などと本人に伝えるには、とてつもない勇気が必要だ。

もちろん、有益なパフォーマンス・フィードバックの不足に不満を感じている人は、リーダーならずとも多い。が、やはり、自分のパフォーマンスに関して信頼すべき情報をいちばん得にくいのは、組織の頂点にいる役員たちだ。ここに、百七十七の研究を集めて分析した結果がある。評価対象となった管理職は、総計で二万八千人にのぼる。それによると、管理職の地位が高くなればなるほど、あるいは管理職の役割が複雑になればなるほど、パフォーマンス・フィードバックの一貫性が損なわれるという。リーダーが女性であったりマイノリティの一員であったりする場合には、問題はさらに複雑になる。女性の場合は、リーダーであるか否かに関係なく、男性よりも有効なフィードバックを与えられる機会が少ない。マレーシアで働く中国系管理職やロンドンで働くシーク教徒の役員のように、目立ちやすいマイノリティの場合も、同じ傾向がうかがえる。

われわれは、同じ職場で働く仲間（上司でも部下でも）に正直なパフォーマンス・フィードバックを与えない。理由はいろいろあるが、最大の理由は、言いにくいことだろう。相手を傷つけたり怒らせたりしたくないのだ。総じて、われわれは、他人のパフォーマンスについて悪いフィードバックも良いフィードバックも躊躇しがちだ。そのくせ、自分はそうしたフィードバックを欲しがる。率直な評価は、他のどんな情報よりも気になるものなのだ。

ダメなリーダーほど自己評価が甘い

CEO病と自己評価はどのような関係になっているのだろうか。リーダーとしての自己認識能力と自分のパフォーマンスを正確に認識する能力は、たしかに、他人から受けるフィードバックと同じように重要だ。が、そこにCEO病の最も致命的な問題があると思われる。人間は誰しも自分の能力を過大に評価しがちなものだが、パフォーマンスの劣る人間ほど自分の能力を過大評価する傾向があるのだ。このあまりにも人間的な弱点は、リーダー自身だけでなく、企業にも重大な結果をもたらす場合がある。

ケンタッキー州レキシントンにあるヘルス・ケア・パートナーズ社のCEOエリック・ハートナー

が医療サービス企業のＣＥＯを対象におこなった調査によると、リーダーの自己認識能力は、業績の好調な企業のＣＥＯほど高く、業績の低迷している企業のＣＥＯほど低かった。学究肌のハートナーは大学院に入学し、最高ランクのトップ経営者と最低ランクのトップ経営者を分けるコンピテンシーについて研究した。すなわち、医療サービス企業のうち、好調な業績（バランスシートと自己資本利益率で分類）を十年間維持している会社のＣＥＯと、十年の大半が赤字だった会社のＣＥＯを比較したのである。

ハートナーは自己認識に焦点を絞り、各ＣＥＯにリーダーシップの十項目（自信や共感など）について自己評価をしてもらい、それを部下たちによる評価と比較した。すると、業績が最低ランクのＣＥＯたちは、十項目のうち七項目で自分に最高点をつけたが、部下による評価はまったく逆で、その七項目すべてが低い評価だった。一方、業績が最高ランクの企業では、部下たちは十項目すべてについてＣＥＯに高い評価を与えていた。

ハートナーのデータは、多種多様な組織のあらゆる職階で働く七百八十七人を対象に実施したわれわれの調査結果とも合致した。データを組織レベルで分析してみると、驚くべき傾向があきらかになった。二十項目のＥＱコンピテンシーについて自己評価と他者による評価を比較してみた結果、高い地位にある役員や管理職ほど、自己評価が甘くなる傾向が見られたのだ。乖離幅は、組織内の地位が高いほど大きかった。最高レベルのリーダーが、自己認識の正確さについては最低レベルだった。

こうしてみると、自分のリーダーシップ能力に関して正確な評価を得る努力はリーダーの自己認識を決定的に左右し、ひいてはリーダーとしての成長や業績にも影響を及ぼすことがわかる。ならば、なぜ、もっと多くのトップ・リーダーが正確なフィードバックを求めようとしないのだろうか。虚栄心が邪魔をするからではない。絶対の自信を持っているからでもない。聞き取り調査をしてみると、自分は変われない、と諦めているリーダーが多かった。自分のリーダーシップ・スタイルがチームや組織にどのような影響を及ぼしているかについて有益なフィードバックを受けたとしても、そしてフィードバックの内容に納得できたとしても、長年続けてきたスタイルを変えるのは無理だと考えているのだ。リーダーの周囲の姿勢も、これに呼応するケースが多かった。リーダーが変わる見込みがないのなら、不快で気まずい思いをしてまで正直なフィードバックをする価値はない、と考えてしまうのだ。

だが、それを覆す実例をわれわれは見ている。若くないリーダーでも新しいスタイルを習得することは可能なのだ。リーダーは、ときに人生そのものを変えてしまうようなスタイルの大変革を遂げることができる。そして、その影響がチームに広がり、やがて組織全体に重要な変化をもたらすきっかけとなるのだ。

努力すればEQリーダーになれる

ニック・ミムケンは保険会社のスター・セールスマンで、いつも最優秀セールスマン賞を受賞していた。が、新しい町の支店長に抜擢され、二十五人の外交員を部下に持ってからは、めざましい成績が上げられなくなった。ミムケン自身、そのことは早くから予想していた。ただし、新支店長として失敗が許されないこともわかっていた。新しく赴任した支店は、全米に数ある支店の中で下から四分の一のランクに低迷していたのだ。

赴任から数カ月後、ミムケンから相談を受けたリーダーシップ・コンサルタントのマクバー＆カンパニー（現在のヘイ・グループ）が部下たちから聞き取り調査をしたところ、敏腕セールスマンだったミムケンの資質が災いしてペースセッター型リーダーになっていることがわかった。ミムケンは、自分の現役時代と同じようにプレッシャーをかける方法で支店の売上げを伸ばそうとしていたのだ。が、新しい職場では、ミムケンのやり方は外交員の意欲を阻害していた。さらに悪いことに、締め日が近づきストレスが高じてくると、ミムケンは強制型リーダーになって「目標値」を押しつけ、外交員たちの現実的な目標を考慮してやらなかった。支店の空気は日増しに緊張を高めていくばかりだった。

ミムケンに対する最初のアドバイスは、自分のパフォーマンスではなく外交員たちのパフォーマンスに視線を合わせなさい、というものだった。つまり、一人ひとりの部下をどうすれば支援してやれるかを考える、言いかえれば、コーチ型やビジョン型のリーダーシップを発揮する、ということだ。さいわい、これらのリーダーシップ・スタイルに必要な能力の多くが、ミムケンにはすでに備わっていた。共感、自己管理、鼓舞激励――それらは、セールスマン時代のミムケン自身を成功に導いた能力だ。こんどは部下を導くためにその能力を活かす方法を身につけることが、ミムケンの課題だった。

ミムケンは部下を一対一で指導する時間を作り、各人の目標やパフォーマンスについて話を聞いた。部下の仕事ぶりがふがいなくても、取って代わりたい気持ちを抑えるよう努力した。ひとつ批判したらひとつ褒めてバランスを取るよう気をつけた。支店の目標を従業員全員が共有できる価値観やビジョンで表現する工夫もした。

十八カ月後には、あきらかな改善のきざしが見えてきた。部下たちの評価は、ミムケンがペースセッター型や強制型のリーダーからコーチ型リーダーに変わったこと、さらにビジョン型リーダーシップを身につけようとしていることを示していた。しかも、こうしたリーダーの変化が実益に結びついていることもわかった。外交員たちは、報酬に関する公平感や仕事に対する意欲が劇的に高まった、と答えたのだ。ミムケンの指導のおかげで仕事の優先順位がはっきりした、という声もあった。

それから三年、ミムケンはリーダーとして成長を続け、彼の支店は成長率の高い支店に与えられる賞を二年連続で獲得した。全米百支店のうち、わずか八支店にしか与えられない賞である。ミムケンは、最年少受賞者のひとりだった。新しい支店に支店長として赴任してからわずか五年で、全米で下から四分の一にランクされていた支店の業績は、上から四分の一にはいるまでになった。

ミムケンのような例を、われわれはいくつも見てきている（百三十五〜百三十六頁のコラム参照）。こうした実例は、努力すれば優れたリーダーになれること、EQは学習によって身につけられることを示している。ミムケンが努力によって共鳴を生み出すリーダーシップを身につけたように。

それでも、疑問は残る。共感能力の高い人は、生まれつきなのだろうか？　それとも、学習の結果そうなったのだろうか？　答えは、両方とも「イエス」だ。EQには、たしかに先天的な要素もある。だが、環境要素も大きいことを忘れてはならない。持って生まれたEQレベルには人によって多少の差があるかもしれないが、どんな人でも学習によって改善できる。スタート地点がどこだとしても。

すでに持っているスキルを伸ばすだけで十分な場合もある。たとえば、「セールスマンのミムケン」は長年のあいだ顧客相手に共感能力を発揮してきたにもかかわらず、「支店長のミムケン」になったとたんにペースセッター型の短所が出て、部下に対する教育指導よりも部下の力不足を指摘するほうに注意が向いてしまった。が、練習によって、ミムケンは部下に対する共感を劇的に向上させることができ、部下のほうもミムケンが自分たちのニーズを理解してくれていると感じるようになった。ミムケンはまた、めざすリーダーシップ・スタイルに必要なツールも練習によって身につけていった。たとえば、各人の力に見合った目標を設定する腕を上げたおかげで、それにもとづいて部下を指導していくうちに、部下たちもミムケンの指導についていけば成功できると確信するようになった。さらに、職場での変化は家庭生活にも良い影響を及ぼした。ミムケンの妻は、夫が自分や家族のニーズに以前よりきちんと向きあってくれるようになったと感じる、と語った。

ミムケンの例から、重要なポイントを指摘することができる。ＥＱは学習によって習得できるだけでなく、それを長期にわたって維持することもできるのだ。われわれの研究から、こうした学習効果を維持していくためには特定の段階を踏むことが必要であるとわかった。われわれはリーダーシップ能力を学習した被験者を最大七年まで追跡し、「ハネムーン効果」が過ぎたあとの変化を調査した。

「ハネムーン効果」で終わらせないために

ミムケンのように、学習効果が長続きして仕事のパフォーマンスにも好影響を及ぼす例はある。が、大多数のトレーニングは「ハネムーン効果」だけで終わってしまう。即席の改善効果が見られても、三カ月から半年ほどでほとんど消えてしまうのだ。よくあるケースをあげてみよう。リーダーシップ・トレーニングを受けた人が、熱意に燃え改善の決意を新たにして職場に戻る。が、戻ったとたん、何十という電子メール、手紙、電話が押し寄せてくる。上司や部下が緊急事態だと言って飛びこんでくる。たちまち仕事の波にのまれて新しく習ってきたことは消し飛び、それまでどおりの反射的対応で仕事を処理しはじめる。ハネムーンは終わりを告げ、けっきょく元の木阿弥というわけだ。

人材育成にかかわる専門家たちは、何十年も前からこの傾向に頭を痛めてきた。トレーニングを受けて意欲満々で帰っていったものの時間がたつにつれて意欲が後退してしまう実例をさんざん見ているからだ。トレーニングがもたらす変化はたしかに本物なのだが、それが長続きしない。だから「ハネムーン効果」と呼ばれる。北米だけでトレーニングに六百億ドル以上が投入されていることを考えると、これは看過できない問題だ。

トレーニング効果が長続きしないと考えられているせいか、トレーニングが受講者の行動に及ぼすインパクトについては研究例が少ない。さらに、受講者の改善効果を調べた数少ない研究例の中でも、トレーニング前とトレーニング後を比較した研究や、受講者と非受講者を比較した研究は、ほとんどなかった。

とはいえ、プレゼンテーションやコミュニケーションのスキルが改善可能であることを示した例外的な研究例もある。ある研究では、セールス部門のマネジャーにコミュニケーション・スキルのトレーニングを受けさせたところ一週間後に三十七パーセントの改善が見られた、と報告している。が、わずか一週間では、変化が持続的なものかどうかは判断できない。

自己管理や人間関係の管理など広範にわたるEQコンピテンシーについて調べてみると、トレーニング・プログラムのインパクトはさらにお粗末なものになる。調査によれば、トレーニングから三カ月ないし一年半を経過した時点では、改善効果は十パーセントしか認められないという。これほど金と時間をかけて、なぜこの程度の効果しか得られないのだろうか。

習得したリーダーシップ・スキルを長期にわたって維持できるかどうかは、受講者の動機およびトレーニングに臨む姿勢による。要するに、本人が本気で学びたいと思わなければ身につかない、ということだ。強制的に学習させられたことは、試験勉強と同じで、一時的に身についたとしてもすぐに忘れてしまう。ビジネススクールで習得した知識が約六週間後には半分失なわれてしまうというのも、うなずける。会社の命令で画一的なリーダーシップ開発プログラムに参加させられても、参加者本人がほんとうに学びたいと思わないかぎり、ただ物理的に参加しているだけなのだ。

百三十五〜百三十六頁の二例は、トップレベルのリーダーの多くが仕事に必要なEQを身につけていくプロセスを描いている。セールス・マネジャーの男性とチーム・リーダーの女性は、ジョンソン・エンド・ジョンソンの研究チームがリーダーシップ能力の習得に関する研究の対象に選んだ優秀な役員九人の中の二人だ。研究の結果、共通のパターンが見えてきた。彼らはみな、子供時代の終わりから思春期にかけての時期に自分のコンピテンシーを初めて自覚している。その後、最初の仕事の中で、ときには必要に迫られて、彼らはその才能を意図的に使うようになっていく。年を重ねるにつれて、スキルに磨きがかかっていく。初めてコンピテンシーを自覚したときからコンピテンシーを自在に使いこなせるようになるまでの道筋をたどってみると、リーダーシップの才能が開花するプロセスが見えてくる。彼らの例では自然にリーダーシップの才能が身についたように見えるかもしれないが、チーム・リーダーの資質や人材育成の才能を生まれたときから持っている人間はいない。学習によって身につけたのだ。人生や職場のさまざまな場面で能力を徐々に獲得しながら優秀なリーダーが育っていくことは、研究でもあきらかになっている。リーダーの能力は、誰でも、いつでも、学習によって習得可能なのだ。

リーダーシップの学習は、ゴルフやギターの学習と同じだ。やる気があれば、そしてやり方をきちんと理解すれば、誰でも上達できる。

実際、「感情コンピテンシー調査表」のデータを分析してみると、キャリアを重ねるにつれてEQコンピテンシーは自然に向上する傾向にあることがわかる。年を取るほどEQは高まるのだ。これは、自己評価においても、他者による評価においても、同じだ。

とはいえ、これは一般論であって、あらゆるリーダーのEQコンピテンシーが必要な時期に必要なレベルまで都合よく向上しているという意味ではない。だからこそ、各リーダーの長所と短所をきちんと見極めたうえで育成計画を立てることが肝要なのだ。行動学の原則からしても、強制された変化は強制力がなくなると元に戻ってしまう。

救いは、リーダーシップのトレーニングが正しい基礎的理論にもとづいておこなわれれば効果は長続きする、ということだ。ペースセッター型だったリーダーが努力によってコーチ型やビジョン型のリーダーに変身することも可能なのである。共感能力も、向上させ維持することができる。必要なのは、明確な意図にもとづく努力、モチベーション、そして本人が心から変わりたいと望むことだ。

そうした学習が脳の中でどのようにして起こるのかも、現在ではわかっている。

リーダーは育つもの

▼少年は十三歳、アメリカへ来たばかりだった。新しい学校にとけこみ、友だちを作りたいと思い、ラクロス・チームにはいった。が、プレーヤーとして自分がさほど傑出していないことを悟った少年は、自分自身がプレーするより新しいメンバーにラクロスを教える役割を引き受けることにした。他人の才能を伸ばしてやるには何が必要なのか、このとき少年は初めて意識的に考えた。その後、二十四歳のとき、大学を卒業して初めての職に就いた彼は、セールス・チームのリーダーに抜擢された。セールスのこつは、自力で会得した。誰も教えてくれる人がいなかったのだ。が、いったんこつをつかむと、彼は部下たちを訪問セールスに同伴してセールス技術の向上を手助けしてやるようになった。その後、彼は製薬会社に転職したが、そこでも部下に対する指導力が非常に高く評価されて、セールス・トレーニング用のビデオ製作を依頼されるほどだった。経営者になるころには、人材育成の達人になっていた。

▼大学時代、国際ビジネスクラブに所属していた彼女は、メンバーの多くがクラブの方針に合致しない目標を抱いていることを知り、皆が賛同できる共通の目標作りに尽力した。その後、大学を卒業して就職した会社で、彼女は単独で外商を担当することになった。彼女は他の外商担当

と電話やメールで連繋しながらバーチャル・チームを作り、ここでも人々を協調させるこつを学んだ。その後、チーム・リーダーになった彼女は、仲間の努力を認めて褒めることの上手な部下を手本にして、チーム・スピリットの育て方を学習した。やがて、多くの部門を統括するトップ経営陣の一員となった彼女は、重要な決断の前に主要な関係者に根回しをするなどコンセンサスを作りあげる手腕をいかんなく発揮した。

大脳辺縁系を鍛えよ

第二章および第三章で述べたように、ＥＱには脳の執行機能をつかさどる前頭葉前部と情動や衝動や動因をつかさどる大脳辺縁系を結ぶ神経回路が関わっている。研究によると、大脳辺縁系に基礎をおくスキルはモチベーション、長期にわたる練習、およびフィードバックにもとづいて習得するのが最も効果的であるとされている。これを、分析的能力を支配する大脳新皮質による学習と比較してみよう。大脳新皮質は概念をすばやく把握し、関連づけ、理解する。脳のこの部分は、たとえば、本を読んでコンピュータ・プログラムの使い方を理解したり、訪問販売の基本的な方法を理解したりする。技術的・分析的なスキルを学習する場合には、大脳新皮質は驚くべき効率を発揮する。

問題は、リーダーシップなどＥＱにかかわる能力を伸ばそうとするトレーニング・プログラムの大半が、大脳辺縁系ではなく新皮質に働きかけている点だ。その結果、学習効果は不十分で、ときには望ましくないインパクトを伴うことさえある。顕微鏡で見ると、大脳辺縁系（感じる脳）の脳細胞は、大脳新皮質（考える脳）の脳細胞に比べて原始的な組織になっている。新皮質は学習がきわめて効率的にできるようデザインされていて、新しい考えや事実を広範な認知ネットワークに関連させて理解する。こうした連想モードによる学習は、非常に速いスピードで処理される。考える脳は、一回聞いたり読んだりしただけで理解することができるのだ。

一方の大脳辺縁系は、新皮質よりはるかに学習速度が遅い。脳に深く刻みつけられた習慣を学習しなおす場合には、とくに時間がかかる。リーダーシップ・スキルを改善しようとする場合、このちがいが大きな問題になる。リーダーシップ・スキルは、最も深い部分では、幼いころ身についた習慣が基礎になっている。そうした習慣が十分機能しなくなったり障害になっている場合、学習しなおすにはさらに長い時間がかかる。「感じる脳」を教育しなおすには、「考える脳」を教育するのとは異なる方法を使う必要があり、より多くの反復練習が必要なのだ。

正しい方法でトレーニングすれば、脳の中の情動をコントロールする部分（扁桃体と前頭葉前部の接続）を実際に変えることができる。一例をあげよう。あるバイオテクノロジー企業の研究開発部門で働く科学者たちが、仕事のペースがきつくてストレスを感じる、と訴えていた。ウィスコンシン大学の研究者グループは、この科学者たちに「意識の傾注」を教えた。「意識の傾注」は、当面する課題に注意を注ぐことによって気の散る思考（不安など）を意識から排除するのに役立つスキルで、心を穏やかにする効果がある。訓練を開始してわずか八週間後、研究開発部門の人々は、ストレスが目に見えて減り、仕事に対する創造性と熱意が増した、と感想を述べた。何より顕著だったのは、脳内で前頭葉前部の右半分（苦痛を訴える部分）の活動が沈静化し、左半分（快活で楽観的な感情の中心）の活動が活発になったことだった。

こうした研究成果を見れば、神経回路は成人直後から衰えはじめて逆戻りできない（したがって大人になってから基礎的なスキルを変えようとしても手遅れである）という俗説は誤っていることがわかるだろう。神経学の分野における研究は、まったく反対の結論を示している。人間の脳は成人後も新しい神経組織や神経回路を作ることができるのだ。たとえば、迷路のような道路網を知りつくしていることで有名なロンドンのタクシー運転手が仕事を覚える過程を観察してみると、脳の可塑性が認められる。ロンドンの街でタクシーを走らせるうちに、脳内の空間知覚を処理する部分が大きさにおいても機能においても発達してくるというのだ。何歳の時点であっても、くりかえし使われる神経回路は発達し、使われない回路は衰えていくわけだ。

そうしてみると、新しい神経回路を刺激するには学習が鍵を握っていることがわかる。リーダーシップ能力を高めるには、神経回路の変化を起こすために情動の脳に直接働きかけるアプローチが必要になる。「大脳辺縁系の回路によって作られた神経パターンを変更する作業は、大脳辺縁系の回路を通しておこなう必要がある」というのが科学者の結論だ。

リーダーシップ能力を身につける最初の適齢期は、思春期から二十代前半にかけて訪れる。この時期、脳――人体の中で最後に成熟する部分――は情動の行動パターンを決める最初の神経回路を敷設していく。この時期に規律を身につけ、チームワークを学び、弁論術を磨いた若者は、後にリーダーシップを発揮するうえで非常に有用な足場を得ることになる。若い時期にセルフ・コントロール、達成意欲、協調、説得などの基礎を身につけることになるからだ。

が、そうした経験がなくても、手遅れではない。モチベーションが必要なだけだ。脳が新しい神経回路を作る能力は、一生なくならない。成人後は、まず不要な習慣を取り消し、そのあとで有用な新しい習慣に置きかえる、という二重の作業が必要になるぶん、若いころに比べれば努力とエネルギーが必要になる——だから、モチベーションが非常に重要なのだ。初めてのときに比べて、いったん身についた習慣を変えるには、より多くの時間と努力が必要となる。ＥＱを向上させるためには、心からそうしたいと願い、努力を傾注しなければならない。短期間のセミナーではだめだ。ハウ・ツー・マニュアルで身につけるのも無理だ。大脳辺縁系は大脳新皮質より学習速度が遅く、より多くの反復練習を必要とする。共感能力を向上させるためには、リスク分析をマスターするより多くの努力が必要なのだ。でも、それは不可能ではない。

効果が持続するトレーニング法

大脳辺縁系による学習にはより多くの時間と練習が必要だが、そのぶん成果が長く維持できる。ＥＱコンピテンシーは改善が可能なうえに、成果を持続させることができるのだ。ケース・ウエスタン・リザーブ大学のウェザーヘッド・スクール・オブ・マネジメントが長期にわたって続けているユニークな研究のデータも、この事実を裏づけている。研究は能力開発の必修科目として学生を対象に一九九〇年から実施しているもので、学生たちは自分のＥＱコンピテンシー（および他の認知能力）を評価したうえで向上させたい能力を選び、個別の強化計画を立ててトレーニングをする。受講開始時、卒業時、さらに就職して数年後の時点で、客観的な能力評価がおこなわれる。この研究によって、リーダーシップ育成プログラムの長期的効果が測定できるようになった。

結果は驚くべきものだった。大多数のリーダーシップ育成プログラムが「ハネムーン効果」だけで終わってしまうのに対して、ここの生徒たちが習得した能力は何年も維持されていたのである。能力育成プログラムを履修して二年を経た時点でも、自己認識（たとえば自信）や自己管理（たとえば順応性や達成意欲）などにおいて四十七パーセントの向上が認められた。社会認識や人間関係の管理になると、数字はさらに高まった。共感やチーム・リーダーシップなどは、じつに七十五パーセントの向上を示していた。

EQの開発育成をほとんど視野に入れていない普通のビジネススクールの卒業生と比べると、差は歴然としている。全米ビジネススクール会議の調査委員会が提供するデータを紹介しよう。一流のビジネススクール二校を対象にした調査では、卒業生のEQは入学時と比較してわずか二パーセントしか向上していなかった。他の一流校四校の学生を対象にさらに広範な調査を実施したところ、自己認識と自己管理については四パーセントの向上が見られたものの、社会認識と人間関係の管理については三パーセント低下していることがわかった。

再びウェザーヘッド・スクール・オブ・マネジメントの研究に注目してみよう。EQの向上は、三ないし五年かけて卒業する定時制の学生にも認められた。講座終了時までに、定時制学生たちは自己認識や自己管理において六十七パーセントの向上を見せ、社会認識と人間関係の管理において四十パーセントの向上を見せた。しかも、ボウリング・グリーン・ステート大学のジェーン・ホイーラー教授の調査によれば、定時制の学生は卒業後二年を経過した時点（すなわち受講から五ないし七年後）においても六十三パーセントが自己認識と自己管理において向上した能力を維持しており、四十五パ

図2
EQの向上度

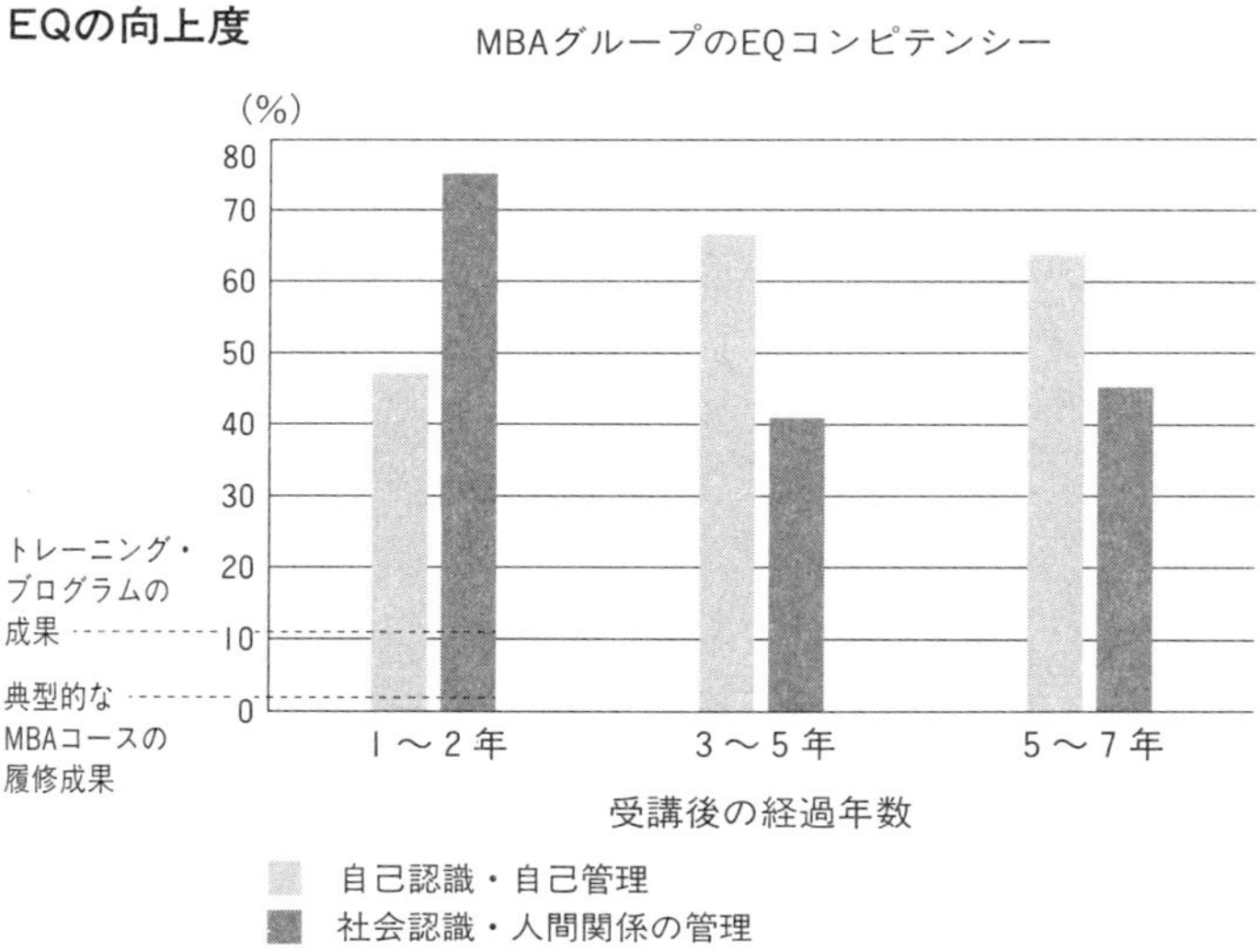

ーセントが社会認識と人間関係の管理において向上した能力を維持していたという（図2参照）。

全日制の学生の場合は、評価の対象となった十四項目のＥＱすべてにおいて能力の向上が認められたという。学生が強化対象に選んだ能力で向上が認められなかったケースは、ひとつもなかった。

共鳴的リーダーシップの要素となるＥＱが長期間にわたって維持できることを実証したのは、この研究が初めてだった。一年ないし二年かけた従来のトレーニング・プログラムでは十パーセントの能力向上しか得られなかったことや、典型的なＭＢＡコースを履修してもわずか二パーセントしかＥＱの向上が認められなかったことを考えてみると、ケース・ウエスタン大学の調査結果は心強い。さらに、ジェーン・ホイーラーは予想外の成果まで発見した。受講後五年ないし七年を経過した時点で調べてみたところ、三年ないし五年のあいだに向上したEQに加えて、他のEQにも向上が認められたのである。言いかえれば、いったんリーダーシップに必要なEQを向上させるこつを会得したあとは、自力で新しい能力を向上させていけるようになる、ということだ。これもまた、EQが一生を通じて習得可能な能力であることを示している。

他にも実証例がある。ケース・ウエスタン大学ウェザーヘッド・スクール・オブ・マネジメントでプロフェッショナル・フェローズ・プログラムを受講している企業役員を対象とした研究を紹介しよう。このプログラムはキャリアを積んだ重役や専門職を対象にしたもので、受講者の平均年齢は四十八歳（MBAは二十七歳）。ビジネス・スキルやリーダーシップ・スキルを向上させたいと考えるトップ経営者や弁護士や医師などが集まっている。プログラム終了後から最長三年間にわたって受講者たちの追跡調査をおこなったところ、EQコンピテンシー全項目のうち三分の二において向上が認められた。

あきらかに、正しい学習方法で訓練すれば、現役のリーダーにも向上の可能性があるということだ。ただし、このような深い学習は、目標に向けて一直線に進むとは限らない。むしろ、意外な発見や突然の悟りの連続だろう。

ショッキングな自覚

画面上の「送信」をクリックした瞬間、ノーラン・テイラーは、とんでもない相手にメールを送信したことを悟った。職場の同僚に送るつもりで会社のレイオフ決定（およびそれに関わった自分の上司）に対する痛烈な批判を書いたのだが、そのメールを問題の上司に送ってしまったのだ。上司がメールを読む前に何とか取り消す方法はないかと焦る一方で、テイラーはもっと大きな事実に気づいて愕然とした。自分の取った行動が「理想の自分」とかけ離れていることに気づいたのだ。突然に襲ってきた自覚は、ショックだった。

何年も前から、ノーラン・テイラーは感情の爆発をコントロールしようと誓って努力してきた。今回の失敗とその結果を考えてショックを受けたテイラーは、これまでよりさらに強固な意志で目標に向かって努力する気になった。テイラーは常々、もっと楽観的になりたい、くじけそうな状況に置かれても他人のせいにしてすねたりしないで前向きにものを考えられるようになりたい、と思っていた。が、今回の電子メール事件で、「理想の自分」と「現実の自分」の断絶に直面せざるをえなくなった。そして、その瞬間、彼は変わろうと決心したのだった。

自然界でも、断絶から大きな変化が生じる例がある。カオス理論によれば、多くのプロセスは連続的変化と見るよりも突然の変異と見たほうがよく説明できるという。たとえば、地震。地面の下の圧力は徐々に蓄積していったものだが、現象そのものは地面が突然破断して起こる。

同じように、リーダーシップを伸ばすうえでも、突然のショッキングな発見や自覚がきっかけで行動を起こすケースがある。断絶に直面して怖れをなす人もいれば、啓示を受ける人もいる。現実に背を向けて逃避する人や頭から無視する人がいる一方で、これを機会に目をさまして決意を固くし、自滅的な習慣を変えようと努力する人もいる。実際に、変化はどのようにして起こるのだろうか。

自発的学習

リーダーシップ育成で最も重要なのは自発的学習、すなわち現実の自分や理想の自分を意識的に向上させ強化していく努力だ。そのためには、まず「理想の自分」のイメージをはっきりと想定し、「現実の自分」を正確に知ることが必要だ。さらに、変化のプロセスと達成までのステップをきちんと把握していれば、自発的学習は効果的かつ持続的なものになるだろう。

これから示すモデルは、組織のコンサルタントとして、また学術研究者として、三十年にわたってリーダーシップ育成を研究してきたリチャード・ボヤツィスが開発したものだ。図3は、自発的学習プロセスの概略を示している。

五つの発見

自発的学習には五つの発見がある。どれも断絶がもたらす変化だ。目標は、もちろん、それぞれの発見を経てEQリーダーシップに必要な十八のコンピテンシー（第三章参照）を身につけることだ。

この種の学習は、くりかえしが大切だ。各段階はスムーズに秩序立って進むとはかぎらないし、ステップごとに必要な時間も努力の程度もちがう。新しい習慣を時間をかけて練習していくうちに、それが新しい自分の一部になっていく。習慣やEQやリーダーシップ・スタイルが変化すると、夢や希望や理想像も変わっていく。そのようにして学習のサイクルは続き、リーダーは一生をかけて成長し順応していくのだ。

図３
ボヤツィスによる自発的学習の理論

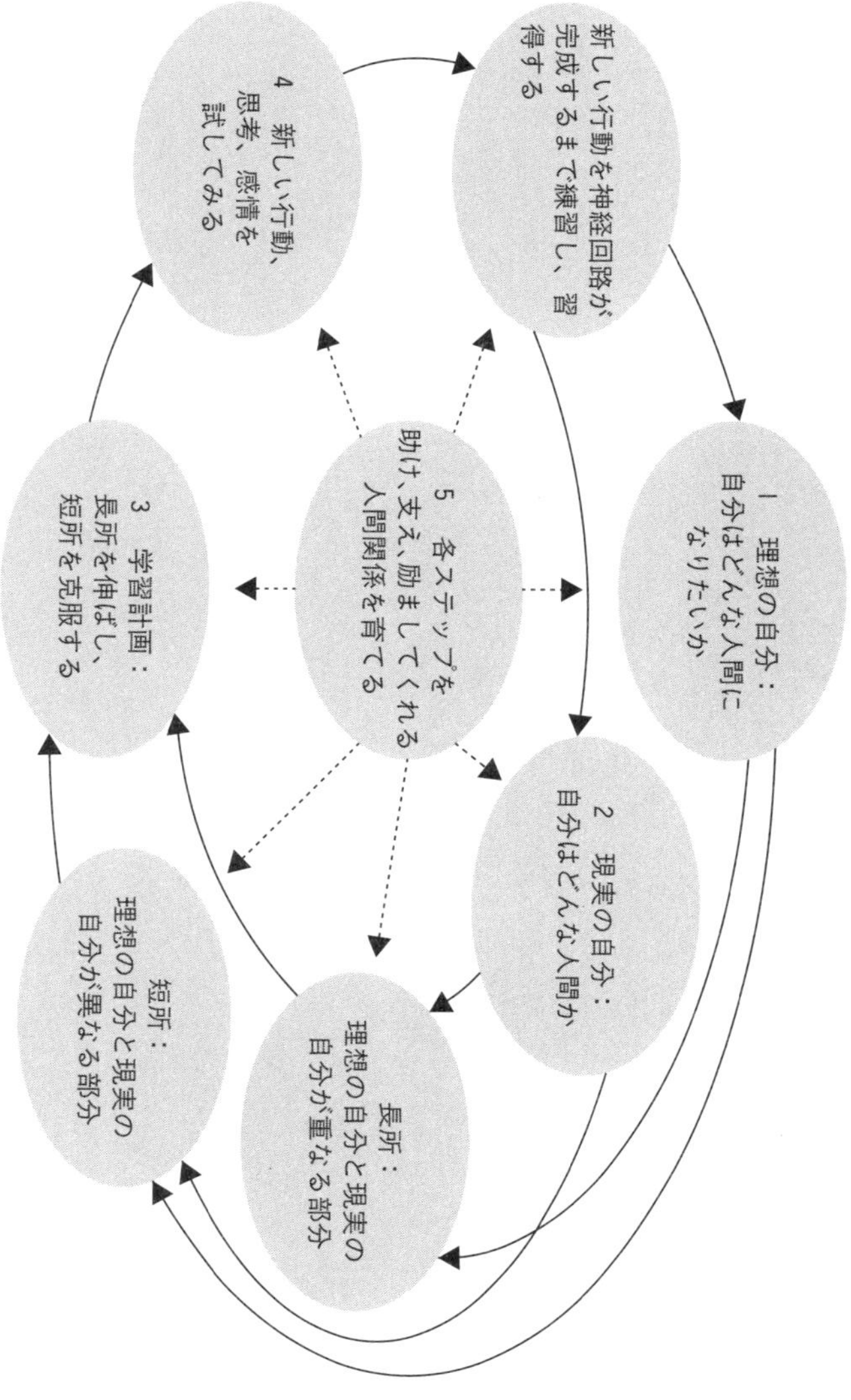
１　理想の自分：
自分はどんな人間になりたいか
２　現実の自分：
自分はどんな人間か
長所：
理想の自分と現実の自分が重なる部分
短所：
理想の自分と現実の自分が異なる部分
３　学習計画：
長所を伸ばし、短所を克服する
４　新しい行動、思考、感情を試してみる
新しい行動を神経回路が完成するまで練習し、習得する
５　各ステップを助け、支え、励ましてくれる人間関係を育てる

第一の発見は、自分の理想像を発見することだ。自分のめざす姿が見えてくると、リーダーシップ能力を向上させたいという意欲が湧いてくる。それは向上への熱意と希望をかきたて、困難で険しい努力を支えるエネルギーとなる。

第二の発見は、鏡をのぞいて現実の自分を見るのに似ている。自分はどう行動する人間か、他人の目にどう映る人間か、どのような信条を抱く人間なのか――観察してみると、理想像と一致する部分もあれば、乖離している部分もあるだろう。この「長所」と「短所」を自覚するところから、リーダーシップ・スタイルを変えるべき方向が見えてくる。これは、前に触れたCEO病に対する処方箋でもある。

変化を達成するには、能力向上をめざした計画が必要になる。これが第三の発見だ。長所を活かして理想像に近づくために毎日どんな課題に挑戦すべきか、詳しい計画を立てるのだ。納得し満足できる計画を作るためには、自分の学習スタイルおよび生活や仕事のリズムに合った内容にすることが大切だ。

第四の発見は、新しいリーダーシップ・スキルを練習することだ。

第五の発見は、学習プロセスのあらゆる段階にあてはまる。理想の自分を見つけ、現実の自分を見極め、自分の長所と短所を知り、努力目標を立て、試行錯誤と反復練習を続けていくためには、頼れる他者の存在が必要なのだ。リーダーシップ能力の向上は、現実の複雑な人間関係の中で初めて本物になる。他者の存在は、自分が見過ごしたことを気づかせてくれる。他者の存在は、自分の進歩を認めて評価してくれる。自分の理解が正しいかどうかを検証し、自分の努力が的はずれでないかどうか教えてくれる。さらに、他者の存在は試行錯誤と反復練習の場を提供してくれる。「自発的」学習プロセスと名前がついているが、実際には、ひとりで学習はできない。他者とのかかわりがなければ、持続性のある変化は達成できないのだ。

学習のプロセスを要約してみよう。次のような段階を経て、リーダーは変化していく。

●第一の発見　理想の自分――自分はどんな人間になりたいか？
●第二の発見　現実の自分――自分はどんな人間か？　長所は？　短所は？
●第三の発見　学習計画――どうやって長所を伸ばし、短所を克服するか？
●第四の発見　新しい行動、思考、感情をマスターできるまで試行錯誤と反復練習
●第五の発見　変化の努力を支援してくれる人間関係を作る

断絶の自覚が新しい発見につながり、認識と意欲が高まり、学習プロセスが進んでいく、という展開が理想的だ。以下の章では五つの発見を順に取り上げ、それがリーダーシップの向上につながっていく仕組みを詳説する。

第七章　EQリーダーへの出発点

アブディナジール・アリは、今まさに夢を手にしようとしていた。水文地質学者としてアメリカの多国籍総合エネルギー企業に八年勤務してきたアリは、控えめな家族思いの社員だが、ある高い志を抱いていた。ただし、その実現は定年までお預けのつもりだった。

ケニア北部のマンデラで二十五人兄弟の一人として育ったアリは、自分の子供たちにより良い教育と医療を受けさせるためにアメリカへ渡った。が、子供たちが大きくなって自分が定年を迎えたら、妻とともにケニアに戻って人々に治水を教え、生まれ故郷の村に井戸を掘りたいと考えていた。故国では、水不足が深刻なのだ。

エチオピアやソマリアとの国境に近い乾燥地帯の村に生まれ、長期にわたる旱魃を何度も見て育ったアリは、子供のころから故郷に井戸を掘るのが夢だった。とくに厳しい旱魃の年には、ウシやヤギやラクダが何百頭も死んだ。肉や畜乳を主食としていた一家が、その年は穀物で命をつないだ。最近では、水不足のためにマンデラの灌漑プロジェクトやケニアの水力発電所からの電力供給に深刻な影響が出ていた。

アリは四十歳。生まれ故郷の村を助けに帰るまでに、まだ二十年あった。巨大多国籍企業での仕事には内容的にも経済的にも不満はなかったが、どこか落ち着かない気分が消えなかった。ある日の会話が、そのすべてを変えた。

「なんで待たなきゃいけないんだい、アリ？」上司が言った。

多国籍企業で働く恩恵を捨てきれない、とアリが答えると、その上司は、「ケニアや東アフリカで治水事業をやってる多国籍企業はないの？」と尋ねた。そういう会社はない、とアリが答えると、上司はさらに、「うちの会社に――他社でもいいけど――子会社を設立して東アフリカで水源管理に進出したらどうか、って提案してみようと思ったことはないの？」と尋ねた。そんな金のかかる提案は考えたこともなかった、とアリは答えた。

「いいかい」上司が続けた。「地域社会への還元、って線で会社に提案してみるんだよ？」

それを聞いたアリはしばらく黙って考えていたが、やがてパッと明るい表情になり、こっくりとうなずいて笑みを浮かべた。そしてイスの背にからだをあずけて、水源管理事業が会社にとってどのような戦略的利点をもたらすかを滔々《とうとう》と語りはじめた。社内ですでに進行中のグローバル社会イニシアチブ・プロジェクトを利用することもできそうだ、と情熱をこめて話すアリの姿は、まるで大観衆を前に演説しているように見えた。夢と現実がつながった瞬間、アリの夢は本人が考えてもみなかった規模にふくらみはじめていた。

アリにとって、これが第一の発見だった。変化が起こりはじめたのだ。アリの中で眠っていた情熱が目をさまし、夢に向かって走りはじめた。それまでは、十分な蓄えを築いてから退職するというひとつの道しか見えていなかったが、いまではたくさんの道が開け、可能性が見えてきた。

その後の話しあいを通じて、アリは自分の持っているEQが夢の実現にどのような面で役立つかを考えた。アリは社会認識と人間関係の管理に優れ、いつも職場の仲間と良い協調関係を保っていた。技術者として働いてきたあいだに、自己管理能力も向上していた。ただ、自信と順応性が少し弱かった。

夢を実現させるためには、アリ自身が先頭に立って経営トップに水資源管理事業の利点を説明し、変革を促進しなくてはならない。それには、自分の中の自信を強化する必要があった。同僚管理職たちの支持を集め意欲を起こさせるには、もう少し柔軟な対応を身につける必要もあった。最初は故郷の村の人々を助けるつもりだった夢が、いまやケニアと東アフリカ全体にインパクトを与える大計画に発展しようとしていた。

アリが描いていた生涯の夢は、またたく間に新しい形に生まれかわった。将来に対するアリの興奮と期待は、端から見てもあきらかだった。アリは自分の将来に新しい理想像を見出したのだ。会社との話しあいは、アリ本人さえ期待しなかったほどの速さで進んだ。新しく生まれた役割を引き受けるために、アリは新しいEQコンピテンシーを習得しなくてはならないだろう。が、彼は理想の自分を見つけるという大切な一歩を踏み出したのだ。

第一の発見――理想像から変化が始まる

夢を見出したとき、その人の内側から情熱やエネルギーや興奮があふれ出す。それがリーダーならば、情熱は部下たちの意欲をかきたてる。ポイントは、「理想の自分」を見つけることだ。人生や仕事に何を求めるかも含めて、自分がどんな人間になりたいかをはっきり描くことだ。それが、前の章で述べた自発的学習の第一の発見にあたる。理想の自分を見出すためには、自分の心の奥底まで探らなければならない。それができたとき、アリのように人生の可能性に情熱を抱けるようになる。

ＥＱをほんとうの意味で向上させ維持するためには、まず最初に「理想の自分」からパワーを得なくてはならない。理由は簡単だ。長年の習慣を変えるには、それだけ大きなパワーが必要なのだ。元旦にあたっての決意がいかに簡単に忘れられてしまうか、考えてみてほしい。思考や行動の習慣を変えるには、何十年も繰り返し強化されてきた神経回路を変えなければならない。だからこそ、継続しうる変化を達成するには、自分の理想に向かって進んで行こうとする強い決意が必要なのだ。

変化を考えるとき、人は行く手に横たわる障害を予想して不安にかられるものだ。理想の未来を発見したときの興奮が冷めると、夢がすぐに実現できないことに挫折を感じて高揚した気持ちを忘れてしまう。そういうときは、脳が感情の動きにどんな役割をはたしているかを思い出すといい。第二章で論じたように、やる気や希望を起こさせるのは、前頭葉前部の左半分だ。その部分が活発に働くと、理想を達成したときどんなに素晴らしい気持ちになるだろう、という想像が働いてやる気が出てくる。そして、障害を乗りこえることができる。

反対に、先の不安ばかり気にしていると前頭葉前部の右半分が活発に働きだして悲観的になり、意気消沈して、成功が遠くなる。

十五年後の自分は？

いまから十五年後に自分が理想の人生を歩んでいるとしたら、どこに腰をおろしてこの本を読んでいるだろうか？　どんな人たちと一緒にいるだろうか？　周囲の様子は？　どんな一日を送り、どんな一週間を過ごしているだろうか？　実際に実現できそうかどうかを心配する必要はない。ただイメージをふくらませ、その中に自分を置いてみるのだ。

十五年後の自分について、自由に書いてみよう。あるいは、テープレコーダーに向かって話してもいいし、信頼できる友人に聞いてもらうのもいい。この演習を経験した多くの人が、エネルギーの解放を味わい、前より楽観的な気分になった、と答えている。理想の未来を描いてみる演習は、人生を変える可能性を発見する良い手がかりになるだろう。

「あるべき像」vs「理想像」

著書『もっといい会社、もっといい人生――新しい資本主義社会のかたち』の中で、チャールズ・ハンディは「理想の自分」を探し当てる難しさを書いている。

私は青年時代を、本当の自分とは違う人間になろうと努めながら過ごした。高校までは、優れたスポーツ選手になりたかったし、大学では、皆に賞賛される名士になりたいと思い、そして後には実業家や大企業の首脳を志向していた。もっとも、自分がこうしたことで成功するようには運命づけられていないことにすぐに気がついた。それでもやはり、私は何かを試してみては自分に失望することを繰り返した。問題は、別の人間になろうとしている間に、自分が本当になれたかもしれない人間になることの努力を怠ったことだ。当時はそう考えることは恐ろしすぎて、できなかった。当時の慣習にしたがって、カネと地位を人生の尺度にした。他人が用意してくれたはしごを上り、自分自身の信条や人格に磨きをかけるよりは、人間関係を拡げいろいろな経験をしてみることを喜びとしていた。（植岡健一訳）

これは、のちに企業経営者として成功をおさめ、ロンドン・ビジネススクールの客員教授となり、英国王立技芸協会の会長を務め、世界的に影響力を持つ著作家・学者となった人物の告白だ。が、忙しい人生の中で、チャールズ・ハンディのように権力や名声の誘惑に負けたり他人からの期待に迎合したりしてしまう人は多い。

親や配偶者や上司や教師が「〇〇になりなさい」と言うとき、それは彼らの目から見た理想像であって、「あるべき像」を押しつけていることになる。それを受けいれれば、当人は箱に閉じこめられることになる（社会学者マックス・ウェーバーは、これを「鉄の檻」と呼んだ）。組織でも同じだ。会社が個々の社員の夢や成功を無視して「昇進と出世こそすべて」という前提で動くならば、職場が社員に「あるべき像」を押しつけることになってしまう。

そうした状況が続くと、理想像はぼやけはじめ、夢が見えなくなってくる。社員は借金の返済に追われ、子供の教育費の捻出に苦労し、一定のライフスタイルを維持するのに汲々として、自分が夢に向かって進んでいるかどうかなど考えず、とりあえず前に進むだけになってしまう。情熱を感じなくなり、目の前のことしか見なくなる。典型例は、伝統が強く残る文化の中で育てられた専門家などによく見られる。彼らは、親に言われたとおりの道を歩む。われわれの知りあいのインド人は、そういう家庭に生まれ育った。彼は音楽が大好きだったが、家族が望むままに父親のあとを継いで歯医者になった。が、結局、ムンバイで開業していた歯医者をやめてニューヨークに出てきた。そして、シタール奏者として日々の糧を稼いでいる。とても幸せそうだ。

「あるべき像」と「理想像」を取りちがえて納得できない生き方をしてしまう可能性は、誰にでもある。だからこそ、リーダーシップ育成のプロセスにおいて自分の理想像を見出すステップが重要になってくるのだ。しかし、リーダーシップ育成プログラムの多くは職場におけるパフォーマンスの向上だけを念頭に作られており、学習目標を本人の夢や希望に結びつけるという大切な部分を軽視している。本人の理想像とトレーニングが押しつける目標とのギャップがあきらかになったとき、プログラムは無気力や反抗という結果に終わることになる。

ビジョンのないところに情熱は生まれない

ソフィアはヨーロッパ北部の電話会社のシニア・マネジャーだったが、リーダーシップ能力を向上させるためにいろいろ努力していた。セミナーに参加し、本を読み、メンターから指導も受けていた。学習計画を作り、長期的・短期的目標も立てた。やるべきことは、わかっていた――ただ、どの計画もしっくり感じられず、二、三週間たつと引き出しの底へしまいこまれてしまうのだ。「誤解しないでくださいね」ソフィアは言った。「わたしは、この仕事で成功したいと思っています。でも、これまでのキャリア・プランは、どれも、わたしにとって大切なことにあまり関係していないように思えてしまうのです。仕事上大切だからこれこれの能力を伸ばそう、というだけでは、あまりやる気になれないのです」

リーダーシップ開発プログラム経験者の中でソフィアのように感じた人は少なくないと思う。問題は、こうしたプログラムの多くが前提からまちがっていることだ。リーダーシップの育成とは、本来、「キャリア・プランニング」よりずっと広い視野を持ってスタートすべきものなのだ。すべての要素を考慮に入れて人生全体を見渡せる場所からスタートすべきなのだ。ビジネス・パフォーマンスの向上をめざすには、本気の努力が必要だ。そのためには、自分にとってほんとうに重要な目的のために努力する、という意識を持てることが大切だ。

そこで、ソフィアには将来のある時点を選んでもらい、その日、自分が何をしていて、どこに住んでいて、誰と一緒にいて、どんな気持ちでいるか、自由に想像してもらうことにした。「将来のある時点」とは、現在から八年ないし十年先の特定の日だ。八年ないし十年先には、人生は変わっているだろう。同時に、それはある程度想像できる距離の将来でもある。ソフィアは、二〇〇七年八月を選んだ。いちばん上の子供が大学に進学して家を離れる時期だ。ソフィアは、二〇〇七年八月のある一日のようすを、一人称でいま実際に起こっているように書いた。自分の価値観や夢や将来像など、ソフィアには人生のあらゆる分野について意識的に考えて書いてもらった。なかなか説得力のある将来像が書き上がった。

わたしは自分の会社を経営しています。従業員十人の、よくまとまった会社です。娘とは良好でオープンな関係を楽しんでいます。友人や仕事仲間とのあいだにも、同じように信頼できる人間関係ができています。わたしはリーダーとしても親としてもリラックスした幸せな日々を過ごしていて、自分の周囲の人々に愛と力を与える存在になっています。

自分の人生を総合的に展望したおかげで、ソフィアは人生のいろいろな要素がどのように関わりあっているかが見えるようになった。そして、この夢を現実にするための計画作りが仕事への熱意を高め、自分を元気づけてくれるのを感じた。最後に、ソフィアはこう言った。「これまでずっと、わたしは自分がストレスを感じていると他人にうまく対処できなくなる短所がありました。職場ではペースセッター型のリーダーになりがちでした。でも、こうして全体を眺めてみると、娘との問題も、一部は同じ原因から来ているのだとわかりました」。このあと、ソフィアは新しく見えてきたことをもとに、ストレスへの対応能力を向上させるための努力目標を考えはじめた。

四十歳以下の若いリーダーには、それより上の世代と比較してみると、仕事だけでなく人生のいろいろな要素を考慮に入れたより全体的な視野に立つ目標を持っている人が多い。ジェネレーションX

（一九六五〜七七生まれの世代）やジェネレーションＹ（一九七八年以降に生まれた世代）を対象とした調査が指摘するように、二十代および三十代の若者たちは昔よりもバランスの取れた人生観や職業観を持っている。いろいろなものを犠牲にしてきた親の世代を反面教師にしたのだろう。若い世代は、心臓発作や離婚や失業に直面しなくても、自分の人間関係や精神生活や地域社会との関係や健康問題を考えている。もっと上の世代にも同じ結論にたどりつく人間はいるが、彼らの場合は、寄る年波を感じたり人生や職業における「中年の危機」に陥ったときに目がさめた、というケースが多い。

「理想の自分」を見出すうえで価値観が重要なことは、はっきりしている。が、価値観は、結婚、子供の誕生、あるいは失業など、人生の節目ごとに変化していく場合もある。むしろ、価値観よりも不変なものは人生観だろう。人生観は、価値観の基礎だ。したがって、その人がどのようなリーダーシップ・スタイルに傾斜していくかを決定する要素でもある。目標達成を最重視するリーダーはペースセッター型に傾斜しやすく、民主型アプローチを時間の無駄と見るだろう。自分の根底にある人生観を理解することによって、「理想の自分」にどのような価値観が反映されているかが見えてくる。

たとえば、あるコンサルタントは、重要な価値観として「家族」をあげた。が、彼は週に五日出張して、妻や二人の子供と離れて暮らす。それでも、彼に言わせれば、家族のために十分な金を稼いでいるのだから価値観に沿って生きているのだ、ということになる。対照的に、やはり「家族」を重要な価値観に挙げたあるメーカーの管理職は、毎晩妻や子供とともに夕食をとるために昇進を断った。

こうした差異は、自分の価値観をどこまで理解しているか、どこまで価値観に沿って行動するか、あるいは価値観をどう解釈するか、という点のちがいが表れたものだ。当然、人材や組織や活動に対する評価のしかたにも大きな差異が出てくる。それは経営哲学の反映である場合も考えられる。典型的な経営哲学として、実用派、知性派、および人道派があげられる。どのタイプが「より優れている」ということはないが、行動や思想や感情にはっきりとしたちがいが認められる。

アイデアにせよ、努力にせよ、人間にせよ、組織にせよ、「有用性」こそが価値を決める基準だ、と考えるのが実用派だ。このタイプは、人生とは大半が自己の責任に帰するものだ、と考えている。そして、ものごとの価値を数字で測ろうとする。したがって、EQの中でも自己管理に高い能力を示す。残念なのは、個人主義的志向のせいでペースセッター型に陥りやすいことだ。

たとえば、オラクル・コーポレーションのペースセッター型リーダーとして知られるCEOラリー・エリソン。彼は情け容赦なしにマーケット・シェアの拡大をめざし、従業員たちに「ライバルをつぶせ、市場から追い出せ」と檄を飛ばすことで知られている。また、自社の業績の伸びをつねにライバルとの格差で測っている。スピーチやインタビューにも、実用派の姿勢がはっきりと表れている。

知性派は、人間や物事や世界がどう動くかをイメージ化して理解し、先を読み、心の準備をしておこうとする。知性派は、論理にもとづいて意思決定する。ものごとの価値は、合理的なガイドラインに照らしあわせて評価する。このタイプは、もっぱら認知的能力に頼り、社会的能力は捨象してしまうきらいがある。たとえば、「エレガントな解法だったら、みんな信じるに決まってるよ。メリットをわざわざ説明する必要なんかないさ」と言ったりする。十分に合理的な未来を描くビジョンさえあれば、このタイプはビジョン型リーダーシップを発揮することもできる。

テクノロジーの力でより良い未来の暮らしが実現すると語るシスコシステムズのCEOジョン・チ

ェンバーズは、知性派の典型だ。チェンバーズは、たとえば、冬に人が暖かな室内から出て車に乗りこむときに集積電子回路システムが衣類の温度を調節してくれるようになるだろう、といった話を熱心に語る。彼はシスコシステムズなら未来のモデルを作ることができ、その中で誰もがより良い社会に貢献できるようになる、と、自分の信じるところを堂々と語るのだ。

人道派タイプの中核をなすのは、親密な人間関係こそが人生に意味を与えうる、という考え方だ。人道派は家族や親友を他の人間関係よりも重視する。事業や活動の価値は、それが自分の大切な人間関係にどう影響するかで決まる。職場でも、仕事やスキルの習得よりも忠誠心を重視する。実用派が「多数のためなら少数を犠牲にする」道を選ぶのに対し、人道派のリーダーはどの人も等しく尊重しようとする。当然、社会認識と人間関係の管理に優れている。したがって、人道派は人間の相互関係を重視する民主型、関係重視型、あるいはコーチ型のリーダーになりやすい。

たとえば、インドのバンガロールに本社を置くインフォシス・テクノロジーズを設立したＣＥＯナラヤナ・ムルティーは、民主型リーダーシップを発揮して従業員が満足して働ける環境を作ることを目標のひとつにしてきた。その結果、インフォシスは注文ソフトウエア開発とメンテナンスの業界で最も従業員満足度の高い企業のひとつに成長した。実際、ムルティーは自らを「頭は資本主義者、心は社会主義者」と形容している。

人生の根本原則を見つけよう

自分の人生において重要だと思う領域を考えてみましょう。たとえば、家族、人間関係、仕事、精神性、健康など。それぞれの領域であなたにとって最も重要な価値観は何でしょうか。仕事や人生において、あなたの指針となっている根本原則を五つか六つ考えてみてください。それらは、あなたにとってほんとうに意味のある価値観でしょうか。それとも、ただ口に出してみるだけの言葉でしょうか。つぎに、これからの人生でやりたいことを、紙一枚か二枚に書いてみてください。一ページから二十七ページまでページ番号をふって、死ぬまでに経験してみたいことをリストアップしてもかまいません。優先順位や現実性などを気にする必要はありません。何でも思い浮かぶことを書いてください。

この演習は、実際にやってみると思ったより難しいはずです。というのも、人間は、明日までに、来週までに、来月までに「やらなくてはならないこと」のほうを先に考えてしまうからです。けれども、近い先に焦点を合わせていては、緊急なことが見えるだけで、大切なことは見えません。遠い先に焦点を合わせて考えると（たとえば、死ぬまでに何をしておきたいか）、新しい可能性の世界が開けてくるものです。実際にこの演習を体験したリーダーたちの記録から、驚くべき傾向が見えてきました。ほとんどの人がキャリアに関する目標をいくつか挙げたものの、彼らのリストの八十パーセント以上は仕事とはまったく無関係な目標だったのです。この演習を終えて自分が書いたリストを眺めてみると、ほんとうの夢や希望が見えてくるはずです。

理想は変化しつづける

人の夢や希望はキャリアにつれて変化し、人生や仕事において大切だと思うことも変わっていく。同様に、「理想の自分」も人生につれて多面化していく。こうした変化によって、どの才能や能力を発揮するかが決まるだけでなく、どのような状況で才能を発揮する意欲が湧くか、どのようなときに共鳴を引き出すことができるか、なども決まってくる。自分の夢や大切なことが変化しているのに、それを無視して同じことを続けていれば、進むべき道を誤る可能性もある。

中年にさしかかったリーダーが突然辞任を表明して他の仕事に移るのは、こうした理由が多い。目標としてきたことをほぼ達成したとき、リーダーはそれまでの仕事に熱意をもてなくなり、新たなエネルギーをかきたててくれる新しい理想を求める。ピーター・リンチもそんな一人だ。フィデリティ・マジェラン・ファンドのトップ経営者として成功の絶頂にあった時期に、リンチは辞任を発表した。新しく会社を買い取るためではなく、妻とともに慈善活動の基金を設立するためだ。「これまで一応うまくいったので、もう一度、何かを成功させたくなった」と、リンチはコメントした。精力的で革新的な気持ちが残っているうちに再スタートしたい、ということだ。

リーダーとしてビジネスで成功をおさめた能力を活かして、他の分野に転身し新たにエネルギーを投じようとするリーダーの例には事欠かない。セラニーズの元ＣＥＯジョン・マコーマーは、公務員に転身して輸出入銀行総裁となった。モービルの人事担当役員だったレックス・アダムズは、デューク大学経営学大学院の学長に転じた。二人とも、キャリアが進むうちに理想像が変化していった例だ。

理想像はその人の情熱や感情や動機と不可分一体のもので、人生に何を求めるのかを最も深く掘り下げて表明したものだ。その理想像が決断を下すときの指針となり、同時に人生に対する満足度を測るバロメーターになる。

ただし、リーダーは、リーダーとして組織を率いていこうとするならば、自分ひとりの理想像だけでは十分でない。リーダーは、組織の理想像を提示しなければならない。目的意識や方向性がなくては、組織全体に興奮が伝わっていかない。個人の理想像が組織全体の将来像へと発展していくことが肝要なのだ。全体のビジョンをまとめあげるには、リーダー自身が他者の希望や夢に対して心を開いていなければならない。

リーダーとは「希望を売り歩く人」

スイスのある銀行で頭取を務めるユルゲンは、コミットメントの危機に直面していた。銀行の業績は悪くないが、トップ経営陣のなかには仕事ぶりに熱意が感じられない役員や適格性を疑うような役員が何人かいた。が、ユルゲンとしては、銀行の伝統を破ってまで退任を要求する気にはなれなかった。しかも、銀行内の各部門の実態も把握できていなかった。誰一人としてユルゲンに正しい情報を上げてこないのだ。まるで、皆、何か言って問題を起こすことを恐れているみたいだった。ユルゲンは無力感にさいなまれ、職場は楽しい場所ではなくなった。このままでは辞任するしかない、という思いが胸をよぎった。

が、われわれのコンサルティングを受けるようになって六カ月たったころ、ユルゲンは頭取としてのエネルギーや意欲を奮いたたせてくれるビジョンを構築することができた。しかも、それが部下たちにも伝わった。ユルゲンはまず自分の内面に目を向けて、仕事の内外における人生や個人的ビジョンについて深く考えることから始めた。その一方で、銀行の現状を明確に見据え、なぜ満足を感じられなくなったのかを考えた。現実と理想を比較してみることで、ユルゲンの視界が明瞭になった。たしかに不安もないわけではなかったが、何を変えるべきかがはっきりした。そこで、ユルゲンは最も重要な点を自問した。「ここにとどまって困難な仕事に取り組もうという気持ちを支えてくれるだけの愛情を、自分はこの銀行と行員らに対して抱いているだろうか？」

ある夏の朝、ユルゲンは友人と二人でアルプスの湖岸へハイキングに出かけ、自分の胸の内にある不安を正直に語った。会社に必要な変革をもたらす力が自分にあるのだろうか、と。ユルゲンは過去、現在、未来を見つめ、これまで何年も共に働いてきた人々のことを考えた。直面する問題と自分のコミットメントについて考え、すべてを建てなおせたらどんなにいいだろう、と思った。自分の理想像について深く考え、銀行に戻って本気で闘ったら何を変えられるだろうか、と真剣に自問した。ハイキングから帰ってくるころには、結論は出ていた。「やるぞ」「やる」と決めたら、元気が湧いてきた。胸の内のどこか深いところで眠っていたリーダーシップへの情熱を、ユルゲンは再び引き出したのである。情熱は勇気につながり、それを力にユルゲンは困難に立ち向かっていった。

自分の理想像をあきらかにし、ほんとうに歩みたいと思える道を確認するためには、自己認識のＥＱが必要だ。が、いったん理想像があきらかになれば、希望が生まれて、沈滞した習慣を打破することができる。ナポレオンが言ったように、「リーダーは希望を売り歩く人」なのだ。リーダーは、自分の内面を見つめて希望の源泉を探り当てなくてはならない。そこに自らの理想像を目覚めさせるパワーがあり、そこから組織全体の理想があふれ出て、皆をひとつの方向へ導いていくのだ。ただし、このようなリーダーシップを発揮するにはビジョンだけでは不十分で、自分が直面している現実をはっきりと見る能力も必要となってくる。

第二の発見――現実を見るか、茹でガエルになるか

煮えたった湯の中にカエルを放りこめば、カエルは本能的に飛び出そうとする。ところが、鍋に水をはり、そこにカエルを入れて少しずつ水の温度を上げていくと、カエルは水が熱くなっていくのに気づかず、沸騰するまでじっとしている。そして茹であがってしまう。決まりきった日常や習慣の積み重ねにどっぷり浸っているリーダーたちも、この茹でガエルとたいしてちがわない。

ジョン・ラウアの例を見てみよう。彼がBFグッドリッチの社長に就任したとき、これほど社内が停滞することになろうとは誰も想像しなかった。背が高くハンサムで笑顔が魅力的なラウアは就任と同時に精力的なリーダーシップを発揮し、民主型およびビジョン型リーダーとして手腕の冴えを見せた。主要部門のトップ経営陣を集めたミーティングで、ラウアは議論に注意深く耳を傾けたあと、会社の現在の力を統合すると同時に世界市場においてもより有利なポジションを狙うためのビジョンを提案した。出席者たちは一様にうなずき、ラウアのビジョンに意欲をかきたてられた様子だった。それから数年間にわたる会社の再建期を通じて、ラウアは優秀なリーダーシップを発揮し、優れたチー

ム・プレーヤーとしてトップ経営陣をまとめていった。

ところが、ＢＦグッドリッチの舵取りを任されて六年ほどたったころ、ビジネススクールに招かれてＭＢＡたちを前に講演をおこなったラウアの姿からは、カリスマの衰えがはっきりと見て取れた。ビジネスやマネジメントに関する講演だったが、話はどれも通り一遍で、退屈でさえあった。かつて会社全体に伝わっていた興奮は、すっかり消えてしまっていた。

知らないうちに茹だってしまったカエルと同じく、ラウアも大企業の日常がもたらす失望や挫折や退屈に慣れて、仕事への情熱を失っていったのだ。ビジネススクールでの退屈な講演から数カ月後、ラウアはＢＦグッドリッチを辞めた。会社人間の人生に終止符を打ち、もっと意義を感じられる人生を求めて、ラウアはハンガリー救済組織に深く関わっていた妻イーディの仕事を手伝うことにしたのだ。

自分がリーダーとしてのエネルギーや興味を失った現実に直面して、ラウアは第二の発見につながるプロセスに足を踏みだした。すなわち、「理想の自分」を見出したあとに、「現実の自分」を見極める作業にとりかかったのだ。このプロセスを通じてラウアは自分の内面を深く見つめ、リーダーとしての自分を再発見することになる。

ＢＦグッドリッチを辞して二年後、ラウアは経営学博士号を取得する課程でリーダーシップ育成セミナーを受講した。この時点で、ラウアは、依然として会社経営に戻る気持ちはない、と言明していた。それはもう過去のことであり、新しい人生への入口を求めて博士号を取ろうとしているのだ、と。先の見通しはなかったが、ラウアは楽観的だった。

セミナーのあいだ、ラウアは自分の価値観、哲学、抱負、長所などについて深く考えた。人生のこれからの十年間を考え、自分の能力を考えてみると、自分がそれまでリーダーの役割をどれほど楽しんできたかがよくわかった。会社の舵取り役として有能な仲間たちとともに働いた日々の興奮がよみがえった。そしてある日、再びCEOの仕事に取り組みたい、という気持ちになった。博士号をめざして勉強していたあいだに考えたことを応用できる仕事ならば楽しく働けるだろうと思った。

ヘッドハンターからの誘いを何件か検討した結果、ラウアは二億五千万ドル規模の原材料加工会社オーグルベイ・ノートンに経営トップとして迎えられることになった。ラウアは従業員たちの声に耳を傾け、経営陣にも同様の努力をするよう指導して、民主型リーダーシップの模範を示した。そして、会社の目標となるビジョンをくりかえしはっきりと伝えた。役員の一人は、「ジョンはわれわれの意欲を高め、自信を強め、最高の仕事をしようという熱意を引き出してくれます」と語った。オーグルベイ・ノートンは砂利や砂を扱う地味な会社だが、ラウアが就任して一年もたたないうちに業績が目ざましく向上したので、フォーチュン誌やビジネス・ウィーク誌やウォールストリート・ジャーナル誌がこぞって特集を組んだ。

そもそもラウアがBFグッドリッチを辞する決心をしたのは、自分の人生のビジョンが現実と乖離していることに気づいたからだ。それが第一の発見、すなわち「理想の自分」の発見だ。さらに、自分が置かれた現実を直視し、自分の長所を見極めたことが第二の発見だ。こうしてラウアはリーダーとしての熱意を取りもどし、それまでとはちがう形でリーダーシップを発揮する場を得て、再び前進しはじめたのだ。

現実の自分はつかまえにくい

現実の自分を評価する作業は、自分の才能や熱意がどこにあるかを見つめなおすことから始まる。この作業は、意外に難しい。習慣の積み重ねから生まれた精神の弛緩を克服するだけでも、かなりの自己認識が必要だからだ。決まりきった日常の中で変化は少しずつ進んでいくので、現実を把握するのはなかなか難しい。そのうちに、鏡が曇るように自分が見えなくなっていく。そして、気づいたときには、現実は惨憺たる状況を呈している。「気がついたら、なりたくないと思っていた人間になっていたんです」と、われわれがコンサルティングをしたある経営者（エンジニア）は語った。

知性に不足のない人たちが、なぜこのようなことになるのだろうか？　なぜ理想の自分を忘れてしまうのだろうか？　気づかないうちに妥協と自己満足を重ねて深刻化していく「茹でガエル症候群」は、現実の自分を正確に認識するうえで、おそらく最も手ごわい罠だろう。周囲には見えているのに、本人だけが見えなくなってしまうのだ。

ほんとうの自分が見えなくなる原因は、いろいろな要素が絡みあっている。そもそも、人間の精神自体が自己イメージを傷つけるような情報を拒絶する傾向を持っているのだ。これは自我防衛機構と呼ばれており、人生を生きやすくするために情動面で自分を守るメカニズムだ。が、そのプロセスで、重要な情報（たとえば、他人が自分の行動にどう対応しているか、など）が隠されたり捨てられたりしてしまう。そのうちに、無意識が紡ぎだす自己欺瞞が心の中に居座り、そのために障害が生じるようになる。

もちろん、自我防衛機構にはそれなりの利点がある。たとえば、社会的に地位の高い人々の大半は、自分の先行きや可能性について普通の人々よりも楽観的な見方をする。世の中がバラ色に見えるレンズが、仕事に対する熱意やエネルギーをかきたてているのだ。問題は、この防衛機構が度を越したとき、現実の自分がゆがんで見えてしまう点にある。

劇作家イプセンは、自己欺瞞のことを「致命的な嘘」と呼んだ。目に心地よい虚構を信じてその下にある不安な現実を見ようとしない態度を形容した言葉だ。

ローガン・テスト

おじさんの家へ一週間遊びに来た九歳のローガンは、毎朝早起きしようと目覚まし時計をかけて寝た。ところが、おじさんが忍び足で階段を下りていく足音がした瞬間に、朝の五時であろうと五時半であろうと、ローガンはベッドからとび起きた。毎日が楽しみで、一秒でも長く寝ているのが惜しかったのだ。ローガンの母親から「あの子はいつも朝七時半か八時ごろに起きます」と聞いていたおじさんは驚いた。ローガンが眠っている早朝のうちに仕事を片づけようと思ったのに、起きたとたんに子供が駆けてくるからだ。

「ローガン・テスト」は、自分が茹でガエルになっているかどうかを手軽に判断する指標になるかもしれない。自分が最近どう行動しているか自問し、昔の自分と比べてどうか考えてみるといい。朝、寝ている時間が惜しくて元気一杯でとび起きるだろうか？　昔と同じようによく笑うだろうか？　私生活は以前と同じように楽しいだろうか？　仕事は？　仕事や人間関係や人生全般に関して、将来のことを考えても元気や希望が湧いてこないようならば、現実の自分が理想像から乖離しているおそれがある。そろそろ現実の自分を見つめてみる時期かもしれない。

なぜ、自己認識は歪んでしまうのか

自己欺瞞は、自分を見る目を歪めてしまう危険な罠だ。人間は、どうしても歪んだイメージを追認してくれる情報に重きを置き、そうでない情報を無視しようとする。ただし、歪んだイメージは、必ずしも自分に甘い評価ばかりではない。

たとえば、非常に優秀で同僚からも認められているリーダーが自分では自分をさほど高く評価しない場合がある。謙遜というわけではなく、自分に対して非常に高い達成基準を課しているせいだ。そのため、成功していることよりも成功できていないことのほうに目が行ってしまう。

自己認識の歪みを矯正するいちばん確かな方法は、言うまでもなく、周囲の人々から正しいフィードバックを受けること――実に単純なことだ。周囲を見れば、フィードバックを与えてくれそうな人は数多くいるだろう。ならば、正しい情報を十分に得て歪んだ自己認識を正していくことなど簡単なはずだ。なのに、なぜ、そうでない人が多いのだろう？

ひとつの理由は、前章で述べたＣＥＯ病だ。ＣＥＯ病のせいで、リーダー自身の行動やリーダーシップ・スタイルについての評価はもちろんのこと、組織の現状に関する重要な情報も、リーダー本人の耳に届きにくい。理由は、リーダーの怒りがおそろしいから、悪いニュースを伝える役目を負いたくないから、良きチーム・プレーヤーに見られたいからなど、さまざまだ。

が、ＣＥＯ病に悩まされるのはＣＥＯだけではない。「リーダー」と呼ばれる立場にある人間は、多かれ少なかれ、重要なフィードバックを得にくいものだ。誰でも他人の行動について忌憚のないフィードバックを与えるのは気分の良いことではないからだ。他人の感情をわざと傷つけたいと思う人間は、あまりいない。が、相手を傷つけず生産的な言い方でフィードバックを与えるにはどうすればいいのか、それもわからない。そのため、「感じよく」しようと気をつかいすぎて逆効果になってしまうのだ。が、「感じよくすること」と「行動やスタイルに関して正確な情報を与えること」を混同すると、フィードバックは無意味になってしまう。

「感じよくすること」の弊害

パリのあるビストロのオーナー兼シェフが、白い仕事着にコック帽で戸口に立っていた。一組のカップルが店にはいってきて、笑顔で言った。「こちらのオーナーは、あなたですか？」

「そうです」シェフが答えた。

二人の客は店の雰囲気や飾り皿のディスプレイなどを見回したあと、シェフに向かって、「すばらしいお店ですね。雰囲気もすてきだし、味もすばらしい！」と言った。

シェフは、「お食事を召し上がってからおっしゃっていただけると嬉しいです」と答えた。

オーナーにとって、賞賛の言葉は嬉しいものだ。が、シェフはお世辞でなく本心からの賛辞がほしかったのだ。同様に、組織においても、他者にフィードバックを与える立場の人間は、相手に感じよくすることと有益なフィードバックを与えることとを混同しやすい。とくに、リーダーの場合は問題だ。

何年も前から、一部の行動心理学者のあいだでは、パフォーマンス・フィードバックから評価を除外したほうがよい、という主張がある。評価を除外すれば不快感を与えることが少なくなるからフィードバックがより有益に活かされる、というのだ。毒を抜けば、フィードバックを受ける側も聞きやすくなるだろう、という理屈だ。

しかし、評価を除外することによって実際にはフィードバックの情報価値が落ちてしまうことが、マサチューセッツ工科大学の研究であきらかになった。可も不可もつけない意見では、重要な感情的要素を含むメッセージが抜け落ちてしまうのだ。この研究は組織行動学の入門講座の一部として実施されたもので、ＭＢＡの学生たちに各々目標を決めて十五週間にわたって自己変革の努力をしてもらい、毎週の授業でグループごとに互いの向上をフィードバックしあう、というものだった。学生には、毎週の授業の終了時に、その日に有益だったフィードバックを三点挙げてもらった。

当時注目されていた主張とは反対に、評価を排除したフィードバックよりも率直な評価を含んだフィードバックのほうが役に立った、という意見が多かった。自分の行動がどこかで他者に見られ評価されているという意識は、多かれ少なかれ誰もが持っているわけだから、毒を抜いた評価を聞かされるよりも率直な評価を知りたいと思うのは当然だろう。無害化したフィードバックをもらっても、向上のために必要な情報が抜き取られているのでは、かえって逆効果だ。

ＥＱの高いリーダーは、肯定的なフィードバックも否定的なフィードバックも熱心に求める。より良いパフォーマンスを発揮するには、耳に心地よい情報も耳に痛い情報もすべて必要だと知っているからだ。

真実にたどりつくために

リーダーとして十分に力を発揮するためには、自分を取り巻く情報フィルターに風穴を開けなくてはならない。リーダーに向かって「やり方が厳しすぎる」とか「もっとビジョンを示してほしい」とか「もっと民主的にやってほしい」などと声を上げる人間は、ほとんどいない。だからこそ、リーダーは自分から真実を求めなければならないのだ。

優秀なリーダーは、どのようにして真実を見極めるのだろうか？　四百人近い重役を対象にした研究によると、自己認識や共感のＥＱを発揮して自分自身の言動をモニターしたり周囲の反応に目を配るのがひとつの方法だという。優秀なリーダーは、自分の考え方やリーダーシップに対する批判に対してオープンだ。彼らは批判的なフィードバックに進んで耳を傾け、異見を尊重する。対照的に、優秀でないリーダーは、肯定的なフィードバックを歓迎する。したがって、リーダーとしての自分のパフォーマンスを正しく評価できない。非常に優秀なリーダーの場合、自己評価と他者による評価はきわめて近い。

上司、同僚、部下を対象に「多面観察調査」を使って実施した数千のアンケート結果を集計したところ、自己認識の正確さや総合的な能力の高さを予測するうえで、肯定的な意見だけでなく否定的なフィードバックも求めるかどうかが決め手になることがわかった。リーダーとして改善すべき点を自覚していれば、そこに留意できるからだ。反対に、肯定的なフィードバックばかり求めるリーダーは、自己認識が不正確で能力も低い。

そうしてみると、能力を伸ばし優秀なリーダーでありつづけるためには、批判を進んで求めることが重要と考えられる。が、誰にそうしたアドバイスや耳の痛いフィードバックを求めればいいのだろう？　リーダーは、どうすれば真実にたどりつけるのだろう？

リーダーとしての長所と短所をつかめ

これまで見てきたように、自発的学習における第一の発見は、理想の自分像を明確にすることだ。そして、第二の発見は現実を見極めること——自分が自分をどう見ているか、他人が自分をどう見ているかを知ること——から始まる。ただし、第二の発見を完全なものにするには、自分のリーダーシップの長所と短所を理解する必要がある。すなわち、理想と現実が一致している点と乖離している点を理解することだ。

ここが、自発的学習の真のスタート地点だ。自分が評価し保持したいと望む部分と、改善したり変えたいと思う部分を整理すること。そうした自己認識を持つことによって、人間は変わることができる。保持していきたい部分と変革しなければならない部分は、たがいに照らしあわせて考える必要がある。長所が短所の原因となっている場合もあるからだ。たとえば、イニシアチブが強すぎて、ときに感情のコントロールが不十分になってしまう場合などだ。あるいは、短所がその人の長所に起因する場合もある。たとえば、インスピレーションが豊かで特定のビジョンに執心しすぎるあまり順応性を欠いてしまう、というようなケースだ。

リーダーとしての長所（保持すべき部分）は、現実と理想が重なる部分にあたる。現実がリーダーとしての理想に届かない部分は、言うまでもなく「短所」だ。現実の自分と理想の自分を突きあわせる作業は、ジグソーパズルに似ている。最初はいちばん目立つピースから手をつけ、そのあと他の部分をひとつずつ埋めていくのだ。初めのうちは行き先が見えないが、ある程度ピースが場所におさまると、全体像が見えてくる。

「多面観察調査」で盲点を補う

ＣＥＯ病の例からもわかるように、リーダーとして自分の長所と短所を自覚する作業は容易ではない。能力向上をめざすリーダーは、まず他者の視点を借りて自分の現実を見定める努力から始めるべきだろう。それは、「多面観察調査」によって可能になる。上司、同僚、部下など多くの人たちから情報を集めることによって、自分のコンピテンシーを複眼的・総合的にとらえるのだ。その結果が現実を正確に反映できるかどうかは、㈠「多面観察調査」に参加する人々があなたと定期的に接触する機会を持っているか、㈡あなたがその人たちに自分のほんとうの姿を見せているか、によって決まる。

いろいろな人たちからフィードバックを受けることによって、より完全な自分像を描くことが可能になる。見る人の種類や立場が異なれば、見える像もちがってくるものだ。事実、配偶者あるいはパートナーからのフィードバック、上司からのフィードバック、および部下からのフィードバックを比較してみると、それぞれに異なる側面をとらえていることがわかる。

たとえば、タルサ大学のジーン・ハリス教授とジョイス・ホーガン教授がトラック輸送会社で中間管理職層を対象に「多面観察調査」を実施した結果によると、部下から中間管理職層に対する評価では「誠実さ」の項目が最も高く、上司から中間管理職層に対する評価では「感情的安定」の項目が最も高かった。中間管理職層による自己評価では「対人関係の成熟度」の評価が最も高かったが、部下も上司もその項目については最低に近い評価をつけていた。部下と上司の評価が一致したのは、中間管理職層の「フィードバック能力」を最低と評価した点だった。このように、複数の視点からのフィードバックは、自己評価の盲点を補うと同時に、単一視点からのフィードバックの偏りを補うこともできる。

ネブラスカ大学のフレッド・ルーサンズは、「成功」と「優秀さ」は一致するか、という視点から中間管理職を対象に調査を実施した。「成功」の度合いは、昇進、昇給、および全報酬額を基準に算定した。一方、「優秀さ」の度合いは、職場の利害関係者（とくに長期的観点から対象を見ていると思われる部下たち）の多数意見が基準になった。その結果、上司は中間管理職のリーダーシップ能力として人間関係の構築、コミュニケーション、影響力などを重視していることがわかった。どれも、彼らがその地位まで昇進するために発揮してきたコンピテンシーだ。一方、部下たちは、育成力、チームワークや協調体制の構築、共感などの能力を高く評価していることがわかった。これらは、部下たちを指導するのに活用するコンピテンシーだ。

上司と部下でこれだけ評価がちがうことを見ても、「多面観察調査」の有用性が理解できると思う。優秀なリーダーは、必要に応じてコンピテンシーを使い分けている。部下も、同僚も、上司も、顧客も、家族や友人も、それぞれリーダーが備え持つレパートリーの一部を見ているだけなのだ。

この中でリーダーの優秀さを正確に言い当てているのは、上司による評価よりも、むしろ部下や同僚たちによる評価のようだ。たとえば、官公庁の組織でリーダーの優秀さについて長期的に研究したところ、リーダーの二年後および四年後の「成功」や「優秀さ」と最もよく合致したのは、部下による評価だった。七年後の時点でも、部下による評価は上司による評価よりはるかに当たっていた。アセスメント・センターが実施したパフォーマンス・シミュレーションにもとづく詳しい評価と比較しても、部下による評価の正確さは少しもひけをとらなかった。

短所に振りまわされるな

フィードバックによって自分の現実をきちんと把握したら、つぎは自分の長所と短所を確認する作業だ。多くの人は、短所のほうに目が行ってしまう。リーダーシップ育成で話題になるのは短所の克服ばかりだからだ。リーダーが問題点に注目しがちなスタイルだと、この傾向が強くなる。とくに、実用派の経営哲学を持つリーダーは達成意欲が非常に強く、そのため短所に注目しすぎる傾向がある。

一方で、自信がないために短所に関心が向いてしまう、というケースもある。自分の能力を過小評価しているせいで、肯定的なフィードバックを信用しなかったり退けてしまったりするのだ。こういうタイプは、「多面観察調査」のデータを見せられても、自分の短所ばかり強調して長所を無視してしまう。

短所を強調すると、前頭葉前部の右側が活発になりやすい。つまり、不安や弁解の気持ちが強くなる。するとモチベーションが下がるので、自発的学習が阻害され、変化のチャンスを逃してしまう。

パーソナル・バランスシート

短所を強調するアプローチには落とし穴があるにもかかわらず、いまだにリーダーシップ育成プログラム（あるいは人事評価をおこなう管理職）の多くは改善すべき部分ばかり強調して、長所を認めることに力点を置かない。

が、それでは、本人が大切にし誇りに思う価値観が見えにくくなってしまう。短所を強調するアプローチは、当人を意気消沈させ意欲を殺すだけでなく、偏ったバランスシートにもつながる。長所は、その人が人生やキャリアにおいてリーダーとして身につけてきた大切な能力だ。その人の経験の総決算であり、その人の身に備わった能力であり、企業のバランスシートに表れる利益剰余金と同じ財産なのだ。

長年にわたって発揮されてきた長所は、ある期間たまたま休眠状態であったとしても、そのリーダーが大切に維持していきたいと思っている特徴だ。そして、リーダーとしての存在を支える内なる力でもある。たとえば、長年にわたってサウスウエスト航空のＣＥＯの地位にあったハーブ・ケラハーはユーモアのセンスあふれる人物で、笑うことも他人を笑わせることも大好きなリーダーだった。そして、その特質をおおいに活用した。陽気な雰囲気は組織の力となり、サウスウエストをライバルと差別化する特徴となった。

職場だけでなく、人生のいろいろな局面で自分と関わっている人々からのフィードバックを集めることによって、自分の特質がより認識しやすくなる。

ここまでで、第一の発見と第二の発見が変化への動機づけにつながることを見てきた。だが、そうした変化をどうやって起こせばよいのだろうか？　変化を起こすためには、自分の長所を活かし、短所を補い、希望や夢を現実にするための計画すなわちロードマップが必要になる。

第八章　理想のリーダーシップをめざして

フアン・トレビノは大手総合エネルギー企業のラテン・アメリカ部門を統括するマーケティング担当重役に抜擢され、母国ベネズエラを含むラテン・アメリカ地域全体で会社を成長させる責任を任された。ところが、リーダーシップ・セミナーの中で「多面観察調査」のフィードバックを受けてみたところ、職務に必要な能力が十分でないことがわかった。それまで目標達成を重視するエンジニアであったトレビノには、コーチ型のリーダーシップ能力が不足していたのだ。担当地域の成長著しい分野において成功をおさめるためには、従業員たちのあいだに協調体制を築くことが不可欠だった。

トレビノは、自発的学習における「第三の発見」の段階にさしかかっていた。リーダーとして新しい力をつけるための具体的計画を作るのだ。計画は、本人が改善したいと考える項目に焦点を当てると同時に、実行可能な内容でなければならない。短所を補う一方で、長所を活かす工夫も必要だ。

コーチ型リーダーシップの能力を向上させるために、トレビノは共感能力を磨く必要があると自覚していた。そのために、日常生活のいろいろな局面で練習してみる決意だった。学習計画の一段階として、トレビノは部下たちを知る努力をしようと考えた。部下をもっと理解できれば、彼らの夢や目標の実現にもっと力を貸してやれるからだ。トレビノは会社を離れたうちとけた環境で一人ひとりの従業員と話しあう計画を立てた。そのほうが、従業員たちも将来の希望について話しやすいだろうと考えたのだ。

トレビノは会社の外にも共感やコーチのスキルを向上させる機会を求めて、娘のサッカー・チームのコーチを引き受けたり、地域の電話相談センターで困窮家庭を援助するボランティア活動に従事したりした。

活動領域が広がったおかげで、トレビノは改善目標に一層集中し注意を払うことができるようになった。まるで新しいメガネをかけて世界を眺めたように、自分が改善すべき点がよく見えるようになった。

事実、人生のいろいろな場面を学習目標に結びつけて考えられる人ほど、練習を積む機会を多く得られる。ケース・ウエスタン・リザーブ大学ウェザーヘッド・スクール・オブ・マネジメントのジェーン・ホイーラー教授がおこなった研究によると、学習目標を立てた人たちの中で、職場だけでなく家庭や教会や地域社会などより多くの相手や状況において練習に励んだ人ほど著しい向上を示したという。しかも、向上した能力は二年を経過してもはっきり認めることができた。

あらゆる機会をとらえて練習に励むほど、向上も早い。人生は、すべて学習の場だ。そして、特定のパフォーマンス水準に目標を定めただけの単純な学習計画よりも、理想と現実を勘案して決めた学習目標のほうが効果的であることも、忘れてはならない。

第三の発見——学習計画を作る

リーダーシップの指導によく使われる「パフォーマンス向上プラン」という表現には、矯正のイメージがついてまわる。しかし、学習目標は短所を矯《た》めることではなく、本人の夢と共鳴できる内容でなくてはならない。「パフォーマンス向上プラン」は結果に重点を置くので、自己防衛意識を招きやすく、夢と結びつく目標を設定したときのようなモチベーションの高まりが見られない。それに対して、「学習計画」は変化の可能性に重点を置き、その変化が最終的には仕事のパフォーマンス向上(さらには人生全般における満足)につながる、という考え方だ。

当然、結果よりも学習に重点を置いたほうが良い成果が得られる。たとえば、コミュニケーション・スキルを向上させるプログラムの場合、学習計画はプレゼンテーションの劇的向上をもたらした。一方、パフォーマンス計画は受講者を守りの姿勢に追いこむだけで、実際のスキル向上に結びつく具体的なステップを示さないケースが多い。

真に優れた学習計画は、自分がどうなりたいか(理想像)を考えさせる。他人が決めた目標を押しつけることはしない。真に優れた学習計画は、受講者にとって意味のあるパフォーマンス基準を設定させる。個々人の目標に合うかどうかに関係なく標準的な達成基準を押しつけるようなことはしない。具体的な習得目標を立てる場合には、モチベーションをかきたて才能を燃えたたせるような夢と関連づけることが望ましい。

一方、結果志向のパフォーマンス目標を与えられると、かえって逆効果になる場合が多い。結果が出せるかどうか不安で懐疑的になるのでモチベーションが阻害され、パフォーマンスの向上につながらない場合が出てくるのだ。セールスのように結果志向の強い分野でも、学習目標を掲げたプログラムのほうがパフォーマンス目標を掲げたプログラムよりも成果が上がった。有意義な自己啓発目標を掲げることは、単に変化を目ざすだけでなく、変化を可能にするための具体的素地を整えることになる。学習の目標は、自分を変えていくための道を開く知的リハーサルのようなものなのだ。

前頭葉前部を活性化させる

フアン・トレビノの例で見たように、特定の目標を設定すれば毎日の生活が学習の場になる。娘のサッカー・チームを指導する時間も、電話相談センターでボランティアをする時間も、会社の同僚たちと向きあう時間も、すべてがEQを磨く機会だ。目標があったおかげで、トレビノは自分の進捗状況をチェックしながらつねに課題を意識しつづけることができた。

克服すべき習慣は何年もかかってほとんど無意識の行動パターンになっているので、いつも意識の表面に置いて努力することが変化を達成するうえで非常に大切なのだ。意識していれば、同僚の話を聞くときも、サッカーのコーチをするときも、取り乱している人の話に電話で耳を傾けるときも、すべてが古い習慣を打破して新しい対応を身につけるための機会となる。

習慣を変える手がかりは、神経と知覚の両方に関係している。ピッツバーグ大学とカーネギー・メロン大学の研究者らによると、人間が頭の中で課題に立ち向かう準備をするとき、前頭葉前部（脳の中で執行機能をつかさどる部分）が活発化するという。この準備段階がないかぎり、前頭葉前部が前もって活動を始めることはない。したがって、事前の準備がしっかりしているほど、課題がうまく達成できる。

旧弊なリーダーシップの習慣をより良い習慣に置きかえようとする場合、こうした頭の中のリハーサルがとくに重要になる。この研究に参加したある神経科学者の説明によれば、習慣化した反応を克服しようと準備するとき、前頭葉前部がとくに活発に働くという。前頭葉前部の興奮は、これから展開する事態に脳が焦点を合わせていることを示す。これがないと、従来どおりの反応が出てしまう。聞く耳を持たない重役はあいかわらず部下の首切りを続けるだろうし、ペースセッター型のリーダーはあいかわらず無理な目標をふりかざすだろう。

リーダーシップ・スキルは、はるか昔に身につけた習慣を無意識のうちに引き出して使う行為なので、旧弊な習慣を取り消すには、いつもコミットメントを持ちつづけ、つねに意識を傾注していなくてはならない。そうした努力を続けるうちに、新しい行動パターンが脳の中で次第に強い回路を形成し、つねに意識していなくても新しい行動が取れるようになる。

ゴールの設定――新しい展望

目標を設定し達成計画を作るのは、べつに新奇な手法ではない。すでにベンジャミン・フランクリンが、日ごと週ごとに善行の目標を立てて良い人間になるプロセスを説いている。ただ、このプロセスには科学の裏づけがあることが、研究の結果わかってきた。

一九六〇年代、ハーバード大学のデイヴィッド・マクレランドは、特定の目標を設定し達成計画を立てて努力している起業家に成功例が多い、という研究結果を発表した。その後、マクレランドの生徒だったデイヴィッド・コルブがマサチューセッツ工科大学で数々の研究をおこない、目標設定プロセスのどの部分が能力を向上させるうえでとくに重要なのかを特定した。

今日の管理職は、目標設定には慣れている。自分の一日の目標を設定し、年間目標達成のための計画を策定し、さらに部下一人ひとりについても同様の目標を設定しなければならないし、そのうえ、部、局、はては社全体の戦略事業目標設定にも参加しなければならない。目標を立てるための道具も、毎日のスケジュール帳からコンピュータソフトの「パームパイロット」まで、実にいろいろある。目標作りに時間がかかって仕事をする時間がない、というぼやきが聞こえるのも無理はない。

これだけ情報や道具があふれている中で、何を選べばいいのだろう？ EQを向上させた人たちについて調べた最近の研究結果から、いくつかキー・ポイントが見えてきた。なかには「あたりまえ」に見えるものもあるが、だからといって「あたりまえ」に実行されているとは限らない。研究結果のキー・ポイントを紹介しよう。

●目標は、その人の短所ではなく長所にもとづくこと。
●他者が押しつけた目標でなく、本人が決めた目標であること。
●自分に合った方法で将来に備えることを可能にする柔軟な計画であること。組織から押しつけられた画一的な計画では、逆効果になる場合が多い。

●実行可能な計画であること。本人の生活や仕事に合わない計画は、数週間ないし数カ月で反古になる。
●本人の学習スタイルに合わない計画はモチベーションを削ぎ、すぐに忘れられる。

これらのキー・ポイントに従うと、これまでの典型的な目標設定がどのように変わるだろうか。

長所を活かす目標を立てよ

急成長中のコンサルティング会社の社長ディミトリオスは、優秀な民主型リーダーだった。自己認識や社会認識の能力に優れ、人間関係の構築、チームワーク、人材育成の能力も備えていた。皆からアイデアを引き出す才能を使って、ディミトリオスは窮地に陥っていた会社を成長株に変えた。が、会社の経営が好転したところで、ディミトリオスはリーダーシップのジレンマに直面することになった。パートナーやスタッフが、これから会社はどこへ向かうのだろうか、と迷いはじめたのだ。従業員たちが求めているのはビジョン型のリーダーシップ、そして成長のモーメンタムを維持するために優先順位に関して厳しい決断を下せるリーダーだった。ディミトリオスの民主型リーダーシップは、あまりに自由放任すぎた。このままではパートナーがそれぞれに自分の好きな方向へ仕事を進め、会社がばらばらになる危険があった。

このとき、コンサルタントの指導を受けてディミトリオスが始めた努力は、長所を活かしながら短所を改善する具体的ケースとして参考になる。コンサルタントとディミトリオスは、まずリーダーシップ・スタイルの短所に目を向けた。ディミトリオスには、影響力や紛争処理に必要な「強気の権力行使」が欠けていた。また、クライアントと接するときにはインスピレーションが豊かで変革を促進する能力もあるのに、職場ではそうした能力を活かしきれていなかった。

社内でビジョン型リーダーシップを発揮できるようになるために、ディミトリオスは自分の会社を大切なクライアントのように扱う、という新しい学習目標を立てた。会社の問題をクライアントの問題に置きかえて自分の長所である社会認識のEQを発揮し、この新しい「クライアント」（会社のこと）は直面する問題にどうアプローチすれば良いだろうか、と考えることにしたのだ。さらに、自分自身に対しても毎日コンサルティング・メモを作り、具体的な解決策を提案した。

二つ目の学習目標は、リーダーシップ・クライシスへの対応だ。ディミトリオスは、あらゆる社内会議においてモラールを高めることを目ざした。小さなグループミーティングにおいても、最初に必ず会社のビジョンや価値観やミッションに触れ、自分たちがなぜこの仕事をしているのかを指摘した。最初のうちは少し照れくさく、ぎこちない感じがしたが、すぐに慣れてきた。ここで、ディミトリオスは二つの長所を活用した。クライアントに対するインスピレーションと、チームワークのスキルだ。たとえば、ミーティングの冒頭で会社のミッションに言及する際に、一歩踏みこんで、出席者からも会社のビジョンに関するアイデアを出してもらう、というようにしたのだ。

自分の長所を活用したおかげで、ディミトリオスは自信を持って学習計画を実行できた。それまでクライアントに対してしてきたことを会社に応用するだけだからだ。それからの六年間で、会社の収益は三倍以上に伸びた。ディミトリオスは自分の長所を活かしてリーダーシップ・スタイルを変えただけでなく、すでにティッピング・ポイントに近いレベル（あとわずかの向上で傑出したパフォーマンスに到達できるレベル）にあった能力にもさらに磨きをかけた。

ティッピング・ポイントの考え方をコンピテンシーの分析に導入した最初の研究者は、デイヴィッド・マクレランドだ。それまでの研究は、「傑出するにはどのようなコンピテンシーが必要か」という視点で問題をとらえていた。マクレランドの新しい視点は、「傑出するにはどれくらいのコンピテンシーがあれば十分か」というものだ。ディミトリオスの場合、鼓舞激励と変革促進の能力は、ティッピング・ポイントに近いレベルにあった。影響力と紛争解決の能力は、ティッピング・ポイントまでかなり距離があった。

もしディミトリオスが自分ひとりあるいは限られた小グループでビジョンを構築してそれを社内に広めようという目標を立てていたら、短所である影響力や紛争解決能力をかなり大幅に向上させなければならなかっただろう。が、自分の現在のスタイルに近い方法で新しい習慣を構築しようと考えたおかげで、優秀なビジョン型リーダーシップの実現がより確かになったのである。

目標は自分で決めよ

住宅金融専門銀行の広報担当副社長マーク・スコットは、リーダーシップ育成プログラムに参加したおかげで三つの点で能力が向上した、と語った。多様な人間をよりよく理解できるようになったこと、多様な相手と効率的なビジネス関係を作れるようになったこと、不慣れな状況にも柔軟に対応できるようになったこと、である。これらの成果は、スコットが二年前に立てた学習目標の最初の三項目に呼応していた。

が、四番目と五番目の項目はどうなったのかと尋ねられると、スコットは、どんな目標だったのか思い出せなかった。そして、答えを聞くと、「ああ、それは上司が決めた目標だ。学習計画を立てるからには自分に足りない部分をぜんぶ入れておかなくちゃだめだ、って言われたんだ」と言った。

あきらかに、他人の考えはスコットの気持ちに共鳴しなかったのだ。この種の失敗は珍しくない。上司や指導者やコーチや配偶者に言われて仕方なく目標を立てた場合だ。変わろうという決意が本心に近いところから発している場合ほど目標達成の可能性が高くなることを、忘れてはいけない。学習意欲を維持していくには、情熱と希望が非常に重要なのだ。目標が遠ければ遠いほど、本人の決意が重要になる。

自分なりのスタイルで将来に備えよ

「わたしは目標を立てたことがありません。キャリアについても、プライベートな人生についても。でも、何をやるにしても、自分が大切だと思っているラインからはずれないようにやってきました」

将来の計画をどのように立てているか、というわれわれの質問に、ある起業家はこう答えた。彼はコンサルティング会社のオーナーであり、仕事でも私生活でも成功をおさめている。

この起業家は自分にとって何が大切か（価値観、信条、人生観など）をはっきりと把握しており、その上に立って将来のことを考えていた。彼の予定表には特定の目標（ある仕事に就く、など）はないが、決断を下す際の指針はあった。彼はレベルの高い自己認識と好機を見逃さない眼力を頼りに人生を歩んでいた。

対照的なのが、ペンシルベニア州北東部にあるブルー・クロスのCEOデニース・チェイザーレだ。彼女は若いころからはっきりとした目標と将来のビジョンを持って進んできた。「大手の会計事務所は、昇進できなければ退職するしかない職場です。だから当然、わたしの目標はパートナーになることでした。その後、医薬品業界に転職したときは、いつか会社のトップに立つことを目標にしました。なりたいと思う目標に視点を定めて、ユーモアを忘れず、自分の価値観をしっかり保ち、目標に向かって一歩ずつ進むのです」

彼女はその通りにした。将来をしっかり見すえながら、節目ごとに立てた目標に向かって努力し、成功をおさめてきた。彼女には周囲の状況を読む能力、達成意欲、変化に対応する能力があった。

一方で、将来の計画は立てない、という人たちもいる。気の向くままに生きる自由を尊重し、歩きながら将来を組み立てていくタイプだ。「先の心配をして時間を浪費したくないんでね」と、ある消費財メーカーの経営者は言う。だからといって、私生活や仕事において成功と縁がないわけではない。ただ、成功というものを「現在」を視点にして考え、その時々の動向分析にもとづいて行動を決めていくタイプなのだ。

こうしてみると、将来の計画を立てるうえで「正しい」方法が決まっているわけではなさそうだ。研究の結果を見ても、人によって千差万別であることがわかる。他人から与えられた学習計画は、たいてい引き出しの底にしまいこまれて忘れられる結果に終わる。将来の計画は万人にフィットする「フリーサイズ」ではないのだ。

どんなスタイルで計画を立てるにしても、そこには習得する価値のあるコンピテンシーが含まれていなければならない。方向性やビジョンを掲げて計画を立てるタイプは、価値観や信条にもとづいて意味のある遠い将来像を描くのがうまい。目標を決めて計画を立てるタイプは、求めるものを手に入れる。社会学の研究によれば、目標は具体的で数量化しやすいものほど達成度が高いという。そういう目標の立てかたを知っていれば、必要な部分にエネルギーを集中することができる。

一方、行動を起こすことに重点を置くタイプは、短期間で高レベルの結果を達成することができる。さらに、自由度が高いぶん、思いがけない発見が創造性につながる可能性もある。

目標は実行可能でなければならない

おそらく、目標を定めるうえでいちばん陥りやすい失敗は、実行不可能な計画を立ててしまうことだ。計画は、仕事や生活のリズムに合ったものでなくてはならない。具体的なEQコンピテンシーと関連づけて目標を定めたほうが効果が長続きすることは、前の章でも述べた。たったひとつ目標を決めて努力するだけでも、劇的な効果を得ることができる。

具体的で実際的な計画ほど、大幅な能力向上につながる。一例をあげよう。スピーチの能力(リーダーのコミュニケーション能力の鍵であり、他の能力の重要な基礎でもある)を向上させたいと考えた人々が立てた具体的な目標だ。

- 月に二回以上フォーマルなプレゼンテーションをおこない、自分の尊敬する同僚に批評してもらう。

●プレゼンテーションの前に、友人に聞いてもらって練習する。
●自分のスピーチをビデオ録画して、上司のアドバイスも得ながら自己批評する。
●「トーストマスターズ・クラブ」に加入し、より効果的なスピーチ術を磨く。
●楽しくわかりやすいスピーチのできる人に話を聞き、どんな準備をしているのか尋ねる。とくに、あがらずリラックスしてプレゼンテーションをおこなうこつを聞く。

どの目標が効果的かは、個人個人の事情による。練習のためには、すでに忙しいスケジュールの中から無理に時間を作らなければならないから、かわりに何を諦めるか、という問題になる。あるいは、スケジュールの一部を練習と「兼用」してしまう、という手もある。

ある中間管理職は、プレゼンテーションの練習をするグループ活動に参加するかわりに、毎日のスタッフ・ミーティングを練習の場に兼用した。報告や発表の絡む仕事を引き受けて、それをプレゼンテーションの練習にしたのだ。職場を練習の場にしてしまうという方法で、リーダーシップ・スキルの練習を毎日のスケジュールに組みこんだのである。

自分の学習スタイルを知る

学習方法は、人それぞれに好みがあるものだ。やりにくい方法で学習するよりも、自分の好きな方法で学習するほうがいいに決まっている。

ある夏、ヨットの操船を習おうと決めた二人の親友（二人とも数年後にCEOになった）の話を紹介しよう。一人はいきなり十二フィートのディンギー（小型ヨット）を購入し、メーン州沖の海に出て練習を始めた。もう一人のほうは、ボストン・ハーバーで開かれているセーリング教室に登録した。ディンギーの船主は一日目からメーン沖で帆を上げ、船のセンターボードがどんなふうに役立つのか、といったことを独力で発見しながら操船をおぼえていった。一方、セーリング教室の生徒は教室で帆走の基礎を一通り学び、最初から大型ヨットで操船訓練を始めた。

最終的には、二人とも望んだ技術を習得することができた。方法がちがっただけのことだ。ディンギーの船主のほうは実際に経験しながら学ぶ方法を好み、もう一人のほうは最初に頭で理解してから練習を始めるスタイルを好んだ。さいわいなことに、二人とも試行錯誤から学ぶ能力も備えていた。

自分に合ったやり方で学習したときが最も成果が上がる。これは研究でも裏づけられている。デイヴィッド・コルブがマサチューセッツ工科大学当時に作成した「学習スタイル調査表」は、三十年以上にわたって、経営のみならず医療から法律まで広範にわたる学習スタイルを理解するための資料として使われてきた。コルブによると、最も一般的な学習スタイルは次の四つだという。

- ●実経験——経験を通じて実際に見たり感じたりする。
- ●考察——自分や他人の経験について考える。
- ●モデル構築——観察した事実を説明できる理論を立てる。

●試行錯誤——新しい方法で実験してみる。

学習は、右のスタイルのうち二つないし三つを組みあわせておこなわれることが多い。一方、学習を阻害するスタイルを採用してしまう人もいる。とくに、時期的に早すぎる場合ややりすぎた場合などは逆効果になる。そのような場合には、学習が退屈あるいは無意味に思われ、意欲が失われることになる。

例をあげてみよう。リーダーの多くは、キャリアのどこかの時点でチーム指導力向上のための教育を受けているはずだ。大学でそうした教育を受けた人ならば、グループ形成論やグループ育成論などの講義から始めた記憶があるかもしれない。あるいは、グループやチームに関するさまざまな哲学的考察を講義で聞いたかもしれない。けれども、リーダーが実際に必要としているのは理論ではなく、月曜の朝にざわついているチームを落ち着かせるための具体策、というケースもあるのだ。そのため、教室に数回通った時点で講義が的はずれに思われてやめてしまう、という例もある。

大学の講義は教授の好みに合わせて進められるので、抽象的・思索的な内容が多い。が、活動的・実際的な学習スタイルを好むリーダーは、すぐに使える実用テクニックを求めている。

リーダーシップ・コースもワークショップも、お仕着せのプログラムしか用意していないものが大半だ。そういう落とし穴にはまらないためにも、自分の学習スタイルを知っておくべきだ。はっきりわからない場合は、参考になる簡単なテストがある。

自発的学習の第三の発見まで進んできた読者は、意欲的に取り組める現実的な学習計画を作れるはずだ。ここまでで、読者は自分の理想のビジョンと現実のスタイルや行動を比較し、その結果を見て自分の長所と短所を自覚した。そして、それを踏まえたうえで具体的なリーダーシップ能力を学習目標に設定し、現実的な方法を選定した。

目標が決まり、そこへ到達する方法を選んだところで、最後の二つの発見に進むことにしよう。学習をリーダーとしての人生の一部に組みこんで維持していくにはどうすればいいか、という問題だ。

第四の発見——脳の構造を変える

ジャックは世界的食品メーカーのマーケティング部門を統括していた。精力的で向上心に満ちたジャックは、典型的なペースセッター型リーダーだった。いつも改善を求めて努力を怠らず、スケジュールに遅れそうな部下を見ると自分が取って代わらずにはいられなかった。さらに悪いことに、ジャックは要求するレベルに達しない部下を叱りつけ、自分のやり方から外れる者がいると激怒した。部下たちは、ジャックのことを陰で「支配中毒」と呼んでいた。

部下たちに聞き取り調査をしてみると、やはり企業風土に壊滅的なインパクトが出ていた。ビジョンは部下たちにはっきりと伝わっていたものの、どうやってそこへ到達するかが伝わっていなかった。ジャックの側から見れば部下に求めるものははっきりしていたが、部下が指示通りに動いても肯定的なパフォーマンス・フィードバックをしてやらなかったために、部下は何が正しいのか把握できなかった。その結果、職場には無力感が漂っていた。部下たちは自分で納得して仕事を進める自由さえ与えられていないと感じ、ジャックがどういう仕事の進め方を望んでいるのか推測するしかなかった。ジャックが赴任して二年のあいだに部門の業績が下がったのも不思議はなかった。

最初のステップは、ＥＱコンピテンシーの「多面観察調査」をおこなってジャックのリーダーとしての長所と限界を正確に診断することだった。長所は、ジャック自身がわかっていた。自信、エネルギー、達成意欲、イニシアチブ、誠実さ。ジャックにとって晴天の霹靂《へきれき》だったのは、感情のコントロールと共感のコンピテンシーにおいて自己評価と部下による評価のあいだに大きなギャップがあったことだ。

この二つのスキルを伸ばす学習計画を作るにあたって、ジャックのコーチは、まず、フィードバックされたデータをじっくり咀嚼《そしゃく》する時間をジャックに与えた。そして、ジャックの短所である感情のコントロールと共感を、ジャックの長所（代替案をすぐに見つける能力や即座に解決を図る熱意）と結びつけて考えさせた。長所である才能を使いすぎるために、結果として、感情のコントロールや共感の必要なビジョン型やコーチ型のリーダーシップが発揮しにくくなっている、という点を自覚させるためだ。

リーダーとしての理想像に近づけない原因を特定したジャックは、改善すべき点に意識を傾注できるようになった。ジャックは長所と短所のバランスを変える努力をし、コーチの助けを得て学習計画を作った。計画には、職場での日常を練習の機会にするための具体的な方法が盛りこまれた。

たとえば、すべてが順調に進行していればジャックは部下に対して共感を発揮できるのだが、ストレスが高じてくると他人の話がまったく聞けなくなる。そのせいで、最もきちんと話を聞くべき状況において、部下の話が聞けなくなってしまう。したがって、ジャックの学習計画は、感情をうまく管理する練習に力点が置かれた。コーチは、自分の肉体的感覚に耳を傾けて自制心を失いそうな前兆を監視する方法をジャックに教えた。カッとなりかけたとき、ジャックは四つのことを心がけるようアドバイスを受けた。

(一) 一歩引いて話を聞く。すぐに介入しない。
(二) 相手に話をさせる。
(三) 客観的になれ。自分の反応には相応の理由があるか? 早合点していないか?
(四) 質問は事情をはっきりさせることが目的。非難や敵意を投げつけるためではない。

過剰反応を努めて抑制するようになったおかげで、ジャックは相手の話に共感をもって耳を傾けられるようになった。十分な情報を集め、事情をきちんと把握し、理性的な会話ができるようになった。必ずしも相手に同意するわけではないが、相手に申し開きのチャンスを与えられるようになった。

ここまで変わるために、ジャックはまず問題が起こりそうな状況を察知することをおぼえなければならなかった。過去にリーダーとしてふさわしくない行動を取ってしまった状況を意識的に警戒しておけば、次にはもっと適切に反応できるからだ。早期警戒レーダーと同じで、黄色信号が「これから取ろうとしている行動に注意せよ」と知らせてくれる。そうすれば、次の行動を意識的に選択することになる。その結果、新しい対応パターンを練習できるのだ。

ジャックは新しい行動パターンを何度もくりかえし練習した。部下に対しては、単に批判するだけでなく、良くできた仕事に対しては肯定的なフィードバックを与え、グループのミッションに貢献した功績を認めるよう努力した。仕事のやり方については、細部まで指示することを控えるよう気をつけた。こうしてジャックは徐々にビジョン型とコーチ型のリーダーシップを身につけ、六カ月後にはかなりの進歩を見せた。一日一回以上怒りを爆発させていたのが、一カ月に一、二回に減った。部門の企業風土は急激に改善し、業績も上向きはじめた。

「感じる脳」には反復練習

ジャックのように自分のリーダーシップ・レパートリーを総点検する作業は、ある意味で自分が一生かかって学習してきたことを俯瞰してみるようなものだ。リーダーシップの学習は、子供のころから始まる。教師、コーチ、牧師など、その子にとってリーダーの立場にある人間が最初のモデルとなり、それを足場にリーダー像が形成されていく。やがて、その子たちが成長してクラブやチームや生徒会などでリーダーになったとき、彼らは幼いころから形成してきたリーダー像を実行に移す。さらに、社会人となって職場で新しいリーダーに出会うと、それを自分のリーダー像に加えて、新しいリーダーシップを試してみるようになる。

この学習過程においては、リーダーシップの要素を意識的に教わる機会はほとんどない。それらは自然に身についていく。そして、脳内で習慣の回路が形成され、同じような状況で自動的に同じような反応をするようになる。たとえば、チームのリーダーになるたびに、以前にチーム・リーダーをしたときと同じような行動を取る。同じ行動をくりかえすたびに、その部分の神経回路はますます強化される。認知科学では、これを学校などにおける外示的学習と対比させて内示的学習と呼ぶ。

総体において、脳はリーダーシップのコンピテンシー(自信も、自己管理も、共感も、説得も)を内示的学習によって習得する。内示的学習は、大脳新皮質の表層(考える脳)ではなく、脳の底に近い大脳基底核でおこなわれる。リーダーシップに関する学習の場合、EQをつかさどる前頭葉前部と大脳辺縁系の回路が関連しているらしい。この脳の原始的な部分で習得したことが、われわれの日常の習慣となり、文章のつづり方から会議の進め方に至るまで、生活全般にかかわる基本的課題への対処法を形作っている。

こうした学習は、すべて暗黙のうちに進んでいく。ほとんどの場合、本人さえ気づかない。じつにエレガントなシステムだ。ただ問題は、偶然モデルになったリーダーの行動を真似したり、自分でやってみたことを繰り返したりと、学習がかなり行き当たりばったりでおこなわれる点にある。最初に感銘を受けたモデルがとんでもないペースセッター型だったりすると、それをリーダー像として熱心に模倣することになってしまう。優秀なモデルに出会った場合とそうでない場合では、かなりの差が生じるだろう。結果的に、玉石混淆のリーダーシップ・スキルを身につけることになる可能性もある。ゴルファーにたとえれば、ショットはまあまあだがパターがめちゃくちゃ、といったぐあいだ。

それでも、これまで見てきたように、三つの手順を踏めば修正は可能だ。悪い習慣を自覚し、意識的に良い習慣を練習し、身につけた新しい行動パターンが自動的に出てくるようになるまであらゆる機会をとらえて実践する——すなわち内示的学習が完成するまで努力するのだ。

ＥＱコンピテンシーを習得しなおすには、何カ月もかかる。「考える脳」（大脳新皮質）だけでなく「感じる脳」が関係してくるからだ。前述したように、大脳新皮質は専門的な技術や純粋な認知能力を習得する部分で、学習速度が非常に速く、一回聞いただけで習得してしまう。しかし、情動をつかさどる大脳基底核とその周辺部分は、大脳新皮質とは異なる学習のしかたをする。新しいスキルを習得するには、反復練習が必要なのだ。

リーダーシップを教室で効率的に教えることが難しい原因は、ここにある。教師が生徒の脳の回路に対して「古い習慣を捨てて新しい習慣をおぼえなさい」と指示しても無理で、とにかく練習が必要なのだ。行動パターンを反復すればするほど、それに対応する脳の回路が強化される。文字通り、脳内の配線をつなぎなおすわけだ。新しい習慣の学習はニューロンの伝達機能を強め、新しいニューロンの成長を促す場合さえあると言われている。

たとえば、ジャックがペースセッターの悪習を克服してリーダーシップのレパートリーを広げるためには、練習をくりかえさなければならない。思考や感情や行動の新しいパターンをいろいろな状況下で実践すればするほど、新しい神経回路は柔軟性を増し、強化される。この段階まで来れば、ジャックほどの人間ならば、感情をコントロールしながら共感をもって相手の話を聞けるようになった自分を自覚できるだろう。脳の「標準設定」が新しい神経回路に変更されたわけだ。

このレベルで習得されたことは、何年も、あるいは一生消えることがない。

練習なしのパフォーマンスは無謀

新しい行動パターン（とくに、立ち止まって相手の話を聞き質問をする、という行動）の練習なしには、ジャックのコーチ型リーダーシップは向上しなかっただろう。これは容易なことではない。問題が起こるたびに、ジャックは部下に取って代わって問題を解決したい衝動に襲われた。ジャックにとって、これは自転車に乗るのと同じくらい自然で無意識かつ強力な反応だった。

だからこそ、より前向きな代替パターンの実践が重要なのだ。新しい考え方、感じ方、動き方は、初めのうちは他人の服を着ているように不自然に感じられるだろう。神経レベルで言えば、脳があまり使わない回路を無理に使おうとしているからだ。最初の一週間ほどのあいだジャックが自己不信に悩んだのも不思議はない。

優れたスポーツ選手は練習に多くの時間を費やしパフォーマンスに少しの時間を費やすが、経営者は練習にまったく時間を費やさずパフォーマンスにすべての時間を費やす――ハーバード・ビジネス・レビュー誌に掲載されたジム・ローアとトニー・シュワーツのコメントだ。これでは、同じ失敗がくりかえされるのも当然だろう。目標の達成や課題の処理を急ぐあまり、リーダーシップの練習をはしょってしまうのだ。多くのリーダーは、新しいアプローチをほんの一回か二回試しただけで使おうとする。練習もしないで。

新しい習慣を身につけるためには、とにかく完全にマスターするまで練習をくりかえすことが大切だ。そうしないと、結局は古い習慣に逆戻りしてしまう。楽器を練習したことのある人なら、わかるだろう。一応まちがえずに演奏できるまで曲を練習し、レッスンを受けに行く。先生の前でも何とか弾きこなす。けれども、発表会のように緊張する場面では、曲を途中で思い出せなくなってしまう。これに対して、プロの演奏家は、もっと念を入れて練習する。練習して、練習して、さらに練習する。何も考えなくても演奏できるようになるまで練習するのだ。

同じように、リーダーシップ・スキルの習得においても、古い習慣を破棄して新しい習慣を身につけ、脳の標準設定から変えなくてはならない。新しい神経回路を作り強化するためには、長時間の反復練習が必要だ。新しくおぼえた反応を一週間や一カ月でなくもっと長いあいだ維持できるようになったら、新しい習慣が身についたということだ。

セルフ・コントロール、とくに感情のコントロールは、マスターするまでに特に苦労するかもしれない。衝動のコントロールは精神的に大きな負担であることが、研究によってわかっている。初めのうちは気分を意図的に変える努力だけで精一杯で、コントロールにまでエネルギーが回らないかもしれない。とはいえ、新しいリーダーシップ・スタイルを練習する際には、セルフ・コントロールが何より重要な局面もある。たとえば、ジャックのようなリーダーがペースセッター型や強制型の衝動を関係重視のスタイルに変えていこうとする場合だ。そういうケースでは、古いパターンで反応しようとする傾向を抑える特別な努力が必要になる。衝動を克服しなければならないぶんだけ、習得が困難の度を増すわけだ。

そうしてみると、新しいリーダーシップ・スタイルの習得に全面的に取り組む前に、まず衝動的なリーダーシップ・スタイルを克服したほうが賢明かもしれない。セルフ・コントロールを身につけてしまえば、以前は努力を要したことが自動的にできるようになって、プレッシャーがなくなる。この重要なステップを克服すれば、精神的エネルギーと注意力をすべて新しいリーダーシップの練習に振り向けることができる。

ステルス学習

リーダーシップ育成プログラムには週末セミナーや一週間の合宿セミナーなどの形式を取るものが多いが、そんなやり方では効果が薄い。

ジャックは、週末だけのトレーニング・プログラムには参加しなかった。かわりに、部下や同僚が働いている職場で共感を練習することにした。ジャックは妻にも学習計画のことを話して、家族や友人の話をよく聞けるようになるための努力に協力してもらうことにした。このようにして学習の場を広げることで、ジャックは最大の学習効果を上げることができた。

ポイントは、他のことをしながら練習する、ということだ。「ステルス学習」と呼んでもいいかもしれない。リーダーシップに必要なEQを向上させるには、この方法はとくに有効だ。科学者やエンジニアの中で共感能力などの高い優れた管理職を対象に研究をおこなったクリスティン・ドレイファスは、こういう人々がさまざまな状況下でスキルを磨いている点を指摘している。特筆すべきなのは、リーダーシップEQの模範例が少ないと思われるテクノロジー重視の職場において彼らがそうした能力を身につけた、という点だ。

第六章で紹介したジョンソン・エンド・ジョンソンの優秀な役員たちと同じように、ドレイファスが研究した管理職たちも大半が子供のころからボーイスカウトなどでリーダーシップ・スキルを経験していた。その後、彼らは高校や大学でもスポーツやクラブ活動や音楽グループや寮生活などを通じて経験を重ねた。研究員やエンジニアとして単独で仕事に取り組む時間が多くなってからも、教会やコミュニティ活動あるいは同業者間の会議など職場の外でチームワーク・スキルなどを練習する機会があった。専門家集団にありがちなペースセッター的な組織風土が、職場の外で人間関係を重視する状況を経験することによって修正されていったのだ。

管理職としても優秀なあるエンジニアの例を紹介しよう。彼は、エンジニアの世界にありがちな命令と支配中心のペースセッター型リーダーシップを意外な場所での活動によって修正することができた。教会である。「うちの教会の人たちは、誰かが何か発言すると、すぐそれを聞いちゃうんですよ。わたしはエンジニアとしていつも論理的な流れを大切にしてきたんですが、教会のグループで活動しているうちに、少しばかり筋が通らない話でも気にならなくなったんです。それが、リーダーとしての自分の役に立っていると思います。論理より、むしろグループのプロセスに注目するようになりましたからね」

ドレイファスが研究したエンジニアの大多数にとって、若いころのプロジェクト・リーダーとしての経験が職場におけるリーダーシップ学習の鍵になっていたようだ。その後、彼らは管理職としてより重い責任を負うようになり、コーチについてリーダーシップの学習をし、会社の援助でトレーニング・プログラムにも参加してリーダーシップ能力を磨いた。いつでもどこでもリーダーシップの学習はできる、という好例だ。

メンタル・リハーサルの効果

練習に時間をかければ、成果もそれだけ大きくなる。リーダーシップ能力を向上させるのに、もうひとつ方法がある。メンタル・リハーサルだ。

ジャックの例に戻ろう。職場まで車を走らせる時間を利用して、ジャックはその日に予定されている話しあいにどう臨むかについて考えることにした。ある朝、プロジェクトがあまり順調に進んでいない部下との朝食会を前にして、ジャックは前向きなシナリオを思い浮かべてみた。まず質問をし、相手の話を十分に聞く。そして状況をきちんと把握してから、問題解決にとりかかる……。苛々しそうなことがわかっていたので、すぐに自分が取って代わろうとする悪い癖を抑える方法も頭の中でリハーサルしておいた。

こうしたメンタル・リハーサルによって、新しいスキルの習得は格段に進む。メンタル・リハーサルがスポーツ選手のパフォーマンスを向上させることは、科学的研究によっても確認されている。アメリカの飛込み選手ローラ・ウィルキンソンのようなオリンピック級のスポーツ選手は、つねにメンタル・リハーサルを実行している。二〇〇〇年のオリンピックに向けて練習中にウィルキンソンは足の指を三本骨折し、プールでの練習ができなくなってしまった。けれども、ウィルキンソンは練習をあきらめず、毎日何時間も飛込み台に腰をおろして、ひとつひとつの技を細部まで頭の中で再現した。そして、オリンピックの十メートル高飛込みで金メダルを取った。

メンタル・リハーサルの効果で劇的な勝利をおさめたスポーツ選手の話は、他にもたくさんある。メンタル・リハーサルには生体の働きをコントロールできるほど強い力がある。たとえば、メンタル・トレーニングを積み、正しいフィードバックを得、自分が望む状態を頭の中に描くことによって、体温を部分的に上昇させたり呼吸や心拍数を遅くしたりできることが、三十年ほど前から研究によってわかってきている。リーダーシップの学習においても、自分が理想の状態を達成しそれを維持する姿を鮮明に思い描けるかどうかが重要だ。こうした訓練には、もうひとつの長所もある。前述したように、脳は、自分の行く先や到達できたときの感情をイメージすることによって動機を強めるからだ。

メンタル・リハーサルの利点は、まだある。脳の研究によって、何かを鮮明かつ詳細に思い描くと、実際にそのときに使う脳細胞が働くことがわかってきたのだ。つまり、本人が一連の動作を繰り返し想像するだけで、脳の中にできた新しい神経回路が強化される。これを利用すれば、新しいリーダーシップ・スタイルを試してみる際の不安が軽減できる可能性もある。あらかじめ職場や家庭で起こりそうな状況を想定しておけば、実際に新しいスキルを試す際にさほどぎこちなく感じなくてすむかもしれない。

こう考えてみると、新しい行動パターンを学習し、職場の内外でさまざまな機会をとらえて練習し、一方でメンタル・リハーサルなども併用しながら努力していくうちに、変化のために必要な神経回路が脳の中にできあがっていく、と考えることができる。

第五の発見——人間関係の力

一九九〇年代初め、当時のクーパース・アンド・ライブランドでパートナーだった女性社員たちが勉強会を作った。はじめのうちは、毎月集まってキャリアのことや男性社会の職場でどうリーダーシップを発揮していくか、などの問題について話しあっていた。が、何度か勉強会を重ねるうちに、女性たちは仕事だけでなく人生全般について話しあうようになった。メンバーのあいだに強い信頼の絆が生まれ、リーダーシップの向上に関しても率直なフィードバックを与えあうことができる関係になっていった。

今日でも、組織のリーダーをめざす多くの女性たちが同じようなグループを作っている。第六章でも指摘したように、女性やマイノリティは有益なパフォーマンス・フィードバックを得にくい立場に置かれていることを考えると、当然だろう。さらに、信頼できる人たちが相手なら安心して新しいリーダーシップの練習ができる、という点も大きい。

リーダーシップ向上の努力を経験したことのある人ならば、その過程で協力してくれる人たちの存在がいかに重要かわかるだろう。二年間のプログラムに参加したあるリーダーが最後のミーティングで、「貴重だったのは、プログラムだけでなく、むしろ同僚受講者たちとの人間関係が育ったことです」とコメントした。逆説的に聞こえるかもしれないが、自発的学習のプロセスにおいては、あらゆる段階で他者からの応援が必要になる。理想の未来像を考える段階でも、それを現実の自分と比較する段階でも、進歩を評価する最後の段階においても。人間関係があってこそ、自分の進歩もわかるし、学習したことの有用性もわかるのだ。弁護士に相談するのと同じように、信頼のおけるコーチやメンター（指導担当上司）や友人たちには、政治的思惑に満ちた職場環境の悩みや直属の上司に聞けない質問などを自由に話すことができる。新しい習慣を試したり練習したりするには、安全な環境と人間関係が必要なのだ。

そうしたサポートが希望や自信の源となる場面を、われわれは何度も目撃している。たとえば、重役や専門家を対象にした学習プログラムが終了したとき、受講者たちは、プログラムのおかげで非常に自信がついた、とコメントした。傍目にはすでに十分な成功をおさめた人ばかりなのに、どこに自信がついたと言うのだろう？　面接調査の結果、自信がついたのは「自分は変わることができる」という点についてであることがわかった。社会に出てから長いあいだ忘れていた感触だった、自分自身は変わりたかったけれども職場でも家庭でも変わらないことを期待されていた、と彼らは語った。リーダーシップ向上プログラムに参加して、彼らは自分と同じように変わりたいと思っている仲間を新しく得たのだ。他の多くの研究も、同様な結果を示している。前向きのグループに支えられていると き、人は前向きの変化をとげることができる。グループの人間関係が率直で信頼と安心感に満ちたものであれば、なおさら効果が大きい。

ストレスは学習を阻害する

リーダーにとって、こうした安心感はとくに得難いものだろう。リーダーという立場は、いつも周囲から一挙手一投足まで観察されているようで気が抜けず、新しい習慣を試してみることも容易ではない。他人の批判的な視線が注がれていると思うと、早く進歩を確かめたくなるし、危なっかしい練習を省略したくなるものだ。

そんなこともあって、リーダーはストレスが多い。とくに権力志向の強い人間は、権力への欲望を感じるだけで肉体が実際のストレスを受けたときと同様の反応を示すことが研究からわかっている。ストレスが増大する（権力への欲望が高まる）と、ストレス・ホルモンであるアドレナリンとノルアドレナリンが分泌される。それによって血圧が高まり、行動を起こす準備が整うのだ。同時に、肉体はコルチゾールというストレス・ホルモンも分泌する。これはアドレナリンより長く血中に残り、新しい学習を阻害する。

ストレスを感じると、安心感が失われ、新しい行動パターンを練習することができなくなる。そして自己防衛的になり、最も慣れ親しんだ行動パターンに頼ろうとする。リーダーシップがもたらすストレスは、他にもある。強いストレスが続くと、脳はコルチゾールの分泌を命令し続ける。すると新しい学習に必要な脳内の海馬が活動できなくなって学習が阻害される。

そうした理由から、リーダーシップの学習には安心感の得られる環境（ただしモチベーションがなくなるほどリラックスしないこと）が最適であると言える。脳が適度に刺激されてモチベーションと興味がともに高まった状態が学習に向いている。心理的に安心できる環境が整うと、失敗したときの恥ずかしさや恐怖をあまり考えずに試してみる気になれる。

自分と同じように新しいリーダーシップ・スタイルを試してみようと考える人たちのグループは、練習には最適の環境だ。自分と同じような人間が思い切ってリスクを冒すのを見ると、自分もやってみようという気になるものだ。

学習を応援してくれる人々との特別な人間関係を養うことは、成長を続けていくうえで非常に大切だ。これまで見てきたように、自分の夢を発見し、自分の長所と短所と影響力を知り、学習計画を進めていくうえで、メンターやコーチは大切な存在だ。が、誰かをただ「メンター」あるいは「コーチ」と呼ぶだけでは不十分だ。率直と信頼と支援に裏づけられた人間関係がなければならない。

メンターとコーチ

ある大手の総合エネルギー企業でトップレベルのリーダーたちを評価したとき、リーダーシップの健全なレパートリーを備えていた人たちは、全員が共通の経験をしていた。彼らはメンターの庇護のもと、キャリアに就いて早い段階でリーダーシップの能力を養ったのだ。この調査結果は、以前からリーダーシップ能力を形成するうえでメンターの存在が重要であると指摘してきたクリエイティブ・リーダーシップ・センター（ノースカロライナ州グリーンズボロ）の研究結果とも一致する。

われわれが面接した重役たちは、リーダーとしてのキャリアをふりかえって、自分の手に余る（少なくとも最初は）と思われる仕事に挑戦させてもらえたことが最も貴重な経験だった、と語った。自分がリーダーとして成長できたのは、後ろ盾になってくれるメンターがいて、その人が難しい仕事に挑戦するよう勧めてくれ、さらに「救いの手」を差し伸べて守ってくれたからだ、という。メンターによる庇護育成システムが非常に有効だったので、この企業ではメンターとして部下を育てるコンピテンシーそのものに注目するようになったほどだ。メンターは巣立ち前のリーダーに翼を広げて新しい方法や能力を試してみる機会を与えた。そして、社内全体にリーダーシップの核となる人材を育てただけでなく、優秀なＣＥＯを二代続けて育てる成果もあげた。

特定のリーダーシップ能力を養うためにメンターのもとで努力したいと考えるならば、その意図をはっきりと表明することが大切だ。自分の目標を理解してくれるメンターを得て、希望や学習計画を話しあうことができれば、メンターはコーチの役割を務めてくれることになる。

コーチには、いろいろな形式がある。役員養成専門の正式なコーチもあれば、メンターが非公式にコーチを兼ねる場合もあれば、同僚や友人がコーチ役を務める場合もある。インスティル・コーポレーションの創業者でCEOであるマック・ティリングは、他社のCEO（ヴェレスター・コミュニケーションズのデイヴィッド・ギャリソン）をメンター代わりにしている。ティリングは、似た経験を持つ経営者と話をするほうがコーチに頼るよりも問題を整理しやすいと感じたのだ。

一方、役員養成専門のコーチ（今日では山ほどいる）のほうが上司や同僚よりも気楽に話ができる、という場合もあるだろう。コーチ（あるいはメンター）を持つことは、単にリーダーシップ・スキルを磨く以上に、自分以外の目と耳を借りてリーダーにありがちな情報の不足を補うことができる、という利点がある。コーチの目と耳を借りて視野を広げることができるのだ。

優秀なコーチは組織と文化のジレンマを理解し、リーダーの個人的な長所や問題点を把握し、さらにコーチ自身がEQを発揮する。優秀なコーチは、リーダーのジレンマを多角的視点——個人レベル（当人の事情）、チーム・レベル（役員やスタッフ・チームのグループ力学）、組織レベル（問題が文化、制度、戦略とどう絡みあっているか）——から理解する。コーチはリーダーと一対一で向きあって、リーダーの実情に合わせた能力向上プログラムを作ってくれる。

チーム全体を巻きこめ

一人のリーダーを成長させるのは、第一歩にすぎない。組織全体としては、リーダーシップが個人のレベルをこえて広がっていくにつれてインパクトが大きくなる。

マレーシアの特殊化学品メーカー、ハンツマン・タイオキサイドのロザノ・サアドの例を見てみよう。事業本部長に昇格後まもなく、彼は部下からのフィードバックに驚いた。自分が強制型あるいはペースセッター型のリーダーになりかけていることがわかったのだ。ある意味では、無理もないことだった。ロザノはもともとエンジニアであり、過去十六年にわたって働いてきたエンジニアの世界ではそのスタイルが普通だったからだ。

ただ、事業本部長として成功するためには、もっと別のリーダーシップ・スタイルにも習熟する必要があった。ハンツマン・タイオキサイドは、四年間赤字が続いていた。マレーシア工場（前ＩＣＩタイオキサイド）は最新鋭施設であるにもかかわらず、生産性も品質も企業グループの中で最低だった。その結果、ユタ州ソルトレークシティーに本社を持つ世界的コングロマリットのハンツマン・グループに二束三文で買収されたのである。

工場を低迷から脱出させるため、ロザノはフィードバックの結果にもとづいてビジョン型とコーチ型のリーダーシップ習得を目標に定めた。さらに大きな目標は、企業風土を劇的に改善すること、とくに各従業員に自分の責任と期待される仕事のレベルをはっきりと自覚させることだった。個人的なレベルでは、自分の短所である自己認識能力を向上させることが目標となった。

ＣＥＯ病を予防するために、ロザノは個人的目標をスタッフに周知させた。毎日接触する人々を巻きこみながら練習を進めていこうと考えたのだ。ロザノはさらに、管理職全員に自分と同じリーダーシップ育成プログラムを受講させた。全員が同じ考え方を身につければ新しい学習目標の効果も高まるし、企業としてのビジョンをきちんと把握しやすくなる、と考えたのだ。ロザノ自身は、自分の学習目標にしたがって、工場でミーティングを開くたびに超一流をめざすビジョンを従業員たちに伝えるよう努力した。

管理職のあいだにチームが作られ、その中から「月間計画パーソナル・コンタクト」(社内コーチのこと)が選ばれ、各リーダーの学習計画を支援したり進歩を見守ったりすることになった。毎月の経営スタッフ会議では、従来の業績や安全対策問題に加えて、経営スタイルや組織風土や学習計画などが話題にのぼった。また、特別なレファレンス・グループも形成され、毎月ミーティングを開いて個人的な学習計画を話しあったり、進歩を評価しあったり、フィードバックを与えあったりした。

二年後、めざましい変化をとげたロザノの部門には、社内の役員たちが見学に訪れるようになった。そして、工場全体の空気も変化しはじめた。このプロセスが始まった時点で現場の作業員に個人的な目標を尋ねたとしたら、「五万トンの色素を生産すること」といった程度のぼんやりした答えしか返ってこなかっただろう。が、いま同じ質問をしたとしたら、量より質を重視する答えが返ってくるにちがいない。「四時間おきにサンプルを採取して、基準に沿って分析します。許容範囲からはずれるものがあったら、原因をつきとめて、早急に修正しなくてはなりません……」

会社の収益性は急上昇し、生産性も上がりはじめた。定期的な職場環境調査でも、全社の管理職による評価で二百パーセント(ロザノ直属の部下だけならば三百パーセント)の改善が見られた。なかでも透明性、柔軟性、作業基準、チーム・コミットメントで著しい改善が認められた。三年目、記録的な収益を上げて生産性を伸ばしつづけるマレーシア・ハンツマン・タイオキサイドは、コングロマリットのＣＥＯからグループ内の優秀企業のひとつにあげられるまでになった。

何が起こったのだろう？　この三年間、人事異動はあまりおこなわれていない。変化したのは、職場の協力体制だった。社内の空気が、一人ひとりの社員にＥＱを発揮しリーダーシップの能力を伸ばす努力を促すように変わってきたのだ。管理職は全員が自分の夢や希望を表明する機会を与えられ（第一の発見）、「多面観察調査」のフィードバックを通じて自分の長所と短所を知り（第二の発見）、各自の学習計画を決め（第三の発見）、リーダーシップの新しいスタイルを職場で試し、練習した（第四の発見）。管理職たちはお互いに協力してこうした課題に取り組み（第五の発見）、リーダーシップを尊重する新しい企業風土を作り上げた。そして、リーダーとしてのミッションと目標をかかげ、共鳴を生み出したのだ。

リーダーシップの場合、一人のリーダーの変化は最初の一歩でしかない。臨界数をこえる共鳴的リーダーを育てて職場全体の空気を変え、リーダーたちのさらなる成長を促していくことが大切だ。リーダーシップ育成を最も効果的に実現させるには、リーダーと並行して組織も変化していかなければならない。第三部で、そのことに触れようと思う。

第三部　ＥＱの高い組織を築く

第九章　集団のＥＱをどう高めるか

そのメーカーのトップ経営陣は、長年続いてきた「成長の横ばい状態」を解消する、という重大な課題を突きつけられていた。会社は競争力を失いかけていた。問題は、経営陣に決断力が欠如していることだった。いかに重大な問題が持ち上がっても、あるいは問題が差し迫っていればいるほど、経営陣は決断を先送りし、意見の対立する問題に言及するのを避けていた。もっと悪いことに、会議を終了させるためだけに重要案件について合意したかのような行動を取ることさえあった。ある取締役に言わせれば、「沈黙によって決断を妨害」したのと同じことだ。一方で、重大な戦略の実行は遅れに遅れていた。

この経営陣に何が起こっていたのだろうか？　聞き取り調査の結果、真実があきらかになった。経営陣はほぼ例外なしに紛争処理のＥＱが低く、他人とのあいだで意見が対立することを嫌がっていたのだ。決断が下せない理由がこれでわかった。オープンに議論して意見の相違を認めることは個人攻撃とはちがうという点に、経営陣は誰も気づかなかったのだ。彼らは議論を通じてより良い決断に達するかわりに、一切の議論を避ける習慣に染まってしまっていた。

集団のEQ欠如が原因で仕事の効率が低下しているという事実は、青天の霹靂のように経営陣を打った。彼らが悟ったのは、目に見えない大きな力が経営陣に影響を及ぼしている、という実態だった。紛争処理に関する集団の基本的姿勢と感情が積み重なって、行動を束縛していたのだ。それが明らかになったので、チームとして、個人として、何を変えていくべきかが見えてきた。さらに、根本的な改善のためには、行動レベルで修正をおこなうだけでなく、紛争処理に対する考え方そのものを変えなければだめだ、とも気づいた。

集団を束縛している問題に気づいて現実を検討しなおし健全な方向へ進みはじめたチーム（あるいは組織全体）の実例を、われわれは数多く見ている。リーダーがチームや組織にEQを広めようとする場合、ここが出発点になる。理想のビジョンに目をやるよりも、まず現実を厳しい目で見つめるほうが先なのだ。これは、第七章で説明した個人レベルにおける「理想像の構築」と「現実の発見」とは順番が逆になる。

なぜ逆なのか？ それは、モチベーションの問題だ。個人の場合、人生の夢や理想像を自覚したときにモチベーションが最も高まる。将来のビジョンが見えてくると、自分の行動パターンを変えようとするエネルギーやコミットメントが湧いてくる。しかし、集団にとって、理想のビジョンはしばしば遠い概念でしかなく、変化を促すモチベーションとしては不十分な場合が多い。企業の社訓が良い例だ。高邁な言葉は、従業員の日常から遠くかけ離れたものに感じられてしまう。

集団が変化しはじめるためには、まず最初に自分たちが現実にどう機能しているかを自覚する必要がある。集団のメンバーが問題意識を感じている場合には、とくにそうだ。集団が自分たちの直面する現実を感情のレベルで、さらに言えば本能的なレベルでほんとうに理解することが、まず何より重要だ。ただし、不快感を自覚するだけでは変化には結びつかない。不満の原因を、「悪い上司」のような誰の目にもあきらかなレベルでなく、感情にかかわるもっと深いレベルで特定することが必要だ。問題の根は、長い年月のあいだに組織に染みついた行動の基本原則や習慣である場合が多い。チームについて論じる場合はこれを「規範」と呼び、組織について論じる場合は「文化」と呼ぶ。

チームの規範（組織の文化）と感情的現実をきちんと把握できれば、それを基礎に集団のビジョンを構築することができる。ただし、集団のビジョンが本物の支持を集めるためには、個々人のビジョンと調和しなければならない。現実と理想のビジョンがはっきりしたら、理想と現実のギャップを把握して、今日から明日へつながる努力を始めることができる。現実がしっかりと理想の方向をめざしていれば、組織に起こった変化を長く維持できる。そして、集団は不協和状態を脱して、ＥＱの高い共鳴的で有能な集団に成長していく。

集団に変化をもたらす方法を検討する前に、感情的現実についてもう少し考えてみたい。最初にチームを例に検討を進め、後に議論を組織のレベルに敷衍《ふえん》していこうと思う。チームのほうが個人の日常的経験に近く、また変化の場となりやすいからだ。

規範がチームを害するとき

ここ数十年の研究により、集団の中で最も優秀な個人が到達する結論よりも集団全体が協力して到達する決断のほうが優れていることが証明されている。ただし、集団が調和や協力体制を欠く場合には、決断の質もスピードも低下する。ケンブリッジ大学の研究によると、たとえ頭脳明晰なメンバーが集まっていても、口論や内紛やパワー・プレーが横行するような集団は良い決断を下すことができない。

要するに、集団はEQを発揮できるかぎりにおいて個人より優れている、ということだ。集団のEQにはメンバー全員のEQが反映するが、リーダーはとくに影響力を持っている。感情は伝染性があり、メンバーはリーダーの気分や行動に特別な注意を払う。したがって、集団の雰囲気や感情的現実(チームの一員でいることをどう感じるか)を決めるのは、リーダーである場合が多い。協力体制の構築に長けているリーダーは集団の共鳴を高いレベルで維持し、集団の意思実現のために皆が努力する雰囲気を醸成することができる。そういうリーダーは、集団が抱える課題に目を向けつつ、一方でメンバーの人間関係にも注意を払うことができる。当然、職場には友好的・協調的な風土が生まれ、メンバーは将来に向かって前向きな見通しを抱くようになる。

反対に、EQの低いリーダーは、チームを大混乱に陥れる。いくつかの例を紹介しよう。

●ある医療サービス会社の一部門で、赤字が急速に増大していた。サービスのレベルが低いうえに、人を雇いすぎていたのが原因だった。経営トップは先見の明に欠けるリーダーで、人員削減のような重要問題が持ち上がっても、方針を変更する前に延々と会議を開いてコンセンサスを求めようとした。結局何ひとつ決まらず、数年のうちにその部門は会社全体に経済的打撃を与える結果となった。

●大手保険会社の敏腕管理職ジャネットは、活気のない部門を再建する社命を受け、嵐のような勢いで新しい職場に乗りこんでいった。彼女は、古いやり方を一切容赦しない方針を打ち出した。そして、自分の計画に賛成できない者はこの部門に必要がないので速やかに去るように、というメッセージを明確に知らしめた。ところが、その強硬姿勢に反発した者たちのあいだに、いかなる犠牲を払ってでもジャネットを失脚させてやろうとする流れが生まれてしまった。ほんの数カ月のうちに、そこそこの業績を上げていた部門のパフォーマンスが悪化し、一年もたたないうちにその部門は解体されてしまった。

残念ながら、こうした展開は珍しくない。二例とも、根底にはリーダーが感情と規範という物言わぬ言葉にどう対応したか、という問題がある。われわれは規範を軽視しがちだが、規範の力は侮れない。規範は、グループ・レベルにおける暗黙の学習内容を表している。それは、各自が日々の人間関係から学び自分の中に取りこんできた暗黙のルールなのだ。

結局のところ、集団が優秀なパフォーマンスを発揮するチームとして機能できるか、あるいは単なる集団で終わるかを決定するのは、規範なのだ。論争や激しい対立が日常茶飯事となっているチームもある。見せかけの礼儀や関心の下に退屈が透けて見えるチームもある。一方、うまく機能しているチームでは、メンバーが互いの意見を尊重して耳を傾け、質問をし、言葉でも行動でも協力しあう。そうしたチームでは、意見の相違にもユーモアをまじえてオープンに対処できる。チームの基本原則がどのようなものであれ、メンバーは自動的にそれを察知し、それに合わせて行動するものだ。言いかえれば、規範はその状況で何が「適切と感じられる」かを決定し、それによってメンバーの行動を支配する。

ときには、有用で高潔に見える規範が破壊的な作用を及ぼす場合もある。前述した医療サービス会社の例がそうだ。部門が最も誇りとする規範のひとつが、意思決定プロセスにおけるコンセンサスの重視だった。通常ならコンセンサスはチーム・メンバーのコミットメントとモチベーションを高める役割をはたすはずなのに、この部門のケースではリーダーが意思決定を遅らせ自分の手に握るためにコンセンサスを利用していた。とくに、変革の決定を迫られる状況で、そうした傾向が強く認められた。

保険会社の活気のない部門に赴任してきた新しいリーダーの例では、ジャネットがチームの感情的現実を見誤り、根底にある規範を頭から無視したことが破滅的な結果を招いた。彼女は集団の力を甘く見すぎたのだ。長年にわたって習慣や不可侵な価値観を共有してきた集団は、強い結束力を持っている。

くだんの部門を最高水準のユニットに作りかえようという意欲に燃えたジャネットは、変革すべき点を熱心に探した。そして、典型的な強制型リーダーシップを発揮して「リーダー」とおぼしき数人

(実際にはジャネット自身に似たタイプであったにすぎない）に目をつけて彼らを味方に引き寄せ、部門の大掃除に着手した——すなわち、力のない者からどんどん首を切っていった。部下たちが反対しても、ジャネットはひるまなかった。上のほうの人間は変化の必要性を理解して自分のビジョンを受けいれるだろう（でなければ辞めていくだろう）と確信していたからだ。

ジャネットの失敗は、彼女の着任よりはるか前から集団を支配していた強力な規範を計算に入れなかったことだ。最も強い規範は、メンバーどうしを結びつける忠誠心だった。彼らは困難なときも互いに助けあい、結束を保ってきた。紛争が起きたときも、できるだけ誰も傷つけないで解決するよう努力してきた。その仲間を乱暴に扱うことで、ジャネットは集団の核をなす規範を侵害したのである。ジャネットの部下たちは、大切にしてきた協調、優しさ、面子《メンツ》の尊重などの精神が冒されそうになったので、反撃に出た。ほんの数カ月のうちに、ジャネットのやり方に憤激した社員たちは一致団結し、中心的な者たちが正面切ってジャネットからリーダーシップを奪い取ろうとする一方で、多くの者たちが会社を去り、部門を閉鎖に追いこんだのだった。

ジャネットのケースは、リーダーが陥りやすい大失敗の一例だ。チームの基本原則や感情を無視し、リーダーシップの力だけで人々の行動を変えられると考えたのだ。このような失敗例は、どこの会社でも見られる。リーダーが新しい職場（たいてい再建の危機に瀕している）に着任し、集団の規範や感情を無視して改革を進めようとする。共鳴を形成するリーダーシップ・スタイルを使わず、強制型とペースセッター型を併用して力ずくで仕事を推し進めようとする。その結果、反抗が噴き出すのだ。

例に挙げた二人のリーダーは、集団の現実に対処するＥＱや集団の相互作用をより生産的なレベルへ昇華させるEQを欠いていた。反対に、集団の重要な規範を把握するEQを備え、前向きの感情を最大限に引き出すEQを備えたリーダーは、EQの高いチームを作り上げることができる。

集団のEQこそは、超一流のチームと平凡なチームを分ける鍵だ。これは、ケース・ウエスタン大学ウェザーヘッド・スクール・オブ・マネジメントのヴァネッサ・ドルースカット教授およびマリスト大学スクール・オブ・マネジメントのスティーヴン・ウルフ教授の研究によっても裏づけられている。二人の説によれば、EQの高い集団は感情に適切に対処して「信頼や集団のアイデンティティや効率性」を養うことができ、その結果、集団のチームワークや能力を最大限に伸ばすことができるという。要するに、EQは前向きでパワフルな感情的現実につながる、ということだ。

集団のEQを最大限に発揮する

集団がEQを発揮するうえでも、自己認識、自己管理、社会認識、人間関係の管理など、個人のEQと同じ能力が必要になる。ただし、集団の場合、個人個人のEQが反映されると同時に集団自体のEQも問題になる点が異なる。集団には集団独自の雰囲気やニーズがある。たとえば、会議に遅れて顔を出したらその場の空気が妙にとげとげしくて困惑した、というような経験は誰にもあるだろう。何も聞かなくても、その場の雰囲気だけで何か言い争いがあったとわかる。集団全体が闘いに備えて緊張し身構えているのが感じられるからだ。そういうとき、集団がもとの空気に戻るには、何らかの行動が必要だ。それがないまま時間が過ぎると、事態はますます悪化する。集団に独自の雰囲気やニーズがあるというのは、そういう意味だ。

個人の場合と同じように、集団においてもＥＱは練習をひとつずつ積み重ねて連続的に育っていくものだ。たとえば、チームのメンバーが自己認識を高め、集団の雰囲気やニーズを汲みとれるようになると、メンバーどうしが共感をもって接しあえるようになる。共感を発揮できるようになると、前向きの規範が形成・維持されて、集団の対外的な関係調整能力が向上する。チーム・レベルでは、この社会認識（とくに共感）が、組織内の他の部分と良い関係を保っていくための基礎となる。

自己認識の優れたチーム

あるエンジニアリング企業の経営チームが、週のミーティングを社外で開くことになった。ミーティング開始直前にメンバーの一人が駆けこんできて、こんな場所でこんな時間にミーティングが開かれたおかげで自分はスケジュールの調整に苦労した、と口走った。そのメンバーが本気で腹を立てているのに気づいたリーダーは、全員に声をかけてこの問題に注目させ、不満を口にしたメンバーにスケジュールの都合をつけてくれたことを感謝した。その結果、雰囲気は好転した。

集団の自己認識とは、集団全体の雰囲気に留意するとともに、集団内の個人の感情にも留意することだ。自己認識に優れた集団の場合、メンバーは集団自体の感情に波長を合わせると同時に、集団内の個々人の感情にも波長を合わせている。彼らは共感をもって接しあい、集団内には互いへの気配りと理解をサポートする規範が形成されている。前述のチーム・リーダーの行動は一見単純に見えるかもしれないが、大げさなアクションよりもちょっとした行動のほうが不協和感を弱め共鳴を回復するうえで効果的なのだ。

感情は伝染するものなので、チームのメンバーは良きにつけ悪しきにつけ互いの言動から感情の影響を受ける。メンバーの一人が怒っているのにチームがそれを認知できなければ、その怒りが悪い連鎖反応を起こすきっかけになりかねない。反対に、チームがそうした場面にうまく対処できれば、一人の感情がチーム全体をハイジャックする心配はない。

エンジニアリング会社のチームで見られた仲裁のケースでは、チームとしての自己認識と共感のあいだにほとんど境界がないことがわかる。そして、それがチームの自己管理へとつながっていく。このケースは、リーダーが行動の模範を示した好例でもある。リーダーはメンバーの感情的現実に共感をもって対処し、それを集団全体の問題とした。そうした心遣いが信頼感や帰属意識を深め、チームのまとまりを強くするのである。

集団の自己認識には、決断を下す前に一人ひとりの意見（反対者がたった一人でも）によく耳を傾ける、というような規範も含まれる。あるいは、学習がうまく進まなくて困っている仲間に支援の手を差し伸べる、という規範もあるだろう。

テンプル大学のスーザン・ウィーランとクリーブランドのゲシュタルト研究所のフラン・ジョンストンの指摘によれば、問題点を指摘して集団の自己認識を向上させる役割をはたすのはリーダーとは限らず、ＥＱの高いメンバーである場合も多いという。ルーセント・テクノロジーズの戦略計画会議も、そうした一例だった。

会議の進行は、予想したとおりだった。議論をとりしきる女性重役は、いつものように来年度に

「少し背伸び気味の目標」を設定するよう出席者に促した。出席者たちも心得たもので、「二けた成長だ！」「その気になれば、何だってできるぞ！」などと向こう見ずな声を張り上げた。が、ラテン・アメリカ担当副社長のマイケル・デイシャペルは、この展開に問題を感じていた。会議で威勢のいい目標を打ち上げる規範のせいで、それまで長年にわたって適切な目標設定がおこなわれてこなかったこと（それは部門の業績伸び悩みの一因でもあった）、あいまいな目標のせいでメンバーの責任感が薄れていること、などを感じていたからだ。

そこで、デイシャペルは一石を投じることにした。「みんな、本気なのかい？　だったら、今年は四百パーセントの成長を目標にしようじゃないか！」出席者たちは一瞬うろたえ、「デイシャペルは気がふれたのではないか？」という表情になったが、まもなく、みんな笑いだした。デイシャペルは向こう見ずな目標設定に皆の目を向けさせ、内容を伴わない数字を打ち上げる規範を見なおすきっかけを与えたのだった。

デイシャペルの発言を機に、意味のない言葉の陰に業績不振を隠してきた怠慢を率直に反省する空気が生まれた。やがて、グループはより現実的な話しあいにもとづいて具体的な目標とそれを達成するためのステップを策定し、目標達成に向けた各人の責任も明確になった。そして、これがグループの転機となった。次年度の業績は、このグループが初めて全社的に誇れるものとなった。九億ドル以上の売上げに貢献したのだ。

デイシャペルのおかげで、チームは自分たちがどのように行動していたか、そしてそれはなぜか、を自覚するに至った。自己認識が高まったチームは、効果の怪しい規範に流されたりメンバー（あるいはリーダー）の感情に振りまわされる状態を脱し、どんな仕事をどんな方法で進めるかをきちんと決定できるようになった。

自己管理の優れたチーム

有名な研究所を主宰するケアリ・チャーニスは、チームの自己認識を何より重視し、部下たちにチームの一員として責任感を持つよう指導している。一日続くミーティングの冒頭、チャーニスはその日の課題を配布し、それと共にグループとして課題に取り組む姿勢を列挙した「プロセス規範」を配る。たとえば、

チャーニスだけでなく全員が次の事項に責任を持つこと。
- 脱線しそうな者には、軌道修正を促す。
- グループへの提案を促進する。
- 仕事の進行に関して質問するのを遠慮しない（グループに対して目標を確認し、議論の概要を示すなどして、全員が問題をきちんと把握できるよう留意する）。
- 傾聴のスキルを発揮する――現在進行中の議論を発展させるか、あるいは話題を変えたいという希望をはっきり表明して皆の了解を取ること……。

この研究所のメンバーは世界各国から集まってくるが、皆が、このミーティングはそれまで経験し

た中で最も焦点が明確で生産的で楽しいものだった、と言う。

この例には、ＥＱの高いリーダーに率いられたグループが自立していく過程がよく表れている。ラトガーズ大学で組織におけるＥＱのリサーチ・コンソーシアムを率いるチャーニスがリーダーならば、当然かもしれない。チャーニスが配布した「プロセス規範」には、何ひとつ珍しい内容は書かれていない。注目すべきは、チャーニスがグループに協力の規範を再認識させ、グループの誰もが実践できるよう内容をはっきりと提示した点だ。

この例から、チームの自己管理に関する重要なポイントが見えてくる。前向きの規範はグループがそれを反復実践しなければ定着しない、ということだ。チャーニスのグループは、メンバーがつねにＥＱを発揮できるよう心がけ、仕事の能率向上をめざし、ミーティングのたびにメンバー全員が有益な経験を得られるよう工夫していた。規範を明確に提示していたおかげで、新しくグループに加わった者も同化しやすかった。途中でコンソーシアムが二倍の規模に拡大したときも、メンバーの協力体制ができていたので、移行はスムーズに進んだ。

中心となる価値観や規範が周知徹底されていれば、リーダーが物理的にその場にいなくても、チームは機能する。世界中に散在するメンバーで形成するバーチャル・チームを率いる経営者たちには、心強い情報だろう。自己認識と自己管理に優れたチームならば、メンバーたちが進んで共鳴的規範を浸透強化させ、たがいに責任を持ってその規範を守っていくものだ。たとえば、ある研究所では、誰が始めたかわからないが、研究開発グループのミーティングにひとつの決まりがあった。誰かが創造的アイデアを述べたら、続く発言者は必ずそのアイデアを擁護しなければならない、というルールだ。

そうすることによって、生まれたばかりのアイデアが生き残る可能性が高まるし、必ず出る批判から革新的なアイデアを守ることができる。このルールには、二つの効果がある。ひとつは、新しいアイデアが擁護されること。もうひとつは、創造性を発揮した人が良い気分になれること。その結果、メンバーはより創造的になり、チームの共鳴は強化される。

チームの自己管理は、メンバー全員に関わる責任だ。感情や習慣への対処に慣れていないチームに自己管理を根づかせるには、EQの高い強力なリーダーの指導が必要となる。けれども、中核となる価値観とチーム全体のミッションがはっきりしていて、自己管理の規範をきちんと自覚し練習を積んでいけば、チームの能力は劇的に向上し、個々のメンバーの経験も豊富になる。そうなれば、チームの一員であること自体がメンバーにとって価値を持つようになり、前向きな感情がチームの目標を達成するためのエネルギーとなりモチベーションとなる。

共感の優れたチーム

ある工場の生産チームは、自分たちの成功は保守チームが生産施設の整備を最優先でやってくれるかどうかにかかっている、と考えた。そこで、生産チームのメンバーは保守チームを「四半期優秀チーム」に推薦し、保守チームが受賞できるよう推薦状を書いた。そうした気遣いが実って、生産チームは工場でトップの生産実績を上げることができた。

あきらかに、保守チームのプライドを引き出すことによって、生産チームは保守チームとの友好的な協力関係を築いたのである。生産チームは同じ組織で働く他のチームを理解しようと努力し、そのチームと自分たちがどのように影響しあっているかを考えた。そして、互いにとって有益な関係を築いた。その結果、生産チームも保守チームも単独で努力した場合よりも大きな成功をおさめることができた。

ＥＱの高いチームは、チームとして共感能力を発揮することができる。共感は、あらゆる関係を発展させていくスキルの基礎になる能力だ。ＥＱの高いチームは、組織内で自分たちの成功にとって重要なグループを見分け、そうしたグループと良好な関係を築くための努力をする。ただし、チーム・レベルの共感とは、単に友好関係を築くことだけではない。組織全体にとって何が必要かを考え、関係者全員が満足できる結果を求めて努力することなのだ。生産チームの姿勢は、二つのレベルで効果をもたらした。ひとつは、生産チームと保守チームのあいだに共鳴が生まれたこと。もうひとつは、生産チームが工場でトップの実績を上げることによって、その保守を担当している保守チームの優秀な仕事ぶりにもスポットライトが当たったこと。

チーム対チームなど組織の壁をこえて発揮される共感は、組織の能力や効率を著しく向上させる力となる。さらに、この種の共感は組織全体に健全な感情風土を形成し、チーム自体にも前向きの感情環境を作り出す力となる。

チームの感情的現実を表出させる

ＥＱの高いチームを作りたいならば、リーダーはまずチーム全体の自己認識を高める努力から始めるとよい。これまでにも触れたが、チームの感情的傾向を見守り、底に潜んでいる不協和感をメンバーに認識させてやることが、リーダーの最も大切な役割なのだ。感情的現実に正面から向きあえたとき、チームは初めて変革に向けて動き出す。「ここの雰囲気、良くないよね」といった単純な気持ちを認知するだけで、チームは変化への決定的な第一歩を踏み出すことができる。

リーダーの役割は、集団内で進行していることに耳を傾けて変化の口火を切ることだ。それは単にメンバーの言動を観察するだけでなく、彼らが何を感じているかを理解することだ。チームの非生産的な規範を指摘してやれば、チームは方向を転換できる。

グループの感情的現実を表出させる方法は、いろいろある。金融サービス会社の副社長の話を紹介しよう。「わたしはいつも、自分にどう見えるかではなく、チームのメンバーの目にどう見えているか、というところからスタートするようにしています。『この人、どうしちゃったの？　なぜ、こんなひどい状態になっているの？　何を恐れ、何を怒っているの？』と自問するわけです。あるいは、『彼女は何を興奮しているのかしら？　どうしてあげれば、彼女は安心し満足するのかな？』というふうに」

チームに自己認識の模範を示し、メンバーにも実践を勧めることによって、この副社長は卓越したチームを育てた。さらに、チームには（自分たちの欲求やニーズでなく）他者への共感や配慮を重視する規範が備わっていたので、メンバーたちはチームの枠をこえて、会社全体に関わるリーダーシップやマネジメントの問題にまで視野を広げることができた。その結果、この副社長が統括する部門は、独自に打ち出したプログラムや提案でいくつかホームランを放った。そのなかには、業界で最高の評価を得ているマネジメント・アセスメント・センターも含まれている。

あるいは、グループ全体に目配りすることによって感情的現実を表出させる管理職もいる。チームのライフ・サイクルが変化する節目でメンバーたちの行動も変化することに気づいたある女性のシニア・マネジャーは、メンバーが新しいチームの問題点について発言できる機会を作るよう留意した。プロジェクト・チームを召集するとき、彼女はいつも一人ひとりのメンバーに自分の長所とどんな点でプロジェクトに貢献できるかについて発言を求める。そうすることによってチームの感情的現実の二つの面――包含の力学（誰が参加で誰が不参加か）と、各自の役割（誰が何の目的で何をするか）――を認識させようとしたのである。結果的に、チームの始動時に率直な雰囲気が作られ、良い規範が形成される。それによって、後に意見の対立が起きたとき、チームはそれに対処することができるのだ。

リーダーの立場からグループの感情的現実を表出させるもうひとつの方法は、重要なシグナルに目を光らせることだ。たとえば、ヨーロッパの巨大製薬会社二社が合併した際に、あるマネジャーは自分の担当部門の全体的感情を把握するために手近なバロメーターをチェックした。駐車場の車の台数である。

合併が発表された当初、駐車場はいつも車でいっぱいだった。夜遅くまで残っている車がたくさんあった。みんな合併がもたらす新しいチャンスに期待をふくらませ、遅くまで残業してがんばっていたのだ。その後、合併のプロセスが予定より遅れはじめると、駐車場の車が次第に少なくなっていった。あきらかに、人々が当初抱いていた興奮とコミットメントが冷め、不安が大きくなりはじめていたのだ。

それにもかかわらず、依然として遅くまで駐車場に残っている車もあった。合併プロセスが停滞している中でも、あまり腐らず生産性も落とさずに働いている人々がいるのだ。調べてみると、自分の内なるモチベーションに従って仕事を続けている社員たち（研究開発を担当する科学者のように仕事そのものにコミットメントを抱いているケースと、自己管理が優れているケース）もいたが、多くは優秀なリーダーによって変化の混乱から守られている社員たちだった。ＥＱの高いリーダーは統括するチームを変化のプロセスにうまく巻きこみ、できるだけ多くの情報と将来に対するコントロール権を与えていた。そして、チームのメンバーたちの感情を受けとめ、その意味を認め、そうした感情を表現する機会を与えていた。

たとえば、研究開発担当マネジャーは、人気のあるリーダーが会社を去って以来、チームのモラールが落ちているのに気づいていた。そのマネジャーは問題を無視せず（どちらにしても、状況を変えることはできないのだ）、メンバーの一人ひとりと面接して、悲しみや不安について話を聞いた。個人レベルの配慮が功を奏して、チームはそのマネジャーのもとでまとまり、合併に伴う前向きの変化にエネルギーを向けられるようになった。さらに別のマネジャーは、「チームの解散式」を開いた。部下たちを新しい部署へ機械的に送り出すのではなく、機会を見つけて昔のチームで集まり、過去をなつかしみ、時代の終焉を悲しみ、将来の希望を語りあったのだ。

これらのマネジャーは、自分の気持ちやチームの気持ちに適切に対処した例だ。そのおかげで、部下たちは変化の行方を邪推する（あるいは変化に抵抗する）ことに無駄な感情的エネルギーを使わずにすんだ。しっかり目を見開いて配下のグループの傾向を見つめていたリーダーたちは、前向きのエネルギーをつかまえ、後向きの感情に建設的なはけ口を与えることができた。

行動の基本原則を作るのはリーダー

チームの規範を形成するうえで最大の力を持っているのは、チーム・リーダーだ。チームの調和や協力を促して、一人ひとりのメンバーがチームのために最高の能力を発揮できる環境を用意する力を持っているのも、リーダーだ。そのために、リーダーは前向きのイメージや楽観的な解釈や共鳴を喚起する規範を示し、ビジョン型、民主型、関係重視型、およびコーチ型のリーダーシップ（その他のスタイルについては七十八～七十九頁の表を参照）を発揮しながらグループの感情をより高度なレベルへ導いてやることが大切だ。

リーダーは自らの行動を通して模範を示してもよいし、グループのＥＱを高める功績のあったメンバーを積極的に顕彰することで指針を示してもよい。ミーティングの前に少し話をする時間を設けて、気分が「乗らない」メンバーに気持ちを吐き出させるのもよい方法だ。ペンシルベニア大学のケンウィン・スミスとイェール大学のデイヴィッド・バーグが指摘しているように、グループ内にこうした感情が浮上したときは、リーダーにとって「目の前にある問題を避けずに即刻処理すべし」という重大なシグナルなのだ。たとえば、無礼な態度が見られたメンバーには、電話をかけて問題点をよく話しあう。あるいは、会議で口数が少なかったメンバーには、その日に決定された事柄についてどう考えているか尋ねてみる。

チーム内に行動の基本原則を構築するには、EQの高いリーダーシップが必要だ。理解することは容易でも、実行は容易でない。優秀なリーダーは、グループの中で起こっていることに気を配り、適切に対処する。それは、目立つ行動である必要はない。「ブレインストーミングのときはあまり攻撃的になるなよ」と、そっと注意してやるだけでも十分に効果的なのだ。優れたリーダーシップに導かれたチームは、自然に生産的な人間関係を身につけていく。

チームのEQレベルを見極める

ある中堅企業のCEOから、経営チームの中で足並みの揃わない役員三人に対するコンサルティングを依頼された。チームワークの研修を受けさせれば「治る」だろうと考えたのだ。しかし、われわれはもう少し情報を集めることにした。経営チームの役員たちと会話しながら、われわれはリーダーのインパクトに目を配ると同時に、チームの感情的現実や規範にも注目した。また、「感情コンピテンシー調査表」を使ってチームのEQを簡易測定し、あわせて経営スタイルおよび三人の役員が組織の風土に及ぼすインパクトについても評価した。われわれの発見に、依頼者のCEOは驚いた。たしかにチームはうまく機能していなかったが、必要なのはチーム作りではなかったのだ。面接調査や

「多面観察調査」によるフィードバックの結果、チームにはまるで別の解決方法を必要とする問題が潜んでいることがわかった。

予想したとおり、特定のチーム・メンバーが原因となっている問題もいくつかあった。たとえば、あるメンバーは自己認識が非常に低く、自分の言動に対して仲間がどう反応しているかをまったく感じ取れない人物だった。会議の席で、彼は強硬に意見を主張し、自分の攻撃的な態度が他人にどう伝わっているかまったく理解していなかった。この件について仲間たちが何か伝えようとしても、彼のボディランゲージが「聞きたくない」と言っていた。

別のチーム・メンバーは地球の反対側にある工場から少し前に転勤してきたばかりの社員で、企業の中枢部における政治的配慮をまったく理解せず、職場文化に逆行する行動でチーム・メイトも部下も遠ざけてしまっていた。同僚たち（そして彼自身）にとって不可解だったのは、少なくとも個人どうしの関係においては彼はすばらしい共感と人間関係構築のスキルを発揮するのに、チームのレベルになると感情的現実がまるで読めず、いつも的はずれな行動に出る、という点だった。

これらの問題や他の人間関係にかかわる問題が、チーム作りの主たるポイントになった。が、もう少し深いレベルに目を転じてみると、ほんとうの問題は非効率的な規範とチームの後向きな感情の合併症であることがわかってきた。個人もチームも、自分たちのグループ・プロセスに対する自己認識がほとんどなかった。個々のメンバーの感情にもグループの雰囲気にも適切に対処できず、チームの後向きの感情に翻弄されて時間とエネルギーを浪費していた。要するに、経営チームは居心地が悪く、みんな一緒に働くことを避けていた。

CEOのペースセッター型リーダーシップに抵抗してチームが非効率的な規範を作りあげてしまったことも、問題の一因だった。CEOの強い目標達成志向と共感の表現能力欠如が原因で、チーム内に望ましくない競争意識が生じていたのだ。しかも、このCEOは自分のビジョンや戦略は部下たちに当然理解されていると思っていたが、われわれのデータによると、そうではなかった。チームのメンバーがばらばらに動いていたのは、自分たちの属する組織がどこへ向かおうとしているのかわからなかったからだ。

この状態の経営陣に既製のチーム作りを指導しても、ほとんど効果はないだろう。チームのEQが足りないために非生産的な習慣ができあがってしまったことに気づいたメンバーたちは、自分たちが変わるには何が必要なのかをようやく理解しはじめた。また、チームとしての変化を実現させるためには個々のメンバーも変わる努力をしなければならない、という自覚も芽生えた。状況がきちんと見えてきたので、われわれはチームと個々のメンバーに対して変化のプロセスを提示することができた。

このときチームのEQを簡易測定した結果からもわかるように、感情的現実をはっきりと把握することは非常に重要だ。感情的現実を理解することは、ひとつにはチームあるいは組織の行動を方向づけている習慣を特定することだ。当事者たちにとって、こうした習慣はたいして意味のあるものではない。にもかかわらず、彼らはその習慣に従って行動する。「ここではそれが普通だから」という理由で。EQの高いリーダーは、そうした習慣やその背後にあるシステムに目を光らせ、それがきちんと機能しているかどうかチェックする。集団を支配する不健全な習慣を見つけて顕在化させることによって、リーダーはより効果的な規範を作ることができる。

前掲の経営陣は、非生産的な規範や不健全な感情的現実を認識のレベルに引き出した。彼らの例は、もっと大きな組織が変わるための必要条件にも共通する。それについては、次の章で触れることにしよう。経営トップの中で何が有効で何が有害かを率直に話しあう空気を育てること——それが、より共鳴的なチームを作るための最初の重要なステップだ。そうした話しあいをすることによって、組織の感情的現実や社員たちの行動が見えてくる。

問題は、リーダーの多くがこうしたホットな話題に触れたがらないことだ。腹蔵なく意見を述べあうと感情的に収拾がつかなくなるのではないかと恐れて、リーダーは「団結」「チーム内の機能分担」あるいは「戦略実行プラン」など、無難な話題から踏み出そうとしない。そこから発展してチームの問題、組織の問題、従業員の問題が議題になるケースもないとは限らないが、たいていは企業戦略や団結の話で止まってしまう。互いに本音をさらけ出して話しあうのが難しいからだ。しかし、こういう態度はチームに不協和感をもたらす。現実に規範が機能不全だったり感情風土が非生産的だったりすれば、社員たちにもわかるからだ。問題を避けることによって、リーダーたちは問題を大きくしてしまう。本音で話しあうには勇気が要る。そのためには、チームを導くＥＱリーダーシップが必要になる。

こうしたプロセスには三つの利点がある。第一に、組織の文化やリーダーシップに関して本音で話しあい率直に評価しあえるようになる。第二に、こうしたプロセスにかかわること自体から新しい習慣が生まれる。組織のリーダーたちが真実を探り、夢を語りあい、健全な人間関係を育んでいこうと努力する姿を見て、部下たちもそれを見習うからだ。第三に、トップが真実をはっきりさせようという姿勢を見せれば、下の者たちもリスクにひるまず真実を求めるようになる。

この章で見てきたように、チームが不健全な規範に縛られている限り、リーダーは共鳴をもってチームを導くことができない。リーダーが部下たちの感情やチームの感情的現実に対処する姿勢を持たなければ、チームの規範を変えることはできない。こうしたことは、組織のレベルになればいっそう顕著になる。規範が企業全体の文化に影響を及ぼすからだ。どんなに勇気があっても、システム全体を個人で動かすのは不可能に近い。新しいリーダーシップを育成する次のステップとして、より大規模な組織における現実と理想の形を考えてみよう。

第十章　組織の現実、組織の理想

ショーニーズ・レストラン・チェーンは、長年、結束の堅い経営陣のもとで営業してきた。役員たちは社の歴史と信条を共有してきた気心の知れた仲間で、経営についても何ら問題は感じていなかった。が、実際には身内びいきがはびこって、経営陣は白人男性限定の仲良しクラブ的組織になっており、白人以外には昇進の道が開かれていなかった。

こうしたことすべてが、一九九二年の訴訟で大きく方向転換した。ショーニーズの従業員および求人で不採用になった人々が二万人集まり、雇用と昇進における差別を理由に集団訴訟を起こしたのである。示談のために、ショーニーズ側は一億三千二百万ドルを支払わなければならなかった。そのとき以来、ショーニーズの新しい経営陣は意識的に会社の文化を変えようとして、有色人種に昇進の機会を増やす努力を重ねてきた。その結果、わずか十年で、ショーニーズは「仲良しクラブ」からフォーチュン誌の「マイノリティの働きやすいトップ五十社」の仲間入りをはたした。

もちろん、方向転換は短期間で達成できたわけではない。変化の第一歩は、不協和を招く企業文化という現実に対する警鐘（すなわち訴訟）から始まった。そして、新しく入れ替わった経営陣は、その後の雇用指針となる理想的ビジョンを示す必要に迫られた。最終的には、組織全体がそのビジョンを受容し、感情面でも同調しなければ、本物の変化は実現しないのだ。

ショーニーズのリーダーたちは現実を受けいれ、大きく異なる未来へと組織を導いた。彼らは、チームを導く場合と同じように、組織の感情的現実と規範を把握することが変化への第一歩であると考えた。会社の感情的現実や習慣を把握できてはじめてEQを高める努力に着手できる、と考えたのだ。

大きな相違は、チームの場合は個人のEQコンピテンシーが直接反映するが、組織はもっと複雑で目標が広範に及ぶ、という点だ。組織の場合は、あらゆるレベルにおいてEQリーダーシップを広く深く育成する必要があり、真実、透明性、誠実性、共感、健全な人間関係などを支持する規範と文化を計画的に形成していかなければならない。こうした変革の流れが動き出すためには、真実を隠さないリーダー、組織の感情的現実を探り出せるリーダー、将来のビジョンを掲げて仲間を率いていけるリーダーが必要だ。企業のあらゆるレベルにおいてこうしたEQリーダーシップが育ち、リーダーたちが正面から現実と向きあうとき、企業は新しく生まれ変わることができる。

話を聞かないリーダーたち

第一のステップ――真実と組織の現実をあきらかにすること――は、リーダーの基本的な仕事だ。が、それができなくてCEO病に陥るリーダーが、あまりにも多い。その中で最も罪が軽いのは、じっくりと会話をする時間が作れないリーダー、部下たちと腹を割った話のできる関係重視型あるいはコーチ型のリーダーシップが発揮できないリーダーたちだ。彼らは従業員との接触が足りないために実情が把握できず、職場の日常における感情的現実と縁遠くなってしまう。

罪が重いのは、硬直した強制型とペースセッター型で部下の話を聞こうとしないタイプだ。こういうリーダーは、組織の現実に対して的はずれな認識しか持てないか、あるいは現実を否定しようとする。自分では何もかも順調に運んでいると思っているが、実際には誰もほんとうのこと（とくに上司を怒らせる悪いニュース）を教えてくれない文化を作ってしまっている。この種の沈黙は、あとで非常に高くつく。

たとえば、毎年アメリカの病院では推定十万人が医療ミスで命を落としている。それも、医師が処方箋を書きまちがえたとか、点滴に入れる薬をまちがえた、などのありふれたミスだ。医療施設にありがちな命令管理型の文化を自覚して改めるだけで防げるミスばかりだ。この問題を扱う医療アカデミーで対策委員会の委員を務める医師が語る。「病院の文化では、たとえば処方箋のゼロがひとつ多いなどと看護師がドクターの誤りを指摘しようものなら、即クビですよ。もし医療の世界が航空機整備と同じようにミス根絶の基準を採用したら、医療過誤は劇的に減ると思いますよ」

もちろん、だれも看護師に対して「ドクターに盾ついたらひどい目にあいますよ」と表立って教えるわけではない。組織の文化は、無言のうちに学習されるものだ。そして、こうした文化はなかなか変化しにくい。たとえば、病院で「ミス根絶」を標榜する文化を作り上げるためには、現行よりはるかに厳しいチェック体制を取り入れなくてはならない。しかも、ヒエラルキーの強い文化にありがちなペースセッター型あるいは強制型のリーダーシップを克服して、前出の医師の言葉を借りれば「看護師が安心してドクターのまちがいを指摘できる」環境を作らなければならないのだ。

EQの欠如した組織

EQの低いリーダーのもとでは、組織に有害な文化が蔓延するのは避けられない。EQの欠如している組織で働くのは、どんな感じがするだろう？　あるマネジャーが、不協和状態を作り出すリーダーのもとで働いた経験を語ってくれた。彼女はからだを壊し、能力も自信も創造性も失ったような気分になった、と言う。原因はあきらかだ。ペースセッター型のリーダーが脅しと威圧で部下を動かそうとしたからだ。

その会社は社会奉仕と教育を社訓としていたにもかかわらず、社長は目先の利益にしか関心がなかった。ライバル社がほとんどなかったので、社長は多少質を下げても顧客を失う心配はないと考えていた。さらに、この社長は社員の福利厚生を軽視する態度を隠そうともしなかった。「どんどん雇って使い捨てればいい」というのが決まり文句だった。もっと悪いことに、この社長は他者を尊重する気持ちのかけらもない男だった。ある日、若い社員が社長を含む数人に、「今日はわたしのバースデーなの」と言ってケーキを配った。みんなは笑顔で「おめでとう」と声をかけたのに、この社長は近くにいたマネジャーに向かって大声で、「何だ、この馬鹿さわぎは。きみは部下をまともに働かせることもできないのか」と言った。そして、ケーキを配った社員のほうへ向きなおり、彼女を頭のてっぺんから足の先まで眺めて、「おまえも、こんなカロリーの高いケーキを食ってる場合じゃないだろう」と言ったのだ。

このリーダーのスタイルは、きわめて破壊的な規範を組織に蔓延させた。たとえば、職員が顧客に対して二枚舌まがいの話術を使うのはあたりまえだった。顧客に対しては「あなた、これは一握りのエリートだけに恵まれたチャンスなんですよ」と言い、会社が提供する高額のサービスについては「世界のどこを探しても、わが社ほどのサービスはありませんよ」と言った。実際には、顧客はごく平凡な人々で、サービスは平均にも達しないお粗末な内容だった。どんなに笑顔を装っても、職員が感じている矛盾は隠せなかった。顧客のほうも、提供されるサービスが月並みだとわかるにつれて、厳しい要求を出すようになった。しかも、会社が討論集会などに招待する有名人たちは形ばかりの顔見せだけで（彼らもこの会社の仕事のしかたに不満を感じていた）、有名人の出席を頼みにしている職員にも、有名人の出席を楽しみにしてきた顧客にも、不満がつのるばかりだった。現実と虚構の落差に疲れて、職員の多くは仕事に意味を感じられなくなり、意欲も衰えていった。

やがて、職員たちは仕事のやり方も意味も一切考えなくなった。そして、毎日のように意欲を削ぐ対応や規則や方針に追いたてられながら、ただやみくもに作業をこなすだけになっていった。社内の文化を改善しようとする努力は、ことごとく上司の手で阻止された。今日では、この会社の評判は地に落ち、離職率は最悪の数字になっている。

変化の始まるところ

だからといって、有害な文化に毒された組織が絶対に変われない、ということはない。ＥＱの高いリーダーが日々の行動の底流にある感情的現実と文化的規範を積極的に検討しなおす気になれば、変化をもたらすことはできる。共鳴（および結果）を生み出すためには、リーダーは人々の感情、組織の感情的現実の底に隠れているもの、組織をまとめている文化など、目に見えないものに注意を払う必要がある。

われわれがコンサルティングを担当したある大病院では、苦い経験を通してではあるが、経営陣が必要なことを学んで組織の文化を良い方向へ転換させることに成功した。

一九九〇年代後半、アメリカの多くの医療施設はさまざまな問題を抱えていたが、この病院も例外ではなかった。患者からは医療の質的向上を要求され、保険会社と役所からは経費削減を要求され、そのはざまで苦悩していた。結果的に、地元の自治体はこの病院のサービス水準に不満をつのらせ、患者は他の医療施設に移っていった。経営陣は、五年かけて病院経営を根本的に見なおす方針を打ち出した。財務関係を処理するために複雑なソフトウェアを発注し、外部調達したほうが効率的な作業は外に任せ、効率を上げるために人事異動を実施した。

けれども、この病院の経営陣は基本的なことを忘れていた――変化を起こすには、感情的現実と文化に目を向けることが必要なのだ。さらに、経営陣は変化のプロセスに対する従業員たちの気持ちを配慮せず、合理的な目標、明確な指示、論理的なプロセスなど、上から変化を押しつけていた。感情の力を無視したために、二年後には病院は経営の危機に陥った。自慢の新システムも効果がなく、離職率は二倍になった。

この病院に対して、われわれは、経営陣が組織内の不協和感を認識する必要があること、不協和感を放置したままでは変革の努力は無駄に終わる可能性が大きいこと、を重点的にアドバイスした。やがて、経営陣は「広角設問法」と呼ばれるプロセスを通じて、従業員が職場の現状について本音で議論しあえる機会を設けるようになった。その結果、意外なことがわかった。従業員たちは、職場の文化や経営陣の姿勢に不信感を抱いていたのだ。彼らは、経営トップが本気で変革を支持しているようには思えない、リスクを冒す姿勢を歓迎したり学習を尊重しているようには思えない、と感じていたのだ。

たとえば、仕事の手順が変更になるという通知があっても、そのための研修は時間が少なすぎるし内容も時代遅れだ、と従業員たちは感じていた。実際、この組織では昔から研修が軽視されてきたため、従業員たちは研修に熱意を示さず、成果も上がらなかった。さらに、従業員たちは、長年続いてきた文化的習慣のせいで変革のプロセスが妨げられていると感じていた。たとえば、この職場では従業員たちが互いにいつもけんか腰で、そのためにみんな疲れはて、自己防衛的になっていた。どっちを向いても陰口、仕返し、いざこざだらけで、変化に向けて前向きの努力をする雰囲気ではなかった。

「現実」を認識することによって、病院の経営は正しい方向へ一歩前進した。経営陣は従業員の気持ちを考慮することの大切さを認識し、文化そのものを変える必要性を認識するようになった。そして、その方法について従業員たちにも発言の場を与えた。その結果、職場の空気が前向きになった。話しあいがおこなわれ、経営陣が重要な変革に本腰を入れる一方で、従業員も新しい文化の形成に関与する責任を感じるようになった。まもなく、変化に対して積極的な態度が出てきた。ビジョンへの共鳴が芽生え、従業員の反応に熱がこもり、新しい戦略を説明するミーティングへの出席者が増え、病院の空気が劇的に明るくなった。病院の文化と感情的現実が良い方向へ動き出し、抵抗よりも前向きのエネルギーを、不協和状態よりも共鳴を生むようになったのだ。今日、病院はすっかり生まれ変わった。組織は能率的になり、離職率は下がり、患者の満足度は上がり、変革のあいだに生まれた共鳴的規範は今日でもコミットメントと活気と柔軟性を生み出している。

組織内の不協和感がもたらす最大の不幸は、その中で働く人々が熱意を失い才能を発揮できなくなってしまうことだろう。そのような組織からは卓越や自信が失われ、虚勢や盲従や反感が目立つようになる。毎日職場へ来ていても、気持ちは職場にないのだ。

従業員の才能を押し殺してしまう組織を改善し、活気と熱意のあふれる職場にするには、どうすればいいのだろう？　そのような大変革を成しとげるには、現実を徹底的に見つめなおし、従業員の理想像（個人として、また組織の一員として）をしっかりと目標に据える、という思いきった飛躍を実現させる必要がある。が、ときには、共鳴を生み出すために、リーダーはまず組織の根底にある惰性と闘わなければならない場合がある。そのためには、どうすればよいか？　感情的現実を表出させ、希望の種を蒔き、組織にモチベーションを与えていくために、リーダーは何をすればよいのだろうか？

組織の現実を発見しよう

大企業の多くは、従業員の態度、価値観、信条などを体系的に評価するプロセスを採用している。感情的現実を把握する作業の代用だ。こうしたプロセスは非常に有用だが、問題は、こうした調査では測定の対象となった項目しか評価できない、ということだ。表層の下を流れる微妙な気持ちや複雑な規範は、ほとんど把握できない。こうした盲点が生じるのは、調査担当者が知りたい項目しか評価しないからだ。さらに、こうした調査で問題のある文化やリーダシップの一面があきらかになったとしても、それを正面から取り上げるには意識的な努力と勇気が必要になる。その結果、せっかくの情報がそのまま放置されてしまうケースが少なくない。

「広角設問法」と呼ばれるプロセスは、「見ようとしたものしか見えない」調査の欠点を修正する有効な方法として、マサチューセッツ大学のセシリア・マクミリンと本書の共同執筆者アニー・マッキーが開発した方法だ。この方法により、組織の感情的現実——人々が何を大切に思っているか、個人やグループや組織が成功するために何が役立つか、何が障害になっているか——があきらかになる。組織に関する真実を発見するプロセスを通して、人々は自分が見たいことだけでなく、実際に起こっていることについて共通の認識を獲得するのだ。

「広角設問法」は、人々の気持ちを引き出すために、ポイントを絞った会話と自由回答式の質問を用いる。ビジネスから少し離れている印象を受けるかもしれないが、感じていることを口に出せない限り、文化の根本的な問題や意欲の源泉に迫ることはできない。自分たちの組織について感じるところを腹蔵なく話しあえるようになると、何が有効で何が無効かについて非常に高いレベルの合意に到達できる可能性が出てくる。マクミリンの言葉を借りるならば、「人々が組織の魂を描きはじめる」のだ。「広角設問法」によって、組織に影響を及ぼしている力の正体が把握できると同時に、将来への希望も見えてくる。

こうした最初の話しあいの結果、通常の調査や面接よりはるかに意味のある具体的なテーマがあきらかになるはずだ。これらのテーマは、小グループで議論してみると、組織の現実に関して非常に活発な意見を引き出すことができる。さらに重要なことは、組織の文化や感情的現実などについて話しあうことによって、人々が問題や夢や理想へ到達するプロセスに対して当事者意識を持つようになる、という点だ。組織の問題点だけでなく長所にも注目することによって、人々の視線が変革のビジョンへ向くようになる。そして、自分の夢や個人として貢献できることを、大きな全体像の中で考えるようになる。

いったん文化や夢についてオープンな話しあいが始まれば、もう後戻りはない。一般的な調査や一回きりの研修とちがって、「広角設問法」は話しあいをスタートさせる効果があり、そこから独自のモーメンタムが育ちはじめる。現実と感情の両方に立脚する共通認識は、変化をもたらす強い推進力となる。共通認識をもとにして結束と共鳴が生まれ、そこから育ったモーメンタムが話しあいを行動へと発展させる。人々のあいだに意欲と力が湧いてきて、共通の問題に力を合わせて取り組もうとするようになる。ラン・チェンという名のリーダーがアジアのあるNGO（非政府組織）の頂点に立ったとき、まさにこうした現象が起こった。

職場に活気を取り戻す

スタッフ二百二十八人、顧客基盤一億五千万人の組織を想像してみてほしい。当然、これだけの組織を支えるには大がかりな官僚システムが必要になる。ラン・チェンが国際的NGOのアジア支部にトップとして着任したとき、まさにこれが問題だった。

このNGOに新しく参加するスタッフは、世界の女性と子供の健康を改善するというミッションにやりがいを感じて働きはじめるのだが、当初のそうした熱意が日々の仕事の中で薄れていく現実を、ラン・チェンの目はとらえた。熱意や創造性がいつの間にか失われてしまうのは人々の働き方とシステムに原因がある、とラン・チェンは気づいた。事実、組織のミッションは山のような規則に埋もれてしまっていた。

仕事の要請は増えつづけ、出資機関や政府からは批判が高まっているにもかかわらず、重苦しい官僚システムのせいもあって、このNGOでは仕事のペースが遅く、仕事の内容も水準以下で、必要なときに役に立たない組織だった。スタッフは「終身雇用」のぬるま湯につかってふやけきっており(大規模なNGOに共通の問題)、出世は能力の有無とは無関係に見えた。仕事の成果を評価する基準もないに等しく、組織そのものも自己評価能力を失っているように見えた。規則が守られているかぎり、スタッフの能力の優劣は問われない。しかも、女性のための組織なのに女性のスタッフはほとんどおらず、責任ある地位に就いている女性はもっと少なかった。

さらに、サポートスタッフと現場スタッフのあいだに大きな溝があり、良い仕事への称賛はすべて現場スタッフに向けられていた。サポートスタッフも現場スタッフも現状を居心地よく感じており、緊急事態が発生しても現体制を変えようとしなかった。

このような環境に置かれているために、NGOの中核をなす価値観（同情や誠実さなど）は、誤解や古い政策の陰で見えにくくなっていた。全般的に見て、スタッフがまとまりを失っていること、大切なミッションに対する共鳴が低下してきていることは、ラン・チェンの目にあきらかだった。チェンが直面した問題は、何が機能していて何が機能していないのかを見定め、人々を解決へ導くこと——これは、すべてのリーダーが直面する問題だ。だが、活力を失ったシステムをどう建てなおせばいいのだろう？　組織の自己評価能力を育て、複雑な環境で機能できる組織に変えていくには、どうすればいいのだろう？　要するに、どうすればリーダーは組織を変革できるのだろう？

ラン・チェンはシンプルな原則に従って変革を進めた。「広角設問法」を用いて、スタッフや組織の現実の姿を見極める作業に皆を巻きこんでいったのだ。その結果、スタッフは仕事に対する情熱や夢を取り戻し、ビジョン型リーダーであるラン・チェンに従うようになった。ラン・チェンは、自らが変革の理想を示す模範となってスタッフを導いた。そして最後に、新しくなった習慣や働き方を維持するための制度を作った。これは、変化を定着させるうえで不可欠な手順だ。ヘイ・グループのルース・ジェイコブズも、EQを育てる人事慣行（採用やパフォーマンス管理など）を作ることが共鳴と健全な感情風土を維持する鍵になる、と述べている。

EQの高いリーダーは、自分が第一に取り組むべき課題は組織の現実を見ることであり、主要な人材を巻きこんで問題点を特定することである、と心得ている。そして、その一方で、個人や集団に将来への希望を語らせる。ラン・チェンのように、優れたリーダーは組織の長所と短所の双方を考えさせ、そのうえで現実に対する共通認識を引き出し、集団のエネルギーを未来のビジョンへ向けてやることができる。

不協和型組織から理想的ビジョンへ

文化的現実が把握できたら、ＥＱの高い組織を作るための次のステップは、個々のメンバーの希望や夢と矛盾しない組織のビジョンを打ち立てることだ。ＥＱを発揮して模範を示すリーダーの姿を見て、組織のメンバーは理想とするビジョンを支持するようになる。メンバーたちが共通のビジョンに焦点を合わせて前進していく組織は、どのように見えるだろうか？　カリフォルニア州に本社を置くルーカスフィルムを例に考えてみよう。ルーカスフィルムは、プロデューサーのジョージ・ルーカスが所有する数々のクリエイティブ・メディア企業の親会社だ。

ルーカスフィルムの社長ゴードン・ラドリーに会った人は、まず最初に、額に彫られた小さな「#」の入れ墨を見て驚くだろう。これは、マラウィ族の一員であることを示す入れ墨だ。ラドリーは一九六〇年代後半に平和部隊のボランティアとしてマラウィの人々と二年間生活を共にした経験があるのだ。それから三十年を経た現在も、ラドリーはマラウィ族の友人たちと連絡を取りあっていて、枝を組んで作った小屋にトタン屋根をかける費用や小さなビジネスを始めるための資金を出してやったりしている。「外とはまるでちがう世界ですが、彼らは彼らなりの社会を維持していて、昔とほとんど変わらない姿のままです」最近もマラウィを訪ねて帰ってきたばかりのラドリーが話してくれた。「里帰りしてみると、マラウィの人たちに対する愛情を改めて感じますよ。マラウィ族の一員であることは、わたしにとって、これまでずっと特別の意味を持つことだったのです」

従業員が仕事に満足している会社には、ラドリーの話と同じような特別の集団に所属する歓びが感じられる。ラドリーにとって、リーダーとしての責任のひとつは、ルーカスフィルムの企業文化を育て維持していくことだ。ジョージ・ルーカスが作り上げた大帝国の中で、ルーカスフィルムは親会社の役割をはたしている。子会社には、伝説的な特殊効果工房インダストリアル・ライト・アンド・マジック社をはじめとして、ビデオゲームから劇場の音響システムに至るまで幅広いメディア企業が名を連ねている。

ラドリーにとって、最高の企業文化はマラウィの部族生活で経験した帰属感に通じるものがあるという。「部族の一員である、という感覚をどうやって生み出すか？　難しいですよ、見ようとするとスッと消えてしまうから。でも、われわれは、『何をするか』と同じくらいに、それをすることについて『どう感じるか』を大切にしています」

そうした気持ちを引き出すひとつの方法は、人々の記憶に後々まで残るような印象的な経験の場を提供することだ。「数年前になりますが、うちの会社にも危機がありました」ラドリーが語ってくれた。「それで、わたしは全社集会を開くことにしました。全社員をひとつ部屋に集める集会は、初めてのことでした。地元のコミュニティ・センターの講堂を借りました。わたしはいつもと同じように集会を始め、二十分ほど財務や経営について話をしました。それから、突然、カーテンを引いたのです。そこには、ブロードウェイのミュージカル『ストンプ！』のキャストが勢ぞろいしていました。そんなことは、もちろん誰ひとり予想もしていなかったでしょうね」

二時間のあいだ、全社員は言葉なしのパーカッションのみで一糸乱れぬリズムを刻むミュージカルに見入った。『ストンプ！』の独創的な振り付けは、ほうきやバケツやモップやトイレ・スポイトなど何の変哲もない道具を使って、一人が打ちはじめたリズムに皆が次々と加わって厚みのある演奏に発展させていく、というものだ。共鳴できるグループのパワーを感じさせる言葉のない頌歌《しょうか》である。

「じつに刺激的な時間でしたよ」ラドリーは言う。「ひとつの言葉もなしに、みんなを結びつけたんですから。あれを企画したのは、全員をひとつにしたかったからです。みんなで力を合わせて自分たちの実像よりもっと大きなものを作り上げていきたい、という特別な思いを感じてほしかったのです。社員が互いを思いやる文化を作りたいのです。平和部隊のように、互いのために奉仕する、という……。優秀な企業は、共感の文化を持っているものです。そこから共通の価値観が育っていく。そのために、象徴的なイベントをやって、それが企業風土を育てていってくれれば、と思うわけです」

こうした瞬間のことを、ラドリーは「ゲリラ・ディベロップメント」と呼ぶ。目に見えないレベルで企業の文化を形作っていくのだ。ただし、集団の文化は繊細なもので、強制的に形作ることはできない。「テーブルをセットして、あとは皆が来て席についてくれることを願うだけです」と、ラドリーは言う。

たとえば、最初のころ、ラドリーは企業の上級管理職たちを集め、イスを巨大な車座に並べてミーティングをしたことがある。「イスの並べ方で、いわゆる部族的な感覚を示唆したのです。一人ひとりが自己紹介をして、出身地などについて話しました。自己紹介が一巡したころには、みんな自分たちがこの瞬間にこのグループの一員となるためにはるばる各地から集まってきたのだ、と感じられるようになりました」

そうした束の間の感激も、日常の現実が伴わなければ意味がない。ルーカスフィルムは理想の職場として評価が高く、サンフランシスコのベイエリアでも優秀な才能を集めている。ルーカスフィルム傘下の企業は、フォーチュン誌やワーキング・マザー誌などの「働きたい企業」リストにも登場する。組織における「部族的連帯感」は、その組織が理想的ビジョンをどれくらい鮮明に打ち出しているか、そして従業員の目がどれほど共通の目標に向いているかを測る良い指標だ。だが、組織の理想的ビジョンをはっきりと提示するために、リーダーはそもそも何をすればいいのだろう？　まず最初は、リーダー自身が自分をよく見つめ、自分自身の夢や組織に求める理想的ビジョンについて深く考えてみることだ。

内なる声を聴く

理想的ビジョンを見つけるプロセスは、自分の内面に目を向けるところから始まる。ユニリーバの共同会長アントニー・バーグマンの話を聞こう。「拡大戦略に着手しようとしていた当時、何かが変だと感じたのです。何かが欠けている、これは計画を見なおす必要があるぞ、と。わたしは自分の感覚を信じています。自分の内なる声に耳を傾けることは大切です。そこで、わたしは自分の不安感がどこから来ているのか考えました。自分たちのやっていることは、どこもまちがっているようには見えませんでした。新しい戦略はポイントがはっきりしていたし、株主のサポートも取り付けていたし、組織体系も新しくしたし、優秀な人材を適所に配してあるし。でも、何かがちがう――何か決定的に重要なものが欠落している感じがするのです。考えに考えた結果、変革をめざすすばらしい戦略もできているし、活力を生み出すビジョンもあるけれど、ユニリーバに変革をもたらすためにほんとうに必要なのは新しい文化だ、リーダーシップの新しい思考様式だ、そして新しい行動規範だ、とわかったのです」

もうひとりの共同会長で変革プロセスの共同立案者でもあるナイル・フィッツジェラルドも、言葉を添える。「目ざすところはわかっていた。はっきりとね。組織レベルでは、準備も整っていた。でも、それはグランドキャニオンの崖っぷちに立っているみたいなものなんだ。向こう側へ行かなくちゃならないと、わかってはいる。でも、それには思い切って向こうへ飛び移り、橋を作らなくてはならない。どこか深いところに不安があるのだが、ビジョンの興奮が『早く跳べ、橋を作れ』と言っている。わたしは、自分の感覚に耳を澄ました。とくに、何かがちがう、まだ足りない、という声に。これは重要なことなんだ――これまで、リーダーとして必要なことを教えてくれた感覚だからね。ユニリーバでは、橋を作るというのは、もっぱら人材に関することだった。われわれは従業員に熱意を感じてほしかったし、仕事に対する見方を一新してほしかったし、これまでとはまったくちがう形のリーダーシップを発揮してほしいと考えていた」

自己分析の結果、フィッツジェラルドとバーグマンは会社の変革をめざすうえで従来とは根本的に異なるアプローチを考えつき、まずユニリーバのトップ経営陣の思考様式を変革することから着手した。今日、ユニリーバは大改革の途上にある。が、何が進行中でそれは何のためなのかが、組織の末端まできちんと理解されている。従業員には、自分たちも変革の一翼を担っているという意識がある。そして、自分たちも変わらなければならないという自覚もある。財務および組織の面で、改革は予定より早く進んでいる。それはすべて、二人の会長が内なる声に耳を傾けたからだ。

企業文化を共鳴へ導くことのできるビジョンを見つけるために、EQの高いリーダーは自分の内面を凝視することから始める。自分がどう感じ、何を考え、組織にどんな印象を抱いているかを自問する。彼らは研ぎすまされた感度で企業の理想的ビジョンやミッションを把握し、理想と現実のギャップを認識する。これは直観ではない。EQを発揮して現状からかすかな手がかりを読み取る作業なのだ。こうして、リーダーは企業に関するさまざまなデータのはるか先まで見ることができる。

このような洞察を得るには、静かな環境に引きこもって熟考する機会を定期的に持つのがよい。無意識の知恵をつかみ取ろうとする行為は、深い井戸から水を汲み上げる作業に似ている。定期的な沈思黙考は、井戸に呼び水を差すのと同じだ。深い思索は、真夜中に訪れることが多い。ひとりきりの暗く静かな夜に沈思黙考する時間を持つことによって、リーダーは心の片隅にひっかかって消えない疑問に答えを見出せるようになる。「家に帰ってもまだ気になるなんて、何がひっかかっているのだろう？　この混乱した不可解なイライラは何だろう？　仕事への情熱は、興奮は、意味は、どこへ行ったのだろう？　信念は？」

自分の内奥にある不安や情熱の原因を探り、夢を見つめることによって、リーダーは企業文化のさまざまな側面を見極め、最も重要なミッションとビジョンを見極め、変革の必要なリーダーシップ

（自分を含めて）を見極められるようになる。単なる「仕事」をこえて人々を組織に引きつけている要素が何なのかを把握できてこそ、リーダーは皆が共鳴できるビジョンに到達することができる。

企業のビジョンを形成するために、リーダーは単独で沈思黙考するステップを経たのちに、皆の知恵を引き出すステップに進まなければならない。皆との共同作業で、集団全体を奮いたたせるビジョンを打ち立てるのだ。自分自身と組織について熟考する作業に皆を巻きこむことによって、共鳴が生まれ、変化が定着する。

理想のビジョンを掲げて組織を奮いたたせるのに成功したリーダーたちの例を紹介しよう。

整列でなく同調をめざせ

●ケキ・ダディセスは、インドのビジネス環境が急速に変化しつつある時期にヒンドスタン・リーバ社の会長に就任した。会社は業績も経営も順調だったが、古い企業文化から脱却する必要があった。新しい経済環境のもとで、官僚主義、秘密主義、透明性の欠如などが問題になりはじめていたのだ。それまでは、活動と成果がほとんど同じに評価され、権限委任よりもヒエラルキーによる管理が目立つ風土だったため、さまざまな事態に迅速に対処できないケースが多かった。経営幹部の育成はきちんとした基準にのっとっておこなわれていたが、透明性が欠如していたせいで、社員から昇進や報酬に関して疑問の声が上がることもあった。

ケキ・ダディセスは、この問題に真正面から取り組んだ。自らが模範を示して理想を目ざし、新しいビジョンと新しい現実を作り上げるプロセスに周囲の人間を引きこんだのだ。彼は分権的リーダーシップの概念を掲げ、中心は会長一人ではない、社員一人ひとりが成功の中心なのだ、と指導した。一年のうちに企業文化は変化し、社員が率直と信頼と権限委任の空気を実感できるようになった。ヒンドスタン・リーバ社は、現在でもユニリーバ傘下で最も収益が多く評価の高い企業のひとつである。

●ユニセフのインドにおける予防接種プロジェクトは非常に重要な役割を担っていたが、保健部長のモニカ・シャーマは、プロジェクト自体にも「注射」が必要だと感じていた。貧しい村々を回って子供たちに予防接種をおこなう保健チームと共に活動する現場スタッフは仕事にやりがいを感じていたが、組織が抱える四百人のスタッフの大半（事務、会計、総務などの担当）は現場から遠すぎて、予防接種プロジェクトの意義を感じられる機会が少なかった。モニカは、現場の興奮を事務所にも伝えたいと考えて、事務職員全員に対して定期的に数日間の現場視察をしてもらう計画を立てた。組織のトップにいたユニセフ・インド代表の渡辺英美《わたなべえいみ》も、副代表のトーマス・マクダーモットとルーカス・ヘンドラッタも、モニカの提案を全面的に支援した。その結果、事務所のスタッフは自分たちの仕事の根幹にあるミッションや理想を肌で感じる機会を与えられ、ひとつの目的のもとに結束が高まった。

●ペンシルベニア大学が一九九〇年代に着手した大規模な組織改革は、必要に迫られたものとはいえ、職員の多くにとって辛いものだった。それまで、大多数の職員はアイビーリーグの一校であるペンシルベニア大学に特別の愛着を感じており、一生この大学で働くつもりだった。しかし、役割や責任が徹底的に見なおされ、職員たちは長年なじんだぬるま湯のような環境から放り出されることになった。何よりも特権的イメージを失うことがモラールをくじいた。変革の目標に向けてペンシルベニア大学を動かしていくために、ジュディス・ロダン総長とジョン・フライ学長はコミュニティ全体を鼓舞激励できるような目標を広く探し求めた。そして、その「コミュニティ」という言葉が決め手になって、大学内外の人々が共通のビジョンのもとに集まり、共鳴を形成していった。

リーダーはしばしば、人々を戦略に向けて「整列させる」というような表現を使う。しかし、この表現には鉛筆の先を同じ方向に揃えて並べるような、あるいは分子が磁場に従って同一方向に整列するような、機械的なイメージがある。現実はそんなに単純ではない。無味乾燥なビジネス用語でつづられた企業戦略は、おもに理性の脳すなわち大脳新皮質に訴えかける。戦略ビジョン（およびそれに続く計画）は直線的・限定的で、コミットメントを形成するうえで不可欠な心や情熱に関わる要素を無視している。

前掲の三つの例が示すように、変革が人々の心にほんとうに浸透するには「同調」――整列プラス共鳴で、頭でも心でも受容すること――が必要なのだ。人々の心をビジョンに同調させ、さらにビジネス戦略に同調させて情熱を引き出すことが、リーダーの目標なのだ。EQの高いリーダーならば、人々の同調を得るためには単に戦略を周知徹底させるだけでは不十分だとわかっているはずだ。同調を得るためには、感情に直接訴えることが必要なのだ。

南カリフォルニア大学教授でリーダーシップ論の専門家ウォーレン・ベニス教授は、同調を「ビジョンを通して心の注目を集めること」と表現し、集団の理想のもとに人々の努力を結集させることと並んでリーダーがはたすべき基本的な責任である、と述べている。同調は、組織が大きく変わろうとする局面ではとくに重要だ。それまでの成功を支えてきたビジョンが古くなり新しいビジョンが求められる局面においても重要だ。

同調の第一歩は、組織の感情的現実と理想的ビジョンとの落差を認識するプロセスに人々を深く巻きこんでいくことだ。

しかし、リーダーにはさらに一歩踏みこんで、変革プロセスに関して全員に当事者意識を持たせる工夫が求められる。前に紹介したケースでは、どのリーダーもこれを実行していた。三つのケースをもっと詳しく検証して、リーダーたちが共通のビジョンに向かって組織をどう同調させていったか、そして、永続的な変化をどう実現させたか、考察してみよう。

変化を自ら体現せよ

ケキ・ダディセスは、インドのビジネス環境が急速に変化しつつある時期にヒンドスタン・リーバ社の会長に就任した。ヒンドスタン・リーバ社は長年にわたって優秀な経営と成長を続けており、業界でも他社の目標的存在だった。

にもかかわらず、ダディセスは就任直後から、自由化の進むインドにおいて官僚主義や透明性の欠如が問題になりそうなヒンドスタン・リーバ社の古い企業文化を変えていく必要がある、と認識していた。

会社に深く染みついている文化を克服して自分の信ずるビジョンに社員たちを同調させていくためには、単に言葉で訴え、新しい方針を打ち出し、研修を実施するだけでは不十分で、理想とする行動をつねに会長自ら実行してみせる必要があった。会長室にある日本語の掛け軸「衆力功《しゅうりきこう》あり」が、ダディセスのモットーである。彼は最初から人々を引きつける関係重視型リーダーシップを発揮し、さらに民主型リーダーシップを併用した。ヒンドスタン・リーバ社では珍しいリーダーシップ・スタイルだった。スケジュールは気にせず、会長との対話を望む部下が訪ねてくればいつでも応じた。そして、相手の話を真剣に聞いた。ダディセスは部下の意見を参考にし、自分の決断に取り入れた。食事の時間になるとカフェテリアへ出かけていってヒエラルキーの壁を破り、人間対人間のレベルで社員と付きあった。社員の息子が病気になれば気遣い、社員の娘が学校で賞を取れば共に喜んだ。仕事に本気で取り組んでいる社員を見かけると、公の場で褒めた。難しそうな問題に関しては、社員に権限を委任して自力で解決策を見出せるよう励ました。そして、意思決定権をできるだけ組織の下部にまで与えた。社員たちに向かって、自分の内面を深く見つめてビジネスにとって何が正しいのかを発見しなさい、そしてそれに従って行動しなさい、と指導した。

最初のうちこそダディセスの新しいリーダーシップ・スタイルは疑わしげな視線を集めたが、すぐに彼の行動が演技ではなく本心であることが人々に伝わった。会長がいつでも対話に応じ、秘密主義が一切ないので、社員は憶測をめぐらしたり策略を用いたりする必要がなくなった。ダディセスは誰に対しても誠実で前向きで人間味あふれる態度で接したので、社員たちとのあいだに信頼と尊敬が生まれた、それが全社へ広がっていった。他のリーダーたちも、社員のエネルギーをグループ・コミットメントへ向けなおす効果を認識するようになった。人々はダディセスの姿勢を見習うようになり、社内には率直で思いやりあふれる文化が定着していった。「出世のために立ち回る」考え方は影を消した。不要な憶測に費やされる時間もなくなった。いろいろなことが以前より迅速確実に処理できるようになった。

やがて、社員は仕事が成功しているときも困難なときも助けあうようになり、社内の協調精神が高まった。社員は安心して責任を担うようになり、自分の仕事に革新的な工夫や創造性を発揮するようになった。工場の労働者から上級管理職に至るまで、社内のあらゆるレベルでアイデアがあふれ、仕事の質も能率も上がった。

社内に力強く率直な人間関係を育てる一方で、ダディセスは組織のパフォーマンスを改善するという目標も忘れなかった。「居心地の良すぎる人間関係は責任の所在を曖昧にする」と言って、人間関係が馴れあいすぎないよう注意した。管理職に対して部下との関係を大切にするよう指導する一方で、会社に対する責任、社員同士の責任、自分自身の価値観に対する責任をきちんと自覚することも大切である、と指導した。

その結果、ものごとがより速くスムーズに運ぶようになった。過去に何週間もかかった意思決定が、いままでは決定に関わる人数が増えたにもかかわらず、数時間あるいは数分で下せるようになった。決定内容に対するコミットメントも強まった。決定に関わる機会が増えたことも一因だが、皆がリーダーを信頼するようになったからだ。いままでは、失敗を隠したり他人のせいにしたりするケースは少なくなった。人間関係は信頼に立脚するものとなり、リーダーたちは進んで責任を引き受けるようになった。

一年以内に、企業パフォーマンスは全般にわたって劇的に向上した。戦略の実行スピードと成果が大幅に改善し、あらゆるレベルの社員が成長目標を自分の課題として受けとめるようになった。ケキ・ダディセスは、自分が模範を示すことによって集団を導いた。自分たち経営陣が作り上げたいと考えた新しい組織の原則を、自ら示してみせたのだ。透明性、参加、正直、厳格さ、結果を重んじること。何が機能して何が機能しないかについて正確で正直な評価をおこなうこと。良い仕事には報償を与えること。ダディセスは会長という立場を強力なシンボルとして利用しながら変革の模範を示し、人々に責任感の新しい基準を教えていった。要するに、彼は基本原則を変え、組織の新しいビジョンに人々を同調させ、共鳴を形成したのである。

魔法のような組織変革プロセスを通じて、ダディセスは変化を起こすための基本的ルールを踏襲している。

●人々の注意を根本的な問題と解決策に集中させ、何をなぜ変化させる必要があるのかについて共通の立場と理解を構築する。問題点をはっきりさせ、人々が意識していなかった習慣を顕在化させることによって、組織の現状があきらかになり、変化のモチベーションとなる。人々は組織の長所短所を論ずるうえで必要な言語を得、共通の地盤に立って将来を考えられるようになる。

●理想に焦点を合わせ、共鳴を生み出すリーダーシップ・スタイルを併用して、人々に将来への希望を語らせ、組織に対する献身を引き出す。個々人の目標を意味のあるビジョンと結びつけることにより、ビジョンへ到達する道を安心して探れるようになる。

●説法から行動へ――その先頭に立つのはリーダーだ。人々を夢のもとに結集させ、説法から行動へ移り、新しい行動の模範を示す――これがリーダーの課題だ。ユニセフのモニカ・シャーマも、そのことをよく理解していた。

ミッションを現実に結びつけよ

一九八九年にユニセフのインドにおける予防接種プロジェクトの保健部長に就任したとき、モニカ・シャーマには仕事の重要性がよくわかっていた。インドでは、はしかのような予防可能な伝染病で子供たちがたくさん死んでいた。モニカが担当するプロジェクトの目的は、そういう悲しい現実を変えることだった。が、当初から、気にかかることがあった。四百人いるスタッフの大多数がユニセフのために毎日働いているにもかかわらず、組織のミッションも尊い仕事も何か遠いところで起こっている話のように感じていたのだ。スタッフの大半は本部で事務の仕事をしているために、保健チームが村から村を回って子供たちに予防接種をおこなう現場を見る機会がなかった。

モニカは、スタッフ全員を共通のミッションのもとに同調させる方策を考えた。スタッフの気持ちを仕事と結びつけることによって組織の理想的ビジョンに同調させるのだ。「わたしはスタッフを一人残らずプロジェクトの現場とつなげる計画を考えました」と、モニカは語った。ユニセフ上層部と交渉して、四百人以上の事務スタッフに村の予防接種施設での勤務を経験させる許可を求めたのである。上層部はモニカの計画を支持した。渡辺英美代表も、トーマス・マクダーモット副代表とルーカス・ヘンドラッタ副代表も、大規模な官僚組織に変化をもたらすためにはモニカのようなリーダーを支援する必要があると考えたのだ。

スタッフの多くは、自分の仕事がどのような現場につながっているかを初めて見た。彼らは子供たちを集めて予防接種施設へ連れてくる仕事を手伝い、保健チームの仕事ぶりを間近に見た。そして、現場に流れる生の感情を初めて感じた――興奮、希望、注射器を見つめる母親たちの疑いと恐れ……。少しずつ、本部勤務のスタッフは、自分の仕事が子供たちの命を救うために役立っていること、決まりきった日常業務と思われる小さな仕事も非常に重要であることを理解するようになった。

あるドライバーの話は、感動的だ。それまで、彼は保健チームをひとつの地区から別の地区へ運ぶだけで、村の人々のことは何も考えたことがなかったが、予防接種の現場で働いた経験がすべてを変えた。彼は、現地で保健チームの仕事が終わるのを待っているあいだ、周囲で起こっていることに興味を抱くようになった。そして、医療チームや村の母親たちと言葉を交わすようになった。彼は子供や母親が予防接種を怖がるのを見、泣き叫ぶ子供をなだめるのに苦労する母親の姿を見た。

ドライバーは自分の判断で母親たちをトラックのそばへ呼び集め、予防接種が大切なことや副作用は心配いらないことを説明し、子供のなだめ方もアドバイスした。彼が始めたミニ・セミナーは、予防接種の作業に貢献した。親たちは正しい知識を得て落ち着き、予防接種の作業は以前より効率的に進むようになった。予防接種チームの医師や看護師も、事務スタッフに対する見方が好意的になった。

もちろん、ドライバー自身も自分の仕事により深いコミットメントを感じるようになった。

そうした深いコミットメントが、ある日、大きな結果となって表れた。その日、ドライバーは保健チームを乗せてある村へ行ったが、数時間待ってもワクチンが到着しなかった。以前ならば、ドライバーは肩をすくめただけでチームを乗せて事務所へ戻ったかもしれない。ワクチンを運んでくるのは彼の仕事ではないし、そのために残業をしても賃金が余分に支払われるわけではないのだから。けれども、現在の彼には、ワクチンが届かなかったら自分の「啓発セミナー」を聞いた母親や子供たちがどれほど落胆するか、ということがわかっていた。そこで、彼は自主的に遠くの大きな村まで車を運転して行き、数時間後にワクチンを持って戻ってきた。

このドライバーは、「関与せよ、貢献できる場所を探せ、ミッションを体現せよ」という新しい文化的規範に従って行動したのだ。モニカ・シャーマは、あらゆるレベルのスタッフをユニセフのミッションに同調させる努力によって、単純な変革プログラムよりはるかに長続きする共鳴を生み出したのである。事実、彼らのミッションはスタッフ全員が協力して作り上げたものだ。モニカのビジョン型リーダーシップのもとで、スタッフは自分の小さな貢献（事務所内であろうと、現場であろうと）が実際に子供たちにどのような影響をもたらすかを認識できるようになった。自分たちの仕事に意味を見出すためには、成果を目で見て肌で感じる必要があったのだ。

とはいえ、変化がそこで止まってしまえば、現場を一回訪ねただけの記憶はやがて消えてしまうかもしれない。スタッフの気持ちを奮いたたせた経験が新しい仕事のしかた（永続的な新しい文化的規範）につながっていくためには、自分たちの経験について話しあい、感じたこと学んだことを共有しあい、互いの話の中から新しい文化を形作っていく必要がある。

そのために、モニカは週末に自由参加のミーティングを開き、人々が経験を共有しあう場を設けた。

話が仕事の難しさに及び、アドバイスが必要になると、モニカはコーチ型リーダーシップを発揮して模範対応を示した。そのうちに、人々はコーチ型の対応をおぼえ、自分たちも試してみるようになった。集会は笑い声と励ましと連帯感に満ちたものとなった。人々はコミットメントや意欲を高め、この組織で働くことに歓びを感じるようになった。

歳月を経た現在でも、インドで働くスタッフのなかには、モニカのイニシアチブを大きな転機（自分のキャリアの中で最もやる気を奮いたたせてくれた日々）として記憶している人たちがいる。モニカがスタッフたちの能力を信じてくれたこと、専門の訓練を受けていなくても現地へ行けば役に立つと信じてくれたことも大きかった、という。その信頼に後押しされて、多くの人々（前述のドライバーも含めて）が自分に期待されている以上の働きをしたのである。そして、彼らが学習し成長していくプロセスには、つねに努力を支援してくれるモニカの存在があった。

もちろん、モニカはすべてを意図したうえで行動していた。彼女はユニセフの価値観を体現するミッションに人々を同調させ、ビジョンを実現するための具体的な方法を提供した。人々の感情に働きかけ、意味のある仕事を求める人間的なニーズに応えることによって、モニカは個々の価値観や貢献をより大きなミッションに同調させた。人々の熱意を引き出し、それを理想のビジョンにつなげてやる――これこそ、共鳴的リーダーシップの見本だ。モニカ・シャーマは、リーダーとして最も重要な仕事をしたのである。

だが、もっと大幅な修正を必要とする組織の場合はどうだろう？　人々の働き方を根本的に変えなければならない場合は？　そうした状況にあっては、ビジョンにもとづく共鳴が人々を結束させ、消耗をくいとめ、注意と意欲をつなぎとめる決め手となる。一九九〇年代にペンシルベニア大学が直面した危機が、そんなケースだ。

コミュニティと波長を合わせて

一九九〇年代半ばから後半にかけて、ペンシルベニア大学は大規模な組織改革をおこなった。職員の役割は劇的に変化し、多くの職員が長年慣れ親しんだ環境から放り出されて将来に不安を抱いた。職を失うことも心配のひとつだったが、アイビーリーグの一校であるペンシルベニア大学で働いているという「特権」的イメージを失うこともモラールを大きく低下させた。組織改革は大学の将来のために必要なことではあったが、そのプロセスが人々をおびえさせ消極的にさせた。

ジュディス・ロダン総長とジョン・フライ学長は、職員たちのエネルギーを組織改革の努力に向けさせるために何かする必要があると感じ、より広範な対象（大学周辺のコミュニティ）に視野を広げることによって、職員の心と頭を共通のビジョンに向けさせようと考えた。

ロダンとフライが最初に実行したのは、大学は周囲のコミュニティから恩恵を受けるだけでなく貢献を返したいと考えている、と宣言することだった。大学にとっても、ウエスト・フィラデルフィアのコミュニティにとっても、これは新鮮なことだった。大学とコミュニティはそれまで緊張関係にあり、開発計画の時期や場所について、環境の美化と安全の維持について、あるいは犯罪の増加にどちらが対処すべきかについて、長いあいだもめていたのだ。

ロダンとフライのビジョンは、単なるレトリックではなかった。実際に大学側は市の職員と相談をし、小中高校の教師や校長たちと話をし、警察や都市開発専門家とも協議を重ねて、明るい街灯のついた道路や公園を新しく作り、地域の学校における教育の質を高め、住民に住宅修繕費用を融資する計画を作った。大学の教職員に大学周辺へ引っ越すための住宅融資を用意し、新しいホテルや小売店舗やサービスを開発して住民にも観光客にも魅力的な町づくりをめざした。さらに、大学は地域の住民を雇用し、マイノリティや女性が経営するウエスト・フィラデルフィア地域の企業を建設プロジェクトやその他の取引に参入させる大胆な方針を打ち出した。

この新しい戦略に参加するメリットが見えてくると、大学の職員たちは変革の努力にエネルギーと情熱をもって取り組むようになった。周囲のコミュニティと友好関係を築こうという方針に、反対の出ようはずがない。新しい公園や街灯、犯罪の激減、家屋の改築、融資を利用してエキサイティングな市街地へ引っ越すチャンス——市街地の再生と活力ある多様なコミュニティを掲げる戦略はそれ自体が魅力的であり、人々は再びペンシルベニア大学の一部であることに歓びを感じはじめた。

今日この大学町の風景と機能を目にすれば、広範にわたる努力がウエスト・フィラデルフィアのコミュニティに利益をもたらしたのはあきらかだ。が、大学内部での収穫にも、目をみはるものがあった。大学の職員たちをウエスト・フィラデルフィアのイニシアチブに巻きこむことで、ロダンとフライは彼らをもっと難しい問題にも取り組ませることができた。職員たちは二人のリーダーが変革プロセスの中核をなす価値観を本気で支持していることを理解し、困難な大学内部の変革努力に終始変わらぬ姿勢でついてきたのだった。最終的には、ロダンとフライは組織に共鳴を生み出し、職員を巻きこむことができた。組織の戦略が個々人の価値観と同調していたからだ。そのおかげで、変革のビジョンが意味あるものになっただけでなく、維持可能なものになった。

EQの高い組織を育てるために

職場においてEQが大切であるという考えは、新しいものではない。ただ、組織が成功するためにEQがいかに大切であるかが研究によってあきらかになったのは、最近のことだ。実際、職場におけるEQと共鳴の重要性は、もとをたどれば、太古の人類が原始集団を形作っていたころの原則に行き着くとも言える。太古の昔、人類は五十人から百人の群れでまとまって移動し、そのサバイバルは緊密な相互理解と協力にかかっていた。

ある意味では、太古の狩猟採集民の集団は、ヒンドスタン・リーバやユニセフやペンシルベニア大学のチームとそれほど変わらない。共鳴のある集団ならば、互いの結びつきや同調に意味を見出せるものなのだ。優れた組織においては、人々は集団としてのビジョンを共有し、特別な相互作用を共有している。そして、互いに理解し理解されあう居心地の良さを感じ、仲間とともにあることに満足している。

このような共鳴的な組織を作り上げることが、リーダーの仕事だ。EQの高いリーダーは、自分たちや組織に関する真実を見つけるプロセスに人々を巻きこんでいく。優れたリーダーは現実に何が起こっているかを認識し、組織にとって有害な事実に人々が声を上げられるよう支援し、組織の長所を伸ばしていく努力を惜しまない。同時に、優れたリーダーは理想のもとに人々を結集させ、その過程で協調の新しい形を編み出し実践してみせる。優れたリーダーは共鳴を生み出し、組織の人間関係や仕事の波に対処できるシステムの構築を通じて共鳴が維持されていくよう工夫する。

ＥＱの高い良質で共鳴的な企業文化を構築していくうえで、いくつか取り組み方のルールがある。われわれの研究の結果、三点の重要なルールがわかった。感情的現実を発見すること、理想のビジョンを描くこと、ＥＱを維持すること、である。それぞれについて、これから少し詳しく説明しよう。

感情的現実を発見する

●集団の価値観と組織の信頼性を尊重せよ。

ビジョンは変わるものだ。けれども、ビジョンが発展していく際に、リーダーは「神聖不可侵な中核」すなわち全員が何より大切だと思っている部分に不用意に手をつけてはならない。そこで、第一の課題は、神聖不可侵な中核が何であるかを把握すること。その際に、自分の視点だけでなく、他者の視点からも見ることが大切だ。第二の課題は、たとえ人々が大切に思っていることであっても、変えなければならない部分があるならば、それをはっきり見極めること。そして、その認識を他者にも理解してもらうこと。中核的な信条、考え方、文化などをどうしても変革しなければならない場合には、人々に自主的に変革の努力をさせることが重要だ。上から強制することはできない。そのような変革プロセスに着手するには、当事者たちが個人的に強いモチベーション（できれば恐怖ではなく希望や夢によるモチベーション）を抱いていることが必要だ。ビジョン型リーダーは、当事者の気持ちや信条を尊重し、一方で夢に向かって前進することの利点をはっきり示して見せることによって、変化のプロセスに良いインパクトを与えることができる。

●急がば回れ。

われわれが知っている射撃コーチは、生徒にこう言う。「戦場なら、無駄撃ちすれば即あの世行きだぞ」。共鳴を生み出しEQの高い組織を作り上げるうえでも、同じことが言える。「下手な鉄砲も数撃ちゃ当たる」式のアプローチでは、だめなのだ。いったんペースを落として組織のシステムや文化についてよく話しあう努力は、あまり見かけないが、きわめて重要だ。「広角設問法」のようなプロセスには、コーチ型アプローチと民主型アプローチが必要になる。リーダーは、組織の文化や感情的現実について、人々の言うことによく耳を傾けなければならない。コーチ型アプローチ（一人ひとりの話にじっくり耳を傾ける）も、民主型アプローチ（グループの話しあいでコンセンサスを作っていく）も、当事者を変革のプロセスに巻きこんでコミットメントを形成していくには有効な方法だ。EQの高いリーダーはこうしたスタイルを用いて変革のスピードを緩め、人々の能力を開花させていくうえで何が必要なのかをはっきり見極める努力を惜しまない。

●始動は上から、戦略は下から。

トップ・リーダーは、組織の感情的現実をしっかり見据える努力と、理想的ビジョンのもとで共鳴を起こす努力を続けなくてはならない。が、それだけでは不十分だ。共鳴は全員が変革に同調しなければ起こりえないものだから、下から上への戦略も必要になってくる。したがって、組織全般にわたって公式・非公式のリーダーを巻きこみ、何が機能していて何が機能していないのか、「機能している」方向へ向かって組織が発展できたらどれほど素晴らしいか、といったテーマについて話しあうことが大切だ。こうした問題をじっくり議論する努力は、貴重な教育の機会だ。これによって人々に考えさせ、議論させ、進むべき方向を悟らせることができる。人々を興奮とやる気の渦に巻きこんでしまえば、説法から行動へと移りやすくなる。熱意はモーメンタムを生む。ただし、方向を示してやる必要がある。夢に向かって、全体の価値観に向かって、新しい協調体制に向かって。透明な目標、オープンな変革プロセス、最大多数の参加、そして新しい行動の垂範によって、上から下へ、そして下から上へ、共鳴に向けたジャンプスタートを切ることができる。

理想のビジョンを描く

●内面を見つめよ。

周囲と共鳴するビジョンを打ち立てるには、リーダーはまず自分の気持ちを知り、さらに他者の気持ちを知ることから始めなければならない。数字（たとえば市場の動向）だけでは、人々の心に響くビジョンを構築するには不十分なのだ。リーダーは、感情のレベルで「見る」ことができなければならない。そして、人々が深く個人的なレベルで一体感を抱けるビジョンを作り上げるのだ。

●整列ではなく同調させる。

ビジョンが求心力を発揮するためには、人々の心に響くものでなければならない。実際に見て、感じて、触れてみることができてこそ、価値観やビジョンのような抽象概念が意味あるものになる。人々をビジョンに同調させるためには、根幹に信頼がなくてはならない。自分の夢や信条や価値観を犠牲にしなくても組織の夢に手を伸ばすことができる、と感じられることが必要なのだ。

●まず人があり、つぎに戦略がある。

共鳴を起こして人々を導くタイプのリーダーは、コミットメント、参加、ビジョンの追求、健全で生産的な人間関係などの規範を自ら実践して見せる。人々が何を欲し何を必要としているかに注目し、集団の健全性を維持する文化を意図的に作る努力を通じて、人のつながりを育てる。リーダーが人に重点を置くとき、感情の絆が形成され、そこに共鳴の種を蒔くことができる。そして、人々は良いときも悪いときもリーダーについていくようになる。共鳴は、仕事や仲間に対する信頼を基礎にして、目には見えなくとも強力な絆を作る。これを実現するためには、職場でリアルタイムの（オンラインだけでなく）人間関係を育てる必要がある。ともに語らい、笑い、話を共有し、夢を育てていくことが大切なのだ。

組織のEQを維持する

●ビジョンを行動に発展させよ。

リーダーは、あらゆる機会をとらえてビジョンがどのように見えるものか、どのように感じられるものか、どのように将来へつながっていくものかを示さなくてはならない。リーダーは自らが発見と変革の手段となり、プロセスを進め、目標に到達するまで諦めてはならない。すべての対話や決断において、リーダーは自分自身の価値観や組織内に形成しようとする価値観に沿った行動を取ることが理想だ。そして、リーダーは指導とビジョンと民主主義と人間に対する敬意をもって集団を導いていく。他者に対しても、リーダーは価値観と組織のミッションに恥じない行動を呼びかける。

ビジョンを行動へと発展させていくためには、他にも必要なステップがある。組織構造と職務設計を変えること、人間関係の規範を変えること、制度とパフォーマンス期待をビジョンに合致するよう練りなおすこと、そして、仕事の内容を組織のミッションに近づけていくこと。

●ＥＱの高い慣行を維持するシステムを構築せよ。

人間も大切だが、制度や規則や手続きも大切だ。容認できる範囲を頻繁に確認しておくことは、それが政策や手順のように現実に強制力を持つものでも、あるいはリーダーの垂範行為でも、行動を方向づける強い力になる。とりわけ、組織としてＥＱの高い慣行を維持していくためには、規則や規制や人事慣行が目標と同じ方向を向いていることが重要だ。ＥＱの高いリーダーシップを目指しても、それを評定制度や報償制度で評価しなければ、意味がない。したがって、ビジョンを強化するために、必要ならば規則も変えるべきである。

●リーダーシップの神話をうまく使え。

神話や伝説は、単調な毎日からは予想のできない変動が起きたとき、あるいは変革にともなう大変動が起きたときに、揺れを乗りきる力になる。適切な神話（ＥＱや共鳴を支持する神話）を持っていると、逆境においても前向きの気分を保ちやすい。リーダーは組織全体の感情に甚大な影響力を持っており、組織にまつわる逸話の主人公になりやすい。神話や伝説やシンボルを活用することで、変化をうまく進めることができる。リーダーは象徴的役割の影響力を利用しながらEQの模範を示すことによって、わずかな意思表示や行為だけで有効な神話を作っていくことができる。

EQの高い組織を作ることは、最終的にはリーダーの責任だ。組織に自らの現状を認識させ（認識を妨げている文化的規範そのものを認識させることも含めて）、理想のビジョンを探り、そのビジョンにおける各自の役割を組織のメンバーに認識させるのは、リーダーの仕事だ。人々をビジョンに同調させ、変革に向かって動き出すよう促すのも、リーダーの仕事だ。

共鳴を起こすリーダーシップ・スタイルを用いて健全で効率的な人間関係につながる企業規範を作り上げる優秀なリーダーは、組織の集団が持つ力強いエネルギーを解き放ち、あらゆるビジネス戦略の追求を可能にする。こういうリーダーは、心からの情熱をもってビジョンを構築し、組織にしっかりと根付いたミッションをかかげて人々の意欲を引き出し、仕事に意味を与えることができる。

第十一章　進化しつづける組織

長期にわたって持続する共鳴を起こすために、リーダーは何をすればいいのだろうか。たしかに容易なことではないが、組織のすみずみまでEQリーダーシップが浸透すれば、不可能なことではない。組織に共鳴を起こすためにEQリーダーシップが必要だとすれば、EQの高いリーダーが多いほど組織の変化は確固たるものになる。

大きな組織では、当然ながら、共鳴の強い部分と不協和感の強い部分が生じる。組織全体における共鳴と不協和感の比率がその組織の感情風土を決定し、組織のパフォーマンスを直接左右する。比率を望ましい方向へ変化させる決め手は、組織の各所にEQの高いリーダーを配置し、それを核にしてEQの高いグループを形成していくことだ。

しかしながら、組織というものは、本来的に新しい学習を促進する方向には動きにくい。実際、組織に変化を広めていこうとすると、リーダーはパラドックスに直面しなければならない――組織とは、慣例と現状の上に安住したがるものなのだ。組織内の専門スタッフは、仕事上の抵抗とストレスを最小限にするために、既存の体制に依存しようとする。その結果、今日では、思い切って新しいことに挑戦する企業人はほとんどいなくなってしまった。

新しいリーダーシップ・スタイルを構築するには、往々にして他者との関係を根本から変える必要がある。だが、前述のパラドックスのせいで、この試みは非常に難しく、机上論では対応できない。残念なことに、ほとんどの管理職教育やリーダーシップ育成プログラムは、こうした難問に答えていない。それは、方法論に問題があるだけでなく、教育内容から重要な要素が欠落しているからだ。たとえ最高の教育プロセス（五つの発見にもとづいたプロセス）を採用しようとも、人間だけに焦点を当てて感情的現実と文化の力を度外視するならば、組織の変革はおぼつかないだろう。

次のケースを考えてみよう。リーダーシップの意図したところは良かったのだが、結果的にはほんの一握りの人間が変わっただけで組織の変革はほとんど実現せず、膨大な時間とエネルギーが浪費されただけだった。

リーダーシップ育成の失敗例

パシフィック・リム銀行のCEOは、自分自身がEQコンピテンシー向上のためのコーチングを受け、「多面観察調査」を経験し、リーダーシップ・スタイルを劇的に変えたあと、自行の六百人の管理職にもリーダーシップ育成教育を受けさせたいと考えた。そこで、CEOは人事担当役員に指示して、上級管理職を対象にした教育プログラムを考案させた。ところが、人事局が受講者を募集したところ、希望者はほとんどいなかった。好奇心の強い者と勇気のある者が集まっただけで、ほんとうに教育を必要とする者たちは集まらなかった。

問題は、プログラムがこの組織の人間にとって無意味だった点にある。この銀行の文化から見れば、研修は時間の無駄であり、優先順位が低かったのだ。研修の重要性を認識させるには、トップ・リーダー自らが個人的に肩入れする姿勢を見せることが重要だ。リーダーシップ教育を成功させるためには、企業のトップ（経営委員会や役員会）が先頭に立って、教育プログラムが企業としての優先事項であることを周知する必要がある。

パシフィック・リム銀行のCEOには、その点が見えていなかった。事実、自分のリーダーシップ・スタイルを大きく変えることになった貴重な経験を部下たちがほとんど誰も望んでいないことを知って、このCEOは大きなショックを受けた。彼は以前は目標に向かって突っ走るペースセッター型のリーダーだったが、いまではリーダーシップのレパートリーが広がり、より関係重視型、ビジョン型、コーチ型のリーダーに進化していた。直属の部下たちを相手にコーチングの練習をし、従業員たちの人生にかかわる重大な出来事に関しては自分の耳にも入れるよう指示した。CEOの変化の一端は、ある日のプロジェクト・ミーティングに表れた。スタッフ・メンバーの夫が突然重病になったという報告を聞いて、CEOはミーティングを中断し、くだんの女性スタッフを帰宅させたのである。以前のCEOならば、こんな個人的な情は見せなかったにちがいない。

にもかかわらず、CEOが準備させたリーダーシップ育成プログラムには、参加者がほとんど集まらなかった。トップ経営陣の政策全体の中ではさして重要でないと見られたからだ。CEO自身はたしかに大きな変化を経験したのだが、彼はそのプロセスをあまり公表しなかった。人々はたしかにCEOが変わったと感じていたが、CEOが実際に経験したコーチングやフィードバックや学習計画について、誰も理解していなかった。そのため、新しく提案されたリーダーシップ育成プログラムも、会社の人事が従来実施してきたメニューのひとつとしか認識されなかった。プログラムの実施を人事研修担当者に任せたため、このプログラムはさほど重要ではない、というメッセージを意図せずして送ってしまうことになったのだ。

リーダーシップ育成の試みを成功させるためには、それがトップ経営者からの発意であることをはっきり示すことが肝要だ。ところが、パシフィック・リム銀行の例と同じように、大半の企業ではリーダーシップ育成プログラムが人事局の名で出される。人事担当者は、たしかに専門知識には優れているし、戦略立案にも優れている場合が多い。けれども、人事担当者の力だけでは、行動や文化を大きく変えることはできないのだ。きわめて優秀な人事担当者でも、人事の仕事は社内では経営問題と無関係に見られている、と感じている。こうした評価が不当であるとしても、人事担当者の感想は、リーダーシップを向上させる試みにおいて組織のトップ・リーダーの積極的関与がいかに重要であるかを示している。

トップの積極的関与が必要な理由は、他にもある。われわれがめざす変革は、資金だけでなく、努力や支援や力量を必要とするからだ。リーダーシップを一新するには、思考様式や行動様式から改める必要があるが、そうした変化を定着させるためには、組織の文化や制度や手続きなどすべてが変わらなくてはならない。共鳴を生み出せるリーダーを育てるには、組織の感情的現実、文化、根底にある行動様式などに働きかけ変革していかなくてはならない。集団や組織の大半は現状を中心に回っており、変化に抵抗しようとする性質があるので、こうしたレベルの変革を実現するには勇敢なリーダーシップとスタミナと不動のコミットメントが必要なのだ。

エグゼクティブ・コーチング

リーダーシップを向上させる努力は、定義からして脆弱性を招く可能性がある。そこで、リーダーとしては、能力向上の努力を続ける一方で、リーダーとしてのイメージを維持する配慮もしなければならない。それには、エグゼクティブ・コーチにコンサルティングを依頼するのも一法だ。エグゼクティブ・コーチが相手ならば安心して問題を探求できるし、心を開いて夢や職業人としての目標を口にすることができる。苦悩していること、情熱を抱いていることについて話し、自分自身やチームや組織について問題の核心に触れることができる。もちろん、こうした会話は通常のビジネスにおける会話とは比較にならないほど強い感情を伴うので、エグゼクティブ・コーチとの関係は絶対的な信頼と秘密保持が条件になる。

エグゼクティブ・コーチングでは、リーダーシップの現状評価と学習中の課題に関するフィードバックがおもな内容となる。また、さらに広範な組織の問題（とくに、リーダーとチームの関係、組織の風土や文化や政策、さらにはこれらすべてが企業戦略とどう噛みあうか、といった人間に関わる問題）が含まれる。

リーダーシップ評価やフィードバックにはいろいろなやり方があるが、いちばん良いのは、プロのエグゼクティブ・コーチによる面接および観察から始める方法だ。面接は、リーダーとエグゼクティブ・コーチとのあいだに強い信頼関係を作り上げるための会話と考えればよい。典型的なケースでは、リーダー自身のキャリアや人生のこと、経営陣やリーダーが直面している課題のこと、さらには組織内の風土や政治的行動や制度などについて話しあう。会話と並行して、会議におけるリーダーの行動、スピーチをするリーダーの態度、一対一で人事評価をするときのリーダーの対応など、現場での観察がおこなわれる場合も多い。こうしたプロセスの一例を紹介しよう。われわれの同僚であるゲシュタルト研究所（クリーブランド）のフラン・ジョンストンが考案した「人生の一日」というプロセスだ。エグゼクティブ・コーチはリーダーの典型的な一日を選び、リーダーの出る会議に同席し、スタッフとの一対一の話しあいに同席し、電話の会話も一緒に聞く。もちろん、これらはすべて、従業員にきちんと説明したうえで実施する。そうすることによって、リーダーが積極的にリーダーシップの向上に取り組んでいる姿勢を社内に示すことができる、というメリットもある。

通常のコーチング・プロセスには、リーダー本人と組織のEQ、経営スタイル、風土などを評価する「行動結果面接」や「多面観察調査」など、より組織的な評価も含まれる。チームや組織の問題に関して指導をおこなう場合、エグゼクティブ・コーチはリーダー本人とは別の視点からも現状を観察しようとする。リーダーがCEO病にかかっているかどうかは別として、トップ経営者に届くまでに多くの情報がふるいにかけられ、薄められ、歪められていると予想できるからだ。面接や観察や査定、さらには小規模な「広角設問法」を実施することによって、エグゼクティブ・コーチは組織で現実に起こっていることを把握し、リーダーの成長に役立つ情報を提供することができる。もちろん、このプロセスが長期にわたってうまく機能するためには、エグゼクティブ・コーチはあらゆる関係者とのあいだで秘密を厳守しなければならない。したがって、エグゼクティブ・コーチからリーダーに提示される情報は具体的なものでなく、一般化した内容になる。

エグゼクティブ・コーチによって、リーダーは自分のリーダーシップ・スタイルをより迅速に向上させられると同時に、組織の現状（とくに従業員たちが経営幹部をどう見ているか）について自分の視点とは異なる（しばしば自分が見るよりも正確な）情報を手にすることができる。

組織文化を侮るべからず

組織のトップによる積極的関与があっても、リーダーシップ向上のイニシアチブが必要な変革をもたらすとは限らない。われわれがコンサルティングを担当したある専門サービス会社の例を紹介しよう。この大企業の経営陣は、変化しつつある業界の現状にかんがみて、社内の行動規範を大きく変えていかなければ会社が競争力を失うことになる、と考えた。全社規模で変革を起こすのは大変なので、経営陣は、管理職レベルに新しいコンピテンシーを習得させれば自然に企業文化が変わっていくだろう、と考えた。けれども、数年後の結果は惨憺たるものだった。経営陣はガタガタ、モラールは最低、離職率は過去最高で、この企業は心ならずも身売りの運命となった。

当初、経営陣のやり方にはまったく問題がなかった。経営陣は、社内におけるリーダーシップの育成が重大な優先戦略であることを明白に打ち出した。調査を実施し、企業の実態に合わせたEQ能力向上モデルを作成した。「五つの発見」を骨格に据えた最高水準の能力向上プロセスを設計し、モチベーションの高い社員を選んで教育を開始した。

要するに、経営陣が準備した変革プロセスには、問題はなかった。経営陣はさらに、採用や昇進などの人事も新しいリーダーシップに必要なコンピテンシーを重視する基準に修正した。経営陣は、組織自体が後向きの文化的規範を裏づけていることを直観的に認識していた。古い慣行のままでは新しい顧客や取引業者の期待に応えられない、という自覚もあった。けれども、どうすれば企業文化を変えられるのかわからず、組織に深く染みついた慣行や文化を変えることはほとんど不可能に思われたので、経営陣はむしろ個々のリーダー育成に力点を置くことにした。が、経営陣が望んだリーダーシップの波及効果は、ひとつの大きな事件をきっかけに急速にしぼんでいった。新しいリーダーシップ・コンピテンシーに現行の企業文化とあまりに相容れない要素が含まれていたために、それを実施しはじめたとたんにトラブルが発生したのだ。

一例をあげてみよう。変革の目標のひとつに、仕事のうえで正しいと思ったら上司に刃向かうことも臆せず発言しよう、という項目があった。経営トップのこの方針に勇気を得たある中間管理職は、ビジネス上（および倫理上）の問題点について、リーダーシップ育成プログラムの中で果敢に発言した。新しい行動パターンを練習する良い機会だと思い、また、それが会社のためにもなると考えたからだ。新しい方針については経営トップからの周知もあったので、くだんの中間管理職が上司に向かって忌憚のない意見を述べたとき、上司は建前どおりに部下の勇気を褒めた。が、その裏で、上司はこの危険すぎる中間管理職を排除する計画をめぐらしたのである。

企業のあちこちで、同じようなシナリオが展開した。リーダーの行動パターンを変えなければならないという認識があり、そのために何をすべきか理解していても、実際の変化を起こすことはできなかったのだ。抵抗勢力はあまりに広くはびこり、企業文化を蝕む惰性はあまりに深刻だった。個々のリーダーの力だけでは、文化を変えることはできなかった。新しいビジョンが根付くためには、組織のあらゆるレベルに浸透しなければならない。この企業のような巨大な組織に変化をもたらすには、何百人という「改宗者」が必要だったのだ。

ここでの教訓は、文化を侮るべからず、ということだ。文化は、個々のリーダーの力で変えられるものではない。全体像を見ずに個々のリーダー育成だけを考えた結果、この会社の経営陣は重要な変革を達成することができなかった。行動を改めようと努力する個人がいても、基本的なパターンが変わらなければ、リーダーシップ研修の目標を達成することは不可能に近い。行動パターンを支配する強力な要素に手をつけることができなかったために、それが最終的に変革プログラム全体を失敗させることになったのだ。

調査結果からもわかるように、リーダーシップ育成プログラムが失敗する理由はたくさんある。いちばん大きな理由は、第六章で見たように、プログラムの多くが人間全体を見ていなかったり、変化を定着させるための発見（たとえば個人の夢を見出して育成プログラムにつなげる、というような）

を重視していない、ということだ。あるいは、文化の力を考慮に入れなかったために失敗するプログラムもある。以下に数例をあげよう。

●組織の現状を無視して、人間さえ教育すれば制度や文化はおのずと変革プロセスを支持するようになるだろう、と考えてしまう。

●職場の規範やそれを取り巻く企業文化を無視して、人間だけを変えようとする。

●変革プロセスの始点をまちがえる。人と組織の双方を変革するためのリーダーシップ育成プログラムは、組織のトップから始動し、組織の優先政策とされなくてはならない。

●リーダーシップの言語——考えや理想やEQの高いリーダーシップ慣行を象徴的に伝えるような言葉——が作れない（これについては、本章の後段で検証する）。

当然、これらの点を考慮しないプログラムは個人に挫折感を与え、冷笑を招き、時間とエネルギーと費用の浪費につながる。

プログラムよりもプロセスを

リーダーとして、あなたがここまでをクリアしているとしよう。あなたはすでに企業文化をきちんと把握し、組織レベルで現実と理想を検証した。変革をめざす考えに対して共鳴を呼びおこし、将来リーダーシップの頂点に立つと思われる人材にも目をつけた。この次のステップは、結果を出せるリーダーシップを継続的に作り出すプロセスを考案することだ。それには、組織のリーダーたちが自分の夢や理想を見出し、自分の長所と短所を検証し、職場を学習の場とできるよう援助してやる必要がある。その他にも、まだできることがある。

ひとつは、これまで見てきたようなリーダーシップ育成プログラムの落とし穴にはまらないよう注意すること。リーダーシップ育成プログラムの多くは単なる役員教育講座で、戦略、マーケティング、財務、総務などの抽象概念に関する専門家の講義を聴くだけの内容でしかない。こうした学問的知識もリーダーにとってたしかに重要だろうが、それだけでは個人や企業の変革にはつながらない。

さらに、本書ではリーダーシップ育成「プログラム」に何度も言及してきたが、実際には、一回きりの「プログラム」を実施するだけでは不十分で、組織のあらゆる層に浸透したホリスティック（全体論的）なシステムとしての「プロセス」が必要なのだ、ということをおぼえておいてほしい。良質なリーダーシップ育成プログラムは、変革とは組織の三つのレベル（個人、チーム、組織文化）に浸透できる多面的プロセスでなくてはならない、という考え方を踏まえている。こうしたプロセスは、知と情の両面から現実を見つめなおし、理想を追求しようとする。このようなリーダーシップ育成プログラムは、多くのビジネススクールや役員研修センターで実施されている教育とは根本的に異なる。

良質な育成プログラムには、難しいけれども危険すぎない学習の場が用意されている。さらに、リーダーがほんとうの意味で新しいことを学習するには、有意義でしかも思考の枠組みを破ってくれるような経験が必要となる。創造的思考を刺激する程度に現実からかけ離れ、同時に学習の意義を感じられる程度に現実との接点を保った経験が必要なのだ。われわれの同僚でゲシュタルト研究所（クリーブランド）のジョノ・ハナファンの表現を借りれば、「人や組織に変化をもたらそうとするなら『違和感指数』に注意せよ」ということになる。言いかえれば、ルールを破れ、ただし怯えさせるな、ということだ。

良質なリーダーシップ育成プロセスは、知と情の両面に注意を払い、積極的な参加型の研修を基本とする。すなわち、学習中のスキルを組織の現実問題の診断および解決に応用する実践的学習・指導法だ。経験学習とチーム単位のシミュレーションを多用し、受講者に活動を通じて自他の行動を検証できる機会を提供する。典型的プロセスはさまざまな学習テクニックを大胆に併用する多面的な内容で、学習は一定期間を費やしておこなわれ、文化に正面から取り組む。

リーダーシップ育成は文化を変えるところから

ユニリーバがトップ経営陣向けの新しいリーダーシップ育成プログラムに着手したとき、プログラムの開発担当チームは不安を抱いていた。ユニリーバがグローバル企業としてより進歩的で競争力のある業界リーダーになるために何か手を打つ必要がある、ということはわかっていた。そこで彼らは、リーダーの行動パターンを根本的に変えて、全面的に新しく進歩的な企業文化を作り上げることを提案した。変革のプロセスは何年にも及び、あらゆるレベル、さまざまな地域、多くのビジネスに関わるものになることが予想された。各層のリーダーは、個人的な夢、ビジネスに対するビジョン、そしてリーダーシップ・スタイルに至るまで、あらゆる項目について見なおしを要求されることになるだろう。じつに壮大で大胆な提案だった。

セミナーや修養会の構想を練りはじめたプログラムの開発担当者たちのあいだで、「情熱、感情的緊張、脆弱性、リスク、パーソナル・ビジョン」などの聞きなれない言葉が飛びかうようになった。数カ月にわたって、担当者たちはプログラムが話題になるたびに人々の顔に表れる反応をチェックしながら計画を進めていった。個人および組織の変革をめざす自分たちの枠組みは正しいと信じ、セミナーを成功に導くには役員たちを気持ちのレベルで計画に引きこむことが大切だと考えていた。

計画の概要を紹介しよう。まず最初に、ナイル・フィッツジェラルド会長とアントニー・バーグマン会長が率いるユニリーバのトップ百人が修養会に参加し、各自が過去の習慣、個人的信条、将来の夢などについて深く考える。修養会の場所には、参加者のインスピレーションを高めると同時に、快適な日常と訣別させるような環境を選ぶ。肉体的なチャレンジと同時に、心に深く響く経験を用意する。参加者が互いに深く知りあい、それまで考えもしなかったようなレベルの信頼と率直さを育てて、腹蔵なく話しあえる関係を築くためだ。心に触れる経験は、職場に戻った後も参加者たちの人生において意味深いものとなるはずだ。修養会の最終的な目標は、参加者が新しく身につけた行動様式や思考様式や協力体制を職場へ持ち帰ってくれることだ。

第一回目の修養会に続き、第二陣として全社でトップから五百人を選んで連続セミナーを実施し、新しい文化的規範を実践したり、ビジョンを行動に移したり、ビジネスに変革をもたらすための教育をおこなう。その後数年間にわたり、世界中でトップからすぐ下の管理職を対象に同様のプログラムを実施し、夢や情熱を引き出して、その力を仕事に向けるための教育が計画されていた。

リーダーシップ育成の方針が注目を集め、先の見通しに対する期待が高まるにつれて、人々の会話はより具体的になり、セミナーの実態に関心が集中した。たとえば、役員たちは互いに私生活と仕事の両方における人生の重大事――価値観、人間関係、ビジョン、将来への希望や夢、過去に対する後悔や満足など――について深い内省と対話に没頭した。あるいは、成功への道筋を描き、各自の貢献について考えた。個人の短所と組織の短所を克服する方法についてみんなで知恵を絞り、将来へ向けた集団のビジョンを構築した。気持ちを束ねる大切な作業を通して、彼らは学習するコミュニティ――学習プロセスとビジネスの成長を真剣に考え、切磋琢磨して変革をめざす人間の集まり――を作り上げた。

役員同士で将来の希望について親しく話しあう試みは、社内に関心と活力をもたらした。討議の場では、更に深く内省し人生や変革やビジネスについて互いに率直に話しあえるようになるための方法が次々と提案された。彼らは学習プロセスから生まれた情熱をどう発展させるかについて話しあい、新しいエネルギーをユニリーバのより良い未来のためにどう方向づけるかについて話しあった。

ときには失敗もあった。それはたいてい、ありきたりな内容が提案されたときだった。投資家グループ、目標、「成功への障害を撃破」などといったお決まりのテーマになると、とたんに会話の勢いが失われた。ユニリーバのマネジャーたちにとって、こうしたテーマはそれまで長年にわたって数多く参加してきた戦略計画プログラムを連想させるものだった。それはそれなりに意味のあるプログラムではあったが、いま必要なのはそういう研修ではないのだ。あるとき、そういう討論の中で、ユニリーバのあるマネジャーは黙っていられなくなった。静かに、しかし情熱をこめて、彼は訴えた。

「みんな、ここはよく注意する必要があると思う。わが社のリーダーたちは、本に書いてあるような戦略計画はすべてやってきた。最高のビジネススクールの教授から指導を受けたり、経営グルの指導を仰いだりして。だから、そういうのは、もう要らないんだ。まして、投資家グループの分析なんか！」戦略など役員たちはとっくにわかっている、いま必要なのは情熱をもって取り組むこと、その一方でビジョンを実現するための新しい思考様式とリーダーシップ・スタイルを開発することなのだ――と、彼は言いたかったのだ。

戦略計画に頭だけで取り組んでも、エネルギーとコミットメントを維持するのはほとんど不可能であり、学習は行きづまる。とすると、企業のリーダーにとって最も必要なことは何か？「自分たちの情熱や夢に心をこめて取り組むことです。仲間同士でも、戦略に対しても」と、先のマネジャーは言う。「そして、将来の可能性につなげていくこと、将来について何らかの貢献をすることです」

大多数のリーダーにとって、さらにマネジャーにとって、重要なのは戦略を念押しすることではない。さらなる五年計画でもないし、ありふれたリーダーシップ・プログラムでもない。大切なのは、仕事や戦略やビジョンへの情熱を見出すこと、そして、意味のある将来を見つけるために情と知の力を動員することだ。頭だけを使うプランニングの練習を増やしても、社員の意欲を引き出すことはできないし、文化を変えることもできない。たとえ最高のリーダーシップ育成プログラムであろうとも、血の通わぬ方法で実施したのでは、今日の組織に必要な変革を促進する効果はほとんどないだろう。

リーダーの役割は、役員たちを気持ちのレベルで結束させ、ビジョンに取り組ませることだ。感情のレベルでかかわるとき、人は変化する。幸運なことに、ユニリーバにおけるリーダーシップ育成はこの要点を衝いており、変革とリーダーシップ育成の努力は見事に実を結んだ。育成プログラムを考案したチームは、情熱が維持されるよう注意を払い、その情熱を実際のビジネス活動へ向けるよう工夫した。さらに、会社のトップが最初からプログラムを指導してきたおかげで、社員のあいだにも変革に取り組む責任感が生まれた。こうしたプロセスによって、企業文化の変化がリーダーシップの育成へとつながっていったのである。

幹部教育を成功させる条件

ＵＳテレコムの上級副社長は、一年間の多面的幹部育成プログラムを修了したばかりの社員たちが一人ずつ順に実践的学習の成果を発表するのを熱心に聴いていた。全員のプレゼンテーションが終わったところで、上級副社長は信じられない光景を見たような表情で口を開いた。「ここにいる人たちは、全員が立派なリーダーです。わが社でこんな素晴らしいことが起こるとは思いませんでした。いままで、優秀なリーダーをほんの数人見つけるのでさえ苦労していたのに、今日、ここには二十人もの優秀なリーダーがいる。二十人も！　すべての社員が会社の会議で今日のように発言してくれたら、と願わずにいられません。ここにいる二十人はリーダーシップを見せてくれました。そして、勇気も」

なぜ、この副社長は驚いたのだろう？　副社長には予測できたはずなのだ——彼自身が数十万ドルの予算を注ぎこんで、潜在能力のある女子社員や有色人種社員を対象にリーダーシップ育成プログラムを実施したのだから。プログラムを締めくくるこのイベントで、副社長は、せいぜい二、三人の優秀なプレゼンテーションとまあまあ面白いプレゼンテーションがいくつか聴ければ上等だ、と思っていた。ところが、四グループ二十人全員が重要な戦略的テーマを取り上げ、対策を発表したのだ。そのなかには副社長が夜も眠れず悩み、全社の管理職たちが困りぬいていた問題も含まれていた。それらの問題に対して、目の前の二十人は創造的で力強く実現可能な対策を提言した。そのうえ、彼らは「口に出せない」――政治的に危険が多いので組織では誰も話題にしない――事柄にも大胆に言及した。

この会社の幹部育成プロセスの一部となっている実践学習プロジェクトは、目的を設定した積極的な実験と見ることもできる。参加者は、現実の職場状況をチーム・プロジェクトの練習台に利用してスキルを磨くことができる。学習を第一の目標、結果の達成を第二の目標にして、各チームが研修期間中、特定の課題に取り組むのだ。実践的学習に際していくつか考慮すべき原則をあげておこう。

▼プロジェクトは戦略的、多次元的、多義的（答えがひとつに限定されないという意味）、かつ新規案件であること。
▼プロジェクトの決定およびチームの活動に関して、幹部レベルの積極的な支援があること。
▼チームの活動対象はプロジェクトとし、個人を対象としないこと。プロジェクトの期間を通し

て、チームが健全な風土を作り、機能的な規範とEQを維持し、紛争に対処し、結果よりも学習に重点を置く姿勢を保てるよう援助すること。
▼学習プロセスは審査を必要とする。この審査は結果の一部としてあらかじめ考慮に入れておくこと。
▼プロジェクトは誰の目にもあきらかであること。
▼チーム専用に資源を確保すること。とくに、プロジェクトに取り組む人間はある程度まで通常の任務を免除される必要がある。

興奮のざわめき

ユニリーバが採用したプロセスは、多くの社員がリーダーシップについて考え、自社の文化について考え、変革について考えるよう意図したものだった。しかし、リーダーシップの育成が根付くためには、組織全体を巻きこまなければならない。そのためには、前に検証したように、トップからの命令が必要だ。ユニリーバのナイル・フィッツジェラルド会長とアントニー・バーグマン会長のように、リーダー自らがプログラムを後押しする姿勢を示さなくてはならない。さらに、人々を根本から巻きこむためには、プロセスそのものが感情レベルで意義を感じさせるものでなくてはならない。

たとえば、育成プログラムへの参加は能力を認められたあかしである、と社員にしっかり理解させること。ユニリーバでは、プログラムに招集されることは名誉であり、会社がその社員の実力を認めたあかしだった。プログラムがキャリアに有利に働くと判断した役員たちは、招集されるチャンスを待ち望むようになった。

それは偶然の成り行きではなく、計算された戦略だった。ポイントになる人物の役割はあらかじめ考えられ、推薦状が作成され、ふだんの会話の中にも意図的に種が蒔かれた。すべて、リーダーシップ育成と文化の一新に関する「興奮のざわめき」を社内に起こすために計画されたことだ。プログラムに選ばれた社員に対しては、キー・ポストにあるリーダーから、「なぜ選ばれたのか、これから構築しようとする新しい組織においてリーダーに選ばれることがどのような意味を持つのか」についてきちんと説明がなされた。

しかし、ユニリーバは、候補者の選定を公正にしなければならない、ということもわかっていた。政治的意図が絡めば、それは全社員の知るところとなり、育成プログラムの信頼性が失われてしまう。実際に、あるヨーロッパのメーカーで、そうしたことが起こった。この企業の幹部候補育成プログラムには、三種類の人間が混ざっていた。当然選ばれるべき人間と、若いリーダーに追いつくために再教育を必要とするベテランと、長年の勤続に対する報償の意味でプログラムに含めてもらった人間と。それがどういう結果を招いたか、想像してみるといい。誰がどの分類にはいるのか、全社員に丸見えなのだ。

組織のリーダーは、一種のパラドックスを見込んで選抜プロセスを用意する必要がある——文句なしに優秀な者が選ばれる一方で、だれにでも選ばれるチャンスがあるように。そのために大切なのはきちんと話をすることで、メモやボイスメールで「新しいリーダーシップ・プログラムを実施するので某日某時に某所へ集合せよ」と伝えるだけではいけない。話をするのはたしかに手間がかかるが、それだけの価値がある。選抜の段階をきちんとしておくかどうかは、プログラム全体の成功を左右する。

リーダーシップ育成プログラムが動きはじめたら、プログラムに対する社内の関心を維持していくうえで大切な「興奮のざわめき」を起こすために、リーダーシップの言語を生み出し活用することが重要になってくる。ユニリーバでは、第一回目の修養会はコスタリカでおこなわれた（感情面でのインパクトを最大にするために、参加者には現地に到着するまで知らせなかった）。この修養会で実施された肉体の鍛練と仲間同士の濃密な対話によって、参加したリーダーたちは自分自身に対する考え方、仲間に対する考え方、会社に対する考え方を根本から一新した。雄大かつ脆い生態系の懐に抱かれ、シンプルで深い対話を重ねるあいだに、参加者たちは新しいコミュニケーションの方法を学び、それがやがて職場の新しい協調体制につながっていった。

参加者たちが職場に戻り、学習したことを実践しはじめたとき、「コスタリカ」は修養会で経験した（そして職場でも続けたいと思っている）純粋な対話と心のつながりを象徴する言葉になった。実際、変革プロセスが始まって最初の一年半、「本物の人間関係」「信頼性」「責任の所在」「権限の委任」というような言葉が新しいリーダーシップ・スタイルを象徴していた。それらは一般的な用語であるが、ユニリーバにおいては特別な意味を持つようになったのである。

変革に着手して数年を経た今日、ユニリーバにおけるリーダーシップ育成の努力は、経営や人事を大きく変えた。ビジネス・リーダーたちは業績に責任を持ち、新しい思考様式や新しい感情的現実を意欲的にサポートしている。後継者の育成、報酬、業績評価などの人事制度は変革の方針に沿っておこなわれ、新しい企業文化を支持する働きをしている。

リーダーの育成は、単なる人間の問題ではない。これまで見てきたように、従業員の行動を促したり縛ったりする企業文化や制度も関係してくるし、職場のグループやチームも重要だし、組織の現状や対外的課題も考えなくてはならない。リーダーシップの育成を機にこれらすべてのレベルに対処していく姿勢が、組織のより大きな共鳴につながるのだ。

良い例がある。メリルリンチの米国内個人顧客ビジネスにおけるリーダーシップ育成の多面的な努力だ。

あくなきリーダーシップの追求

経験豊かで堅実なリーダーシップのもとできわめて良い業績を続けてきたメリルリンチの米国内個人顧客ビジネスは、新しい課題に直面していた。予期しない方面からライバルの業界参入が相次ぎ、サービスに対する顧客の要求が厳しくなり、グローバル市場が現実となり、eコマース（電子商取引）革命がビジネスの心臓部を脅かそうとしていた。ビジネスの変化に合わせてリーダーシップも向上していけるように、筆頭副社長のリンダ・ピタ―リはリーダーシップ育成・教育の専門家ティム・マクマナスと共に、EQコンピテンシーに重点を置いたより体系的なリーダー育成プログラムを作ることにした。

「これから数年間に立ち向かう課題は、これまでの経験とはまったくちがうものになるとわかっていました」と、ピタ―リは話してくれた。「わが社のリーダーたちが新しい環境にきちんと対処できるよう成長していってほしい、と考えたのです」
まず最初は、ホーム・オフィス勤務の社員も含めて、管理職としての適性を持っている人材を選び出すことだった。最初の重要な数年間、ピタ−リと彼女のチームは、管理職候補を職場でコーチした。各候補者の現場経験とメンターによる適切なアドバイスのおかげで、優秀なリーダーが育った。が、ピターリのリーダーシップ育成がこれほどうまくいった大きな理由のひとつは、彼女が人材をこえたところまで目を配っていたからだ。ピターリはビジネスの基礎にある文化にまで視野を広げ、それがどのようにリーダーシップを支え（あるいは阻害し）ているかを把握することの重要性を理解していた。そこが、初めから終わりまで個人だけを対象にしている普通の育成プログラムと大きく異なる点だった。

リンダ・ピターリは企業文化の中で決定的に重要な規範を敏感に嗅ぎ分け、そのうちのどれが新タイプのリーダーシップに役立ち、どれが障害になるかを探求した。ピターリたちは十章で言及した広角設問法の手法を使って主要なリーダーたちを面接し、彼らをとりまく文化を理解しようとした。質問の要旨は、次のようなものだった――ここでは何が許されているか？　どのような行動と価値観が期待されているか？　どのような経営スタイルが歓迎され、どのようなスタイルが批判されるか？どのようなコンピテンシーが伸ばされ、どのようなコンピテンシーは無視されているか？

ただし、これはほんの手始めだった。ピターリらはさらに、同じ文化の中で成功する人間と失敗する人間が生じる根本的理由や問題点まで掘り下げて分析したのである。重要な原則に対するコミットメントの深さを調べ、行動パターンを分析し、さらに、会社のリーダーシップに関して従業員たちの意見を尋ね、何が機能していて何が機能していないかを検討した。こうした資料は、後にリーダーシップ育成プログラムの方向を決める際の参考になった。ピターリらは企業文化のどの面がリーダーシップを阻害しており、どのようなリーダーシップ慣行を変革しなければならないかを特定できた。また、どの部分をそのまま残すべきかも見えてきた。

たとえば、顧客との人間関係がすべての基礎になっているメリルリンチでは、関係重視型リーダーシップが一般的だった。管理職と部下たちとの温かい人間関係は忠誠と献身の原動力であり、終生変わらぬコミットメントと勤勉と強い信頼関係を生み出す力だった。しかし反面、関係重視型の管理職は部下に対して改善すべき点を言い出しにくく、指導を徹底できないうらみがあった。管理職はかわりに精巧な業績評価制度を利用したり結果に責任を持たせたりしてメッセージを伝えようとしたが、それでも、改善すべき項目について直接的なフィードバックを受けないまま何年も経過してしまう従業員が少なくなかった。

広角設問法を基礎とし、さらに、新しい環境で非常に優秀な成績をあげている個人を徹底的に分析することによって、ピターリのチームは旧弊な文化を克服する一方で有益な価値観や規範や制度を継続させていくリーダーシップ育成プログラムをまとめることができた。ピターリらは、社員が習得すべきスキルやコンピテンシーを明確に提示した――フィードバックの与え方と受け方、分別と冒険のバランスの取り方、革新的発想の育て方、多様化する従業員との接し方、等々。一方で、企業の長所としてさらに向上させていくべき分野もはっきりと指摘した。

ピターリのチームがメリルリンチのリーダーシップ育成プログラムに着手してから数年を経た現在、

研修に参加した社員の四十パーセントが昇進し、当時よりも責任の重い地位についている。さらに重要なのは、ピターリらの活動に触発されたトップ経営陣が経営やリーダーシップや文化的慣行の面で変革すべき項目に関心を注ぐようになり、そのための努力が今日まで継続している、という点だろう。後継者の育成も以前より系統的に進められており、将来リーダーになる素質のある人材により多くの注意が向けられるようになった。

ピターリのチームは、変革の試みを成功させるためには個人の変革モデルを示すと同時に企業文化にも取り組むという二役をはたす必要があることを理解していた。そして、企業の文化と社員の人生の両方を変えるプロセスを考案したのである。

学習効果の半減期を最大にする

要するに、最高のリーダーシップ・プログラムは文化、コンピテンシー、さらに社員の心意気までも考慮に入れて作成されるものなのだ。そして、自発的学習の原則を忠実に守り、個人とチームと組織を視野に入れた学習プロセスに多面的にアプローチする。優れたリーダーシップ・プログラムには、次のような要素が含まれている。

- ●組織における文化（ときには文化の変革）との密接な結びつき。
- ●個人を変革するための哲学および実践を中心に据えたセミナー。
- ●目的にもとづいた創造的で強烈な学習経験。

●学習をサポートする人間関係（学習チーム、エグゼクティブ・コーチングなど）。

リーダー育成がめざすのは、学習効果の半減期をできるだけ長くすることだ。すなわち、プロセスが「定着」して学習効果が長く維持されることが理想だ。

最高の学習プロセスでは、受講者は自分で学習方法を体得し、夢を実現するための新しいやり方を続けていこうとするようになる。彼らは自分仕様のロードマップを手に入れたのだ。そして、そのロードマップは現在の仕事だけでなく、将来の仕事にも役立つ。その人の価値観、信条、希望、夢などをもとに描かれた地図だからだ。仕事に必要なコンピテンシーの育成は、地図のほんの一部でしかない。ほんとうに大切なのは、変化や成長や規範を支える人間、文化、および制度に育成プロセスの痕跡をしっかりと刻みこむことであり、その成果のひとつとして継続的な学習や変革能力の向上が期待されているのだ。

人は、十分な理由があれば変化することができるし、変化しようとする。リーダーシップの役割は、何をどう変えたいかが見えるところまで人々を導くことだ。この種の学習が組織に永続的なインパクトを与えるためには、個人をこえ、集団（さらには組織全体）を変えてEQの高いリーダーを育てていく方法を考える必要がある。

いまこそEQリーダーシップを

本書を閉じるにあたって、将来に目を向け、これまで考えてきたことを敷衍してみたいと思う。最初に、われわれが主張してきたことをふりかえってみよう。本書では、感情がリーダーシップにおいて非常に重要な役割をはたすことを述べてきた。EQリーダーシップは非常に重要であり、これ次第でリーダーのその他の努力が成功するかどうかがほぼ決まる。共鳴を起こすことこそ、すべてのリーダーの根本的な仕事である。こうした考えの基礎をなす神経学的側面（とくに感情の開回路）についても考察した。

本書では、EQが共鳴的リーダーシップの最も重要なコンピテンシーであり、個人レベルでも集団レベルでもこうした能力を養い強化することは可能である、という点を説明した。共鳴的リーダーシップは、組織全体に広めることができる。さらに、豊富なデータが証明するように、組織の効率や業績にも確かな利益をもたらす。

われわれは、単に新しいリーダーシップ論を提唱しただけでなく、実践面にも言及した。最初の実践応用例は、リーダーのEQ向上に関する提案だ。本書では、リーダーシップにとって不可欠なEQコンピテンシーを向上させ維持させるためのステップを説明した。

つぎに、グループ、チーム、ひいては組織全体をより共鳴的に変革する方法について考えた。集団全体のEQレベルを向上させることは、集団内の特定の個人のEQを向上させるよりはるかにビジネス・インパクトが大きい。しかし、そのためには、集団の感情を読み取り、規範や文化を正しい方向へ導く明敏なリーダーが必要となる。最終的には、組織そのものが共鳴的リーダーシップの孵化場になれば、組織で働く人々にとっても、組織の採算にとっても、非常に良い結果を招く。

なぜ、こんなことがそれほど大切なのだろう？　しかも、今日だけでなく、将来にわたって？　今日、世界中のリーダーは、社会的、政治的、経済的、技術的な変化がもたらす現実の急務にいやおうなく対応を迫られている。ビジネスだけでなく世界全体が時々刻々と変化しており、新しいリーダーシップを求めている。ビジネスの世界では、コンピュータが日進月歩で進化し、eコマースが拡大し、労働力が急速に多様化し、経済のグローバル化が進み、仕事のペースが速くなっている――しかも、変化は加速している。

こうしたビジネスの現実を見ると、EQリーダーシップは今後ますます重要になると思われる。ビジネス戦略を考えてみるといい。今日役に立っている戦略が、明日は時代遅れになっているかもしれないのだ。「ビジネス・モデルの半分は、二年ないし五年後には使いものにならないでしょう」と、ある情報サービス企業のCEOが嘆く。「わが社のケースでは、いま売っている情報が、数年後にはインターネット上で無料でやりとりされているかもしれないのです。したがって、わが社ではつねに情報を売る新しい方法を模索しています」投資銀行の行員は、こう言う。「ほとんどの企業は、経営陣が恐怖で凍りついているあいだに消えていきますよ」

企業が近未来の激震に耐えて生き残れるかどうかは、リーダー（とくにトップ経営陣）が激烈な変化に直面して感情をコントロールできるかどうかにかかっている。マーケット・シェアが減ったり収益が激減したりしたとき、リーダーはパニックに陥ってやみくもに現実を否定したり（「何もかもだいじょうぶだ」)、じっくり考えずに当面の対策を打ち出したりする。たとえば、コスト削減のために失っても痛くない人材を切る一方で企業にとって是が非でも必要な人材には考えが及ばない、というように。不安が脳の理解力と対応力を阻害するのだ。恐怖でリーダーの決断能力が失われると、組織全体が崩壊するおそれがある。

ＥＱの高いリーダーは破壊的な感情をコントロールできるので、プレッシャーのもとでも冷静に考えることができる。ＥＱの高いリーダーは危機が起こってからあわてて変革に着手するようなことはない。いつも柔軟性を保ち、行き当たりばったりに危機に対応するのでなく、前もって新しい現実に備えている。大きな変化の波に飲みこまれても、ＥＱの高いリーダーはより明るい未来への道が見えており、共鳴とともに自分のビジョンを伝えながら人々を導いていく。

それまで市場の小さな特定分野でトップ数社にはいっていれば安泰でいられた企業が、いまや世界中のライバルに太刀打ちしなければならなくなったとしたら……？　いやおうなしにグローバル市場での戦いに引き出される企業が増えるにつれて、リーダーのパフォーマンスとして求められるレベルも変わってくる。ある企業がある国のある業界のあるレベルの数字で一位だったとしても、グローバル化が進む現実社会においては、世界一流でなければ「一流」とは呼ばれないのだ。そして、その現実の中で生き残っていくためには、リーダーだけでなく組織全体が向上しつづけるための共鳴が必要なのだ。

優れたリーダーの新しい条件

将来に向けてEQリーダーシップがますます重要になる理由は、他にもある。昔のリーダーシップ・モデルは職務に重点が置かれ、感情や人間のことはあまり考慮されなかった。人間は交換可能な部品と見られていたのだ。今日では、そのような人間性を排除したリーダーシップは機能しなくなってきている。昔のリーダーシップは業界の総帥のイメージで、地位の力で上から支配する権威の象徴のような存在だった。共鳴的リーダーは、そうした古いイメージを打ち壊す。

今日では、力だけで企業を率いるリーダーは少なくなり、人間関係にきちんと対応できる優秀なリーダーが増えている。対人能力は、変化の激しいビジネス環境の中で、ただひとつ必要不可欠な能力なのだ。企業が中間管理職を減らし、国境をこえて合併し、顧客や納入業者が取引関係を見なおす時代にあって、リーダーの能力は対人能力を基準に再評価されはじめている。

共鳴的リーダーは、協調を呼びかけるべきとき、ビジョンを提示すべきとき、傾聴すべきとき、命令を下すべきときを知っている。こういうリーダーは、自分の感覚に耳を傾けて大切なことを察知する能力を持っている。また、部下たちの価値観と共鳴しうるミッションを提示する能力を持っている。こういうリーダーは自然に人間関係を育み、噴火しそうな問題をすくい上げ、集団にシナジーを起こすことができる。彼らは部下のキャリアに心を砕くので熱烈な忠誠の対象となり、集団の価値観を凝縮したミッションを提示して部下から最高の力を引き出すことができる。

EQの高いリーダーは、正しいタイミングで、正しいやり方で、正しい相手に対して、正しい行動を起こす。そのようなリーダーシップは熱意と柔軟性に満ちた組織風土を醸成し、その中で部下たちは革新的な試みを恐れずに最高の能力を発揮する。こうした職場の風土は、人間的要素を通じて企業のパフォーマンスに新しい価値を付加するものであると言える。

ＥＱの高いリーダーは古いタイプのリーダーに比べて価値観をより重視し、柔軟で形式ばらず、率直で隠しだてをしない。人間やネットワークとのつながりも、より親密だ。そして何よりも、ＥＱリーダーシップからは共鳴がにじみ出てくる。優れたリーダーはミッションに対して純粋な情熱を抱いており、その情熱は周囲に伝播する。リーダーの熱意と興奮は自然に拡散し、部下たちを元気づける。ＥＱリーダーシップの鍵は、共鳴なのだ。

付録A

EQ対IQ

近年、われわれは五百近いコンピテンシー・モデルのデータを分析した。データ・サンプルには、IBM、ルーセント、ペプシコ、ブリティッシュ・エアウェイズ（BA）、クレディ・スイス・ファースト・ボストンのようなグローバル企業の他に、医療関係の組織、教育機関、官公庁、さらには宗教団体も含まれていた。それぞれの組織においてどのような個人的能力が傑出したパフォーマンスにつながるのかを特定するために、われわれは能力を三種類に大別した。経理や経営計画のような純粋に専門的なスキル。分析的思考のような知的能力。そして、自己認識や人間関係の管理のようなEQの能力。

コンピテンシー・モデルを作るため、心理学者たちは各企業の上級管理職を対象に、組織で最も優れたリーダーの特徴と思われるコンピテンシーは何か、という質問をおこなった。もっと厳格な方法を採用する研究者たちは、上級管理職を対象に、部門の収益性など客観的基準に従ってスター役員を選び出すよう依頼した。このようにして選ばれた人々に詳しい面接調査とテストをおこない、結果を組織的に比較して、優秀な人材を特徴づけるコンピテンシーを調べた。

どちらの方法を採用した場合も、優秀なリーダーに備わっている要素が浮き彫りになった。特徴的なコンピテンシーは、イニシアチブ、協調、共感などを含む五ないし十五項目の範囲だった。

数百にわたるコンピテンシー・モデルのデータを分析した結果、非常にはっきりとした傾向が表れた。たしかに、知的能力はある程度まで傑出したパフォーマンスの原動力と認められる。なかでも、全体的思考や長期的視野などの知的能力は重要だった。しかし、専門的スキルや知的能力をEQ能力と比べてみると、傑出したリーダーを特徴づける要素としては、組織のトップに近くなればなるほど、EQにもとづいた能力が重要な役割をはたしていることがあきらかになった。

言いかえれば、スター・リーダーの地位が高ければ高いほど、彼らの優秀さを際立たせる要素としてEQコンピテンシーが目立った、ということだ。上級管理職のレベルでスター・リーダーと平均的リーダーを比較してみると、両者のちがいの約八十五パーセントがEQに起因する能力だった。

そもそも上級管理職に採用される際にすでに知的ハードルをクリアしていることも、理由のひとつだろう。MBAの学位を得るためには、少なくとも百十ないし百二十のIQが必要と思われるからだ。管理職のランクに到達するまでに高い淘汰圧がかかっているので、IQに関してはあまり格差が生じない。一方、EQに関してはそれまで組織的な淘汰圧がほとんどかかっていないので、比較的大きなばらつきが生じる。したがって、スター・リーダーのパフォーマンスに関しては、EQの高さがIQより大きく影響することになる。

EQと知的能力の厳密な数的対比は、測定方法や組織ごとに要求される能力によってちがってくるが、われわれの経験から言うと、傑出したリーダーを平均的なリーダーと区別するコンピテンシーのうち八十ないし九十パーセント（場合によっては、それ以上）がＥＱ関連の能力であろうと思われる。たしかに、こうした調査では専門分野に関係する知的能力の重要性もあきらかになったが、多くの場合、それは人並みの仕事をするのに必要な基礎的能力、というほどの意味だった。細かい内容は組織によって異なるが、優れたリーダーの重要かつ特徴的なコンピテンシーの大半はＥＱコンピテンシーだった。とはいえ、特定のコンピテンシーごとに貢献度を測ってみると、コンピテンシー・モデルの種類によっては、知的能力がかなりの重みを持つケースもあった。

こうしたコンピテンシーが実際のビジネスにどう影響してくるかを見るために、ある大手監査法人におけるパートナーの利益貢献度を分析した結果を紹介しよう。自己管理のコンピテンシーに優れたパートナーの場合、そうした能力を持たないパートナーと比較して七十八パーセントの増分利益が認められた。同様に、社会的スキルに優れたパートナーの増分利益は百十パーセント、自己管理のコンピテンシーに優れ、かつ社会的スキルに優れたパートナーの増分利益はじつに三百九十パーセントにもなった。一年で百四十六万五千ドルの差だ。

これに対して、分析的思考能力に起因する増分利益は五十パーセント程度だった。純粋な知的能力も役に立つが、ＥＱコンピテンシーはもっと役に立つ、ということだ。

付録B

EQリーダーシップのコンピテンシー

自己認識

●感情の自己認識――感情の自己認識に優れたリーダーは自分の内なる信号を受けとめる感度が良く、自分の気持ちが自分自身や自分の仕事上のパフォーマンスにどう影響するかを認識できる。自分の指針となる価値観によく順応し、複雑な状況においても全体像を把握して最良の行動を直観的に選択することができる。感情の自己認識に優れたリーダーは率直で偽りがなく、自分自身の感情について率直に語り、指針とするビジョンについて信念をもって語ることができる。

●正確な自己評価――自己認識に優れたリーダーは自分の強さと限界をわきまえており、ユーモアをもって自分自身を見ることができる。改善すべきところは潔く学び、建設的批判やフィードバックを歓迎する。正確な自己評価ができるリーダーは、新しいリーダーシップ能力を学習する際に、助けを求めるべき場面や集中すべき対象を知っている。

●自信――自分の能力を正確に知るリーダーは、長所を活かすことができる。自信があれば、難しい課題に進んで取り組むことができる。こういうリーダーは存在感があり、集団の中でも堂々として目立つ。

自己管理

●感情のコントロール――感情のコントロールができるリーダーは、不穏な感情や衝動を管理でき、さらには有益な方向へ向けなおすことができる。強い圧力や危機に直面しても平静を保ち、明晰な判断力を失わない。あるいは、困難な状況に置かれても動じない。

●透明性――透明性の高いリーダーは、自分の価値観に正直だ。透明性、すなわち自分の気持ち、信条、行動を一切隠しだてしない姿勢は、誠実さにつながる。このようなリーダーは自分の誤りや過失を率直に認め、他人の非倫理的行動に対しては看過することなく立ち向かう。

●順応性――順応性の高いリーダーは多数の要求を集中力やエネルギーを失うことなくさばくことができ、組織が必然的に持つ曖昧さを気にしない。このようなリーダーは新しい課題に柔軟に対応し、変化にすばやく適応し、新しいデータや現実に直面してもしなやかな思考力を失わない。

●達成意欲――達成意欲の高いリーダーは自分の中に高い基準を持っており、自分自身についても部下についても、つねにパフォーマンスの向上を要求する。こういうリーダーは実用主義的で、リスクを計算したうえで達成可能な範囲で難度の高い目標を設定することができる。最大の特徴は、つねに向上を目ざして学習（および指導）を続けていく点だ。

●イニシアチブ――自分には自らの運命をコントロールする力が備わっている、と信じることのできるリーダーは、イニシアチブが高い。こういうリーダーは、チャンスが来るのを待つのでなく、自分からチャンスをつかみに行く（あるいは作り出す）。将来の可能性を広げるために必要となれば、慣例を打破しルールを曲げることも厭わない。

●楽観——楽観的なリーダーは逆境を柔軟にかわし、挫折の経験にもチャンスを見出す。こういうリーダーは他者を肯定的に見て、最良の結果を期待する。「コップの水はまだ半分も残っている」と考える楽観性から、将来の変化についても良い結果を信じることができる。

社会認識

●共感——共感能力の高いリーダーは、広範な感情の信号を受けとめ、個人や集団が口に出さない感情を感じ取ることができる。また、相手の話を真剣に聞き、その視点を理解することができる。共感能力の高いリーダーは、多様な背景を持つ人々や異文化圏の人々とも良好な人間関係を築くことができる。

●組織感覚力——社会認識の鋭いリーダーは政治的観察力に優れ、重要な社会的ネットワークを感知し、決め手となる力関係を読むことができる。このようなリーダーは組織の政治力学を把握し、その中で働く人間を支配する価値観や暗黙のルールを読み取ることができる。

●奉仕——奉仕の能力に優れたリーダーは、接客部門の社員が顧客との関係を良好に保てるような感情風土を醸成する。このようなリーダーは顧客が満足しているかどうかにつねに注意を払う。また、必要とされたときには快く対応する。

人間関係の管理

●鼓舞激励——人心を奮いたたせる能力に優れたリーダーは、ビジョンや共通のミッションを掲げて共鳴と感動を引き起こすことができる。このようなリーダーは自らが理想を体現して見せ、共通のミッションを掲げて人々を導いていく。日々の仕事をこえたレベルで人々に連帯感を与え、職場に活気をもたらす。

●影響力——リーダーの影響力は、一人の聞き手の心をとらえる能力から、主要なポストにある人々の支持を取り付ける能力、さらには賛同者のネットワークを作り上げてイニシアチブを喚起する能力まで、さまざまなレベルがある。影響力に優れたリーダーは、説得力をもって集団に語りかけることができ、聴衆の関心をそらさない。

●育成力——他者の才能を啓発する能力に優れたリーダーは、自分が援助する相手に純粋な関心を示し、彼らの目標や強さや弱さを理解することができる。このようなリーダーはタイミング良く建設的なフィードバックを与えるのが上手で、生まれついての指導者あるいはコーチである。

●変革促進——変革促進に優れたリーダーは、変革の必要性を認識し、現状に疑問を呈し、新しい秩序を擁護する能力を持っている。反対勢力があっても、変革の必要性を熱心に提唱する。また、変化を妨げる要素を克服するための現実的な方法を見つける力も持っている。

●紛争処理——紛争処理に優れたリーダーは、当事者全員の主張を余すところなく引き出し、視点の相違を理解し、そのうえで全員が是認できる共通の理想を見出すことができる。このようなリーダーは紛争を表出させ、当事者全員の気持ちや見解を認知し、そのうえでエネルギーを共通の理想へ向けなおす。

●チームワークと協調――チーム・プレーに優れたリーダーは友好的な協調関係を作り上げ、自分自身も尊重と援助と協調の模範を示す。このようなリーダーは周囲を巻きこんで全体の目的のもとに積極的・熱狂的コミットメントを喚起し、集団の一体感を築き上げる。また、仕事上の義務をこえて、親密な人間関係を育成・強化するために時間をかける。

謝辞

本書は、われわれの数十年にわたる研究をEQリーダーシップ論としてまとめたものである。三人の共著者は、それぞれ独自の角度から本書のテーマに取り組んだ。三人が思索を深め、研究を進め、本書を執筆するうえで、多くの方々にお世話になった。

リチャード・ボヤツィスとダニエル・ゴールマンにとっては、ラトガーズ大学の職業・応用心理学大学院で教鞭をとるケアリ・チャーニスが率いる組織、EQ研究協会のメンバー各位の研究がたいへん参考になった。とくに、ライル・スペンサー、マリリン・ガウイング、クラウディオ・フェルナンデス＝アラオス、マシュー・マンジーノ各氏には、研究を直接本書の参考にさせていただいたお礼を申し上げる。

しかし、なんといっても、われわれに最初のインスピレーションを与えてくれたのは、ハーバード大学大学院在学中の指導担当教授だったデイヴィッド・マクレランド氏である。マクレランド教授の研究と理論は、教授が一九九八年に逝去されるまで、われわれの仕事を方向づける大きな力であった。また、当時の同僚であり現在はヘイ・グループの研究員として研究成果を提供してくれる仲間たちにも感謝している。とくに、次の諸氏にはお名前を記して感謝の意を表したい。ヘイ・グループのグループ・マネジング・ディレクターで、リーダーシップや組織の向上に関して常に鋭い洞察と明瞭な分析を示してくれるマレイ・ディーエル。ボストンのヘイ・グループ・マクレランド・センターのシニア・バイス・プレジデント、メアリ・フォンテインとバイス・プレジデント、ジェイムズ・バラス。ヘイ・グループのバイス・プレジデントでゼネラル・マネジャーのジョン・ラレール。ヘイ・グループの前ディレクター・オブ・マーケティング、ポール・バジール。

右の諸氏以外にも、ヘイ・グループの方々にはたいへんお世話になった。ボストンのキース・コルネラ、ジニー・フリン、パトリシア・マーシャル、シーニュ・スペンサー、ビル・トレッドウェル。ミネアポリスのテレーズ・ジェイコブズ＝スチュワート。ヴァージニア州アーリントンのコニー・シュロイヤー。トロントのリック・ラッシュ。ロンドンのニック・ボウルター、クリス・ダイソン、アリソン・フォーサイス、キャサリン・トーマス、ピーター・メルローズ。サンパウロのセルジオ・オクセル、ルイス・ジョルジ。クアラルンプールのタルマ・ラジャ。

ヘイ・グループのボストン・オフィスでは、ルース・ジェイコブズとミッシェル・バークルが重要なデータ分析を提供してくれた。ＥＣＩ（感情コンピテンシー調査表）の研究指導を続けているファビオ・サラも、データ分析に手腕を発揮してくれた。

リチャード・ボヤツィスからは、ケース・ウエスタン・リザーブ大学の組織行動学教授デイヴィッド・コルブ氏に格別の謝意を表したい。コルブ教授のおかげで、ボヤツィスは行動変化のモデルに目を向け、研究を深めることになった。また、自発的学習モデルの研究と構築および教育指導に関して力になってくれた次の同僚たちにも感謝したい。アン・ベイカー、ロバート・Ｆ・ベイルズ、ダイアナ・ビーリモリア、スーザン・ケイス、スコット・コーウェン、クリスティン・ドレイファス、ヴァネッサ・ドラスカット、ルーエラ・ハーヴィー＝ハイン、レッタ・ホルドーフ、デイヴィッド・レナード、ポピー・マクロード、ケイララ ンポス・メインメリス、アンジェラ・マーフィ、パトリシア・ペティ、ケン・リー、ロレイン・トンプソン、ジェーン・ホイーラー、ロバート・ライト。

他にも、本書でリーダーシップについて考察するうえで、多くの方々が力を貸してくださった。ダニエル・ゴールマンからは、次の諸氏に感謝を申し上げたい。トムソン・コーポレーションのディーパク・セティ、ウッドハル倫理的リーダーシップ研究所のナオミ・R・ウルフ。ウィスコンシン大学情動神経学研究所所長のリチャード・デイヴィッドソン。エゴン・ゼンダー・インターナショナルのスティーヴ・ケルナー。コロンビア大学教員養成大学院・社会情動学習プログラムのロビン・スターン。レイチェル・ブロードには文献検索で、ローワン・フォスターにはロジスティクスでお世話になった。

アニー・マッキーからは、クリーブランドのゲシュタルト研究所のフラン・ジョンストンに格別のお礼を申し上げる。ジョンストン女史の鋭敏な洞察と指導はアニー・マッキーの思考と実践を豊かなものとし、その友情は至宝であった。マサチューセッツ大学のセシリア・マクミランは、組織に関する研究を通じて多くのヒントを与えてくれた。IMDのトム・マールナイトには、創造性を発揮し、協力を惜しまず、楽しい雰囲気を作ってくれたことに感謝している。バーバラ・レイターノ、トレイシー・シマンドル、ニーン・クーズミック、レズリー・ラヴィット、ビューラ・トレイ、ジョノ・ハナファン、メアリアン・レイニ、マイケル・キトソン、リンダ・ピターリ、フェリース・ティリン、デイヴィッド・スミス、キャロル・シュマンの各氏にも、貴重な助力をいただいたことに感謝したい。

ハーバード・ビジネススクール・プレスの次の方々にも感謝を申し上げる。マージョリー・ウィリアムズとキャロル・フランコは、本書を完成に導いてくれた。鋭い洞察力とパートナーシップを発揮してくれた首席編集者のスザンヌ・ロトンド、リライトに手腕を発揮してくれたルーシー・マコーリには、特に感謝している。アストリッド・サンドヴァル、シャロン・ライス、ゲイル・トレッドウェルの諸氏にもたいへんお世話になった。スージー・ウエットローファはハーバード・ビジネス・レビュー誌の編集にあたるかたわら、われわれの思考を深めるアドバイスを与えつづけてくれた。

プライベート面では、アニー・マッキーはインスピレーションの源となってくれた夫のエディ・ムウェルワ、独自のリーダーシップを通じてEQを発揮し家庭に共鳴をもたらしてくれた子供たち――ベッキー・レニオ、ショーン・レニオ、サラ・レニオ、知と情の両面から支えてくれた両親キャシー・マクドナルド・ウィグストンとミュレイ・ウィグストン、兄弟のリック、マット、マーク、ジェフ、ロバート、サムに感謝を捧げる。

リチャード・ボヤツィスは、本書の執筆にかかった数カ月のあいだ仕事に没頭することを許してくれ、愛情に満ちたサポートと原稿に対する感想を提供してくれた妻サンディに感謝を捧げる。同じく原稿に対する感想を聞かせてくれた息子のマーク・スコットと義父の故ロナルド・W・スコットにも感謝を捧げる。

ダニエル・ゴールマンは、妻タラ・ベネット＝ゴールマンの変わらぬインスピレーションと忍耐に感謝を捧げる。本書が孫娘のライラとヘイゼル・ゴールマンによりよい未来を提供する一助になることを祈っている。

最後に、協力しあい共鳴しあって本書を執筆できたことについて、われわれ三人は互いを讃えたいと思う。

解説

「日経ビジネス」編集長
野村　裕知

経済誌の編集者という、人から見ればビジネスの最前線の動きを追う仕事をしていながら、最近までＥＱとは何かを知らなかった。言葉の響きから、おそらくＩＱの対置概念だろうと察しはついた。しかし、それがemotional intelligence（quotient）のことだと聞いた後も、全く興味はわかなかった。感情というあやふやなものが経営学の対象になるとは思えなかったのである。

どうやら、考えが浅かったようだ。ＥＱという概念は今、アメリカの企業社会の中で予想以上のスピードで浸透し、日本の経営者の間でも多くの支持者を獲得しつつある。

「感情」は組織を動かす大事な要素である。多くの人はそれを知識としてではなく、経験として知っているはずだ。今年（二〇〇二年）、星野仙一氏が監督に就任したとたん、闘う集団に変貌して開幕から破竹の連勝を続けた「阪神タイガース」の例を見れば、それは明らかだ。リーダーの行動が周囲に及ぼすインパクトは大きい。場合によっては、リーダーシップのあり方次第で、その組織の命運は決まるのである。

本書が扱っているテーマは、ある意味で、そんな自明のことなのである。しかし、当たり前のように見えることが、経営学では長い間、議論の対象にならなかった。経営学のテーマとしては、取るに足らない些事だからではない。数量化が難しいため、議論の対象から外されてきたのである。

だが、EQによってその壁は打ち破られた。ダニエル・ゴールマンら本書の著者たちは、EQこそ企業改革を議論する上で根っ子の問題だ、と訴え、世界中のマネジャーの心をつかんだのだ。

なぜ、今、「感情」の経営学なのか。一言でいえば、時代の要請だ。アメリカのビジネス界という舞台で進化を遂げてきたIQ経営論が、ついに行き詰まったのである。

アメリカ企業はこの十年間、持続的な繁栄を謳歌してきた。「ニューエコノミー」という言葉が流行語になり、アメリカ企業は次々と新しい経営思想やマネジメント手法を世界中に発信してきた。時価総額経営、スピンオフ、ROE、SCM（サプライ・チェーン・マネジメント）——などなどである。

一九九〇年代から二一世紀初頭にかけて、こうした経営手法は世界中の企業の規範になった。しかし、大手エネルギー会社、エンロンの破綻劇をきっかけに、今、企業経営者の間では猛烈な揺り戻しが起きている。

エンロンはニューエコノミーを代表する急成長企業だった。エネルギー企業といいながら、伝統的な企業とは経営スタイルが異なる。特に、際立った特徴は、幹部社員のIQの高さである。ウォール街で勝ち抜いた金融マン、ビジネススクールを卒業した俊才、やり手の会計士など、エンロンは世界中から「知性」を集めて、新事業・サービスを開拓した。エネルギー取引といっても、需給で価格が決まるという点では、株や債券など金融取引と何ら変わらない。彼らは最先端の金融技術を駆使し、伝統的なエネルギー産業を蹴散らし、力強い成長を遂げたのである。

しかし、その新しいビジネス・モデルの多くが実は、バランスシートの取引に現れない簿外取引を利用した「作り物」だったことが判明する。市場の不信感が噴出し、栄華を極めた巨大企業は一気に破綻へと追い込まれたのである。

アメリカの企業経営者のショックは大きい。徹底した情報公開、経営チェック機能の優れたボード（役員会）、厳正な監査。この三つは、強いアメリカ企業を支えた三種の神器だった。その信頼が一夜にして崩れ、今、アメリカ企業の経営手法そのものに懐疑の目が向けられている。

エンロンが破綻した今、本当の企業価値とは何なのか。持続的な成長を続ける組織の強さとは何だろうか。優れたリーダーの条件とは――。アメリカ企業は今、自問を繰り返している。

おそらく、その模索の時期は相当、長く続くだろう。アメリカ資本主義の根幹にかかわる問題だからである。そして、その影響は日本におよぶ。特に、九〇年代、アメリカのマネジメント手法を規範とし、単純に、その手法を導入すれば成長のキップを手に入れられると考えた、日本企業の打撃は大きい。何しろ、倣うべきモデルが崩壊したのである。

EQをテーマにしたダニエル・ゴールマンの著書『EQ～こころの知能指数』がアメリカで刊行されたのは、一九九五年九月のことだった。この作品は「EQ」という概念を初めて広く世に知らしめ、世界各国で大ベストセラーを記録した。累計五百万部に達し、日本でも七十五万部が売れたという。

刊行と同時に、この作品はビジネス界でも大反響を巻き起こした。「社会で成功するために大切なのは、IQよりもEQだ」というゴールマンの主張に、それまで「IQ神話」を信奉してきた経営者の多くが、いずれ今の経営モデルは行き詰まると予感したのだろう。EQの誕生は「エンロン前」だが、まるで「エンロン後」を予見したかのような作品が九〇年代半ばに書かれ、エンロン破綻によって、そのメッセージは一段と輝きを増すようになった。

『EQ～こころの知能指数』が大反響を巻き起こしたおかげで、ダニエル・ゴールマンら本書の著者たちは大きな恩恵に浴した。世界中の企業経営者が対話の機会を持とうとした結果、取材の機会が増えたからである。そうした経営者との対話の積み重ねを経て、著者はさらに確信を深め、理論は洗練されていく。本書には豊富なエピソードと、ふんだんな実例が盛り込まれている。初期の作品と比べると、理論の成長ぶりがよくわかる。

では、「EQリーダーシップ」のユニークさはどこにあるのか。著者によれば、リーダーシップ理論と脳のメカニズムを関連づけた点にあるという。

著者はEQリーダーシップをまず、集団に共鳴現象を起こし、組織に前向きの雰囲気を醸成するマネジメントだと定義する。共鳴現象が起きるのは、脳のメカニズムが大いに関係している。人間の循環器系が「閉じたシステム」であるのに対し、脳の中で情緒にかかわる部分は「開放されたシステム」で、一人の発する信号が他に影響するのだという。

言われてみれば当たり前のような気がするが、こうした学問の境界を越えた探求は、アメリカのアカデミズムの最も得意とするところだろう。

ニューエコノミー全盛の時代に、世界の経営学者は感情といったあやふやなものには目もくれなかった。人々が注目した旬のテーマはもっと現実的で、即効性がある経営手法だった。

たとえば、ストック・オプション。株価と連動した報酬システムは、過去二〇年間、アメリカ西海岸を中心に大きな進化を遂げ、世界中に伝播した。ＩＴ産業では人材獲得の競争が厳しい。その中で、企業が生き抜くには、一流の人材を引きつけるにはどうすべきか。その一つの答えが「株」だった。ストック・オプションは、社員に組織への忠誠心を植え付ける最善の手法として急速に普及した。

ただ、アメリカ企業すべてがバブルに踊ったという見方は正しくない。ストック・オプション文化が花開いたシリコンバレーにあっても、長期的な視点に立って働き甲斐を大切にしようという会社はあったし、目先の報酬よりも、自己実現や、あるいは職場の雰囲気などに惹かれて職場を選んだ人も少なくなかった。

しかし、一部のネット企業などでは、あまりにも効果がめざましかったため、ストック・オプションが成長の「魔法の杖」として喧伝されたことも事実である。

人々が目を奪われたもうひとつのキーワードが、リストラクチャリングである。本書には「暴君リーダー」の典型例として、米サン・ビームのアル・ダンラップという経営者が登場する。情け容赦ないリストラで瀕死の企業を次々と立て直し、再建屋として名をはせた、時代の寵児である。

ダンラップは自著で「自分が発揮したリーダーシップはアメリカのビジネス史上で最も成功した企業再建例として長く記録されるだろう」と豪語した。誰もが称賛したわけではない。一万人の単位で、人員削減の大鉈を振るう手法について、社内では「強引すぎる」との怨嗟の声が渦巻いていた。経営学者の間では、急激な変革は企業文化を破壊するという批判もあった。

しかし、劇的な業績向上という数字の前に、こうした批判の声はかき消された。九〇年代半ばの時点では、ＥＱという概念が登場していなかった。その時点では、感情こそが組織の生命だという考え方は、社会の中でまだ、力を持っていなかったのである。

われわれ日本人が経営のリーダーシップを論じるとき、まず、思い描くのはＧＥ（ゼネラル・エレクトリック）の前会長、ジャック・ウェルチ氏ではないか。希代のリーダーにして、絶対に負けないという不屈の精神を持ったカリスマである。しかし、本書はこうしたカリスマ型リーダーを決して神格化しない。

逆に、一口にリーダーシップといっても、その形は色々とあると説くのである。力強い言葉で、部下を鼓舞し、人の情熱に火をつける「ビジョン型リーダー」。細かい気配りで、社員を元気づける「関係重視型リーダー」。ジョークで雰囲気を巧みに和ませ、コンセンサスを重視する「民主型リーダー」などなど。そのありようはアメリカですら、実に様々なのだ。

「理想の上司とは何か」。そんな質問に呼応する単一のモデルは存在しない。本書では、ＥＱリーダーシップを「自己認識」、「自己管理」、「社会認識」、「人間関係」の四つの領域に分類。その上で、四つの領域を自信、達成意欲、鼓舞激励など、十八のコンピテンシーに細分化した。そして、いかに優れたリーダーでも十八すべての要件を満たした人物はいないと結論づけている。

日本人も、リーダー論は大好きだ。織田信長の書籍はベストセラーの常連だし、戦国武将の物語がしばしば経営誌に登場する。しかし、それはあくまで読み物である。経営学となると、知らず知らずのうちにウェルチ氏のような傑出したリーダーを取り上げ、それと比べて「日本人はプレゼンテーションが下手だから」とため息をついてきた。

しかし、われわれはもうそろそろ、アメリカをモデルにしたリーダー論からは卒業しなければならない。本書によれば、ＥＱは修得の仕方によって後天的に身に付く。個人の努力と意志さえあれば、育てられる能力であり、組織で主導的な役割を果たす人は自ら意識し、獲得すべきものだ、というのである。そして、実際に本書を読み進むうちに、組織を運営する上で、ちょっとしたヒントを得られた読者も多いのではないだろうか。

本書はアメリカ生まれの経営論だが、アメリカの経営論ではない。人間の感情という普遍的なテーマを扱うのだから、日米間で大きな差があるはずもない。いわば、無国籍の経営書なのである。そこが最もユニークな点である。

日本の経営者の中で、ＥＱにいち早く着目した経営者の一人に、伊藤忠商事の丹羽宇一郎社長がいる。業績が低迷する中、社長に就任した丹羽氏の言動は、これまでの大企業の社長さんとはちょっと違った。「会社が赤字なのにトップが報酬をもらうわけにはいかない」と公言して、自ら社長の給料を返上。会社へは社長専用車を使わず、毎日、満員電車で揺られながら通勤を始めた。もともと、自家用車はトヨタ・カローラだという。

丹羽氏はマスコミに登場し、変革の必要性を訴える一方、若手社員と直接対話し、会社の再建について語り合った。丹羽氏は、日本産業界における最も熱心なＥＱリーダーシップの実践者といえるだろう。

こうした経営手法をＥＱリーダーシップといえるのか、と反論する人もいるだろう。本田技研の創業者である本田宗一郎、ソニーの創業者である井深大と盛田昭夫――。戦後、日本が生んだ偉大な経営者は皆、「感情」を組織のエネルギーに変える達人だった。ＣＥＯと現場の人間が隔絶した欧米企業に比べて、現場主義は日本企業の真骨頂だった。日本企業は、トップと現場の人々とが膝詰めで話し合い、感情を共鳴させながら、全社一丸となって改革に突き進み、成長を遂げてきたのではないか。

その通りである。EQリーダーシップは日本にすでに存在する。企業再生のモデルをむやみに外に求めるな。ヒントは身近なところにある。自信を持とうではないか。本書はそんなメッセージを、日本のビジネスマンに対して発信してくれているような気がする。

著訳者紹介

ダニエル・ゴールマン　(Daniel Goleman)
カリフォルニア州ストックトン生まれ。アムハースト・カレッジを優等の成績で卒業したのちハーバード大学に進み、コンピテンシーの提唱者であるデイヴィッド・マクレランド教授に師事。その後、同大学大学院で心理学の博士号を取得。ハーバード大学で教鞭をとった後、サイコロジー・トゥデイ誌のシニア・エディターを９年間つとめる。1984年からは、ニューヨーク・タイムズ紙で主に行動心理学について寄稿。1995年に発表した『EQ～こころの知能指数』は、日本を含む全世界で大ベストセラーを記録した。マサチューセッツ州バークシャーズ在住。Goleman@Javanet.com

リチャード・ボヤツィス　(Richard Boyatzis)
ケース・ウェスタン・リザーブ大学ウェザーヘッド・スクール・オブ・マネジメントの組織行動学部教授（兼学部長)。師である故D・マクレランドの研究を発展させ、コンピテンシーの実証的体系を作り上げたことで知られる。
richard.boyatzis@weatherhead.cwru.edu

アニー・マッキー　(Annie McKee)
ペンシルベニア大学教育学大学院教授。組織コンサルタントとしても幅広く活躍。anniemckee1@aol.com

土屋京子　(つちや・きょうこ)
翻訳家。『EQ～こころの知能指数』『ワイルド・スワン』など、世界的ベストセラーを多数手がける。

EQリーダーシップ
成功する人の「こころの知能指数」の活かし方

2002年6月24日　1版1刷

著　者　ダニエル・ゴールマン
リチャード・ボヤツィス
アニー・マッキー

訳　者　土屋　京子

発行者　喜多　恒雄

発行所　日本経済新聞社

http://www.nikkei.co.jp/pub/
東京都千代田区大手町1-9-5　〒100-8066
電話 03-3270-0251　振替 00130-7-555

印刷／製本・大日本印刷株式会社

ISBN4-532-14975-4